U1074910

中国煤炭工业历史的发展、改革与变迁

李 宁◎著

中国商业出版社

图书在版编目（CIP）数据

中国煤炭工业历史的发展、改革与变迁 / 李宁著 . -- 北京 : 中国商业出版社 , 2020.12

ISBN 978-7-5208-1426-3

Ⅰ . ①中… Ⅱ . ①李… Ⅲ . ①煤炭工业－工业发展－研究－中国 Ⅳ . ① F426.21

中国版本图书馆 CIP 数据核字 (2020) 第 243270 号

责任编辑：袁开春

中国商业出版社出版发行

010–63180647　www.c-cbook.com

（100053 北京广安门内报国寺 1 号）

新华书店经销

北京厚诚则铭印刷科技有限公司印刷

*　*　*　*　*

787 毫米 ×1092 毫米　16 开　　14 印张　234 千字

2020 年 12 月第 1 版　2020 年 12 月第 1 次印刷

定价：46.00 元

*　*　*　*

（如有印装质量问题可更换）

前　言

能源是经济建设和社会前行的推动力量。经过艰苦奋斗，作为我国的主体能源，我国煤炭工业从计划经济到市场化改革、从体制创新到科技进步、从经济体制改革到产业结构调整、从生态文明建设到职业安全健康，行业整体面貌发生了巨大变化，取得了举世瞩目的成就，探索和走出了一条具有时代特点和煤炭行业特色的发展之路，为经济建设和社会发展提供了强有力的能源支撑和保障。

改革开放40余年来，我国煤炭工业经过几代人的艰苦努力、锐意进取，从小到大、由弱到强，发生了翻天覆地的变化，取得了举世瞩目的伟大成就。从简易落后的煤矿生产到建设大型现代化智慧煤矿，煤炭生产不断攻坚克难，实现了跨越式发展；煤炭工业结构调整取得重大进展，市场化改革不断深化，经济运行质量明显提高；煤矿安全生产形势稳定向好，煤炭清洁高效消费利用水平迈上新台阶。作为能源支柱和基础产业，煤炭工业有力地保障了我国国民经济的高速发展。

展望未来，我国煤炭工业发展前景仍十分广阔。在今后相当长时期内煤炭仍将以其资源可靠性、价格低廉性和利用的可洁净性作为我国的主体能源，煤炭工业仍是我国的基础产业。我国煤炭工业要坚持科学发展，深入推进煤炭清洁高效利用，着力推动煤炭工业高质量发展，建设清洁低碳、安全高效的现代煤炭工业体系，推动生态文明建设迈上新台阶，为把我国建设成为富强、民主、文明、和谐、美丽的社会主义现代化强国再立新功。

鉴于此，笔者撰写了《中国煤炭工业历史的发展、改革与变迁》一书。本书共有五章。第一章对中国煤炭工业发展的历程进行了综合论述，涵盖中国煤炭工业的概述、中国改革开放40余年煤炭加工利用的发展与辉煌、中国改革开放40余年煤炭装备制造的发展、中国改革开放40余年煤炭工业对外开放情况；第二章对中国煤炭的生产开发布局进行了分析，包括中国煤炭工业生产开发布局回顾、中国煤炭生产开发总体布局以及中国煤炭的生产布局、建设布局、勘察布局；第三章从发展历程、重要成就、思路与目标，重点领域、发展趋势、技术装备改造、信息化技术促进煤炭企业发展等层面对中国煤炭工业科技发展的推进进行了探究；第四章探究了中国煤炭工业市场秩序规范的建立，涉及保持煤炭供需总量基本平衡、建立健全有序的煤炭流通体制、完善煤炭市场的宏观管理体系、对煤炭资源资产化管理的思考；第五章探索了中国煤炭工业改革与发展的多元化思路，涵盖中国煤炭需求预测、中国煤炭工业发展的新取向、中国煤炭工业发展的政策导向、中国煤炭行业健康发展长效机制的构建以及面向2035年煤炭工业发展的对策。

在撰写本书的过程中，笔者借鉴了许多前辈的研究成果，在此表示衷心的感谢。由于篇幅的限制，笔者重点论述的是改革开放后中国煤炭工业历史的发展、改革与变迁。中国煤炭工业涉及的范畴十分宽泛，本书的研究难免存在不足之处，恳请各位专家、学者以及读者提出宝贵意见和建议。

目 录

第一章　中国煤炭工业发展历程综述

第一节　中国煤炭工业的概述

一、中国煤炭资源的整体情况

中国幅员辽阔，物产丰富，是中华民族赖以生息繁衍、发展壮大、立于世界民族之林的重要物质基础。在我国一次能源生产总量中，煤炭产量占74%；在一次能源消费总量中，煤炭占67%。富煤、少气、贫油的能源资源结构，决定了我国能源发展必须“以煤为主，多元发展”的格局。煤炭是我国供应最可靠、使用最经济的能源。今后较长时期内，以煤为主的能源结构不会发生根本改变，煤炭仍将是支撑我国经济发展的基础能源。①

中国煤炭资源丰富。中华人民共和国成立以来，先后开展了3次大规模煤田预测工作。1958—1959年，第一次预测全国煤炭储量93779亿吨；1973—1975年，第二次预测全国煤炭储量50592.19亿吨；1992—1996年，第三次预测全国煤炭储量5.57万亿吨，含煤面积达55万平方千米，其中垂深在1000米以浅的煤炭储量2.86万亿吨。现已探明保有储量约1万亿吨，仅次于俄罗斯的2.5万亿吨和美国的1.5万亿吨，居世界第三位。

中国的煤炭资源，其生成的地质年代、资源的分布、煤炭的种类、质量及开采条件等主要特点可归纳为五点。

（一）聚煤期多且比较集中

中国聚煤期主要有 14 个，其中晚古生代的早石炭世、晚石炭世—早二叠世、晚二叠世，中生代的晚三叠世、早侏罗世、中侏罗世、晚侏罗世—早白垩世和新生代的第三纪，相应煤系地层中赋存的煤炭资源占我国煤炭资源总量的 98% 以上。其中以晚石炭世—早二叠世、早侏罗世、中侏罗世和晚侏罗世—早白垩世 4 个聚煤期的聚煤最为重要，4 个聚煤期分别占全国资源量的 26%、5%、60% 和 7%。

① 姜艳斌.新时代中国煤炭资源勘察工作发展思路研究[J].华北自然资源，2020（05）：29−30.

（二）资源分布广且相对集中

我国煤炭资源分布广泛。全国34个省（区、市）中除上海市和香港、澳门两个特别行政区外，1400多个县市有煤炭资源。但各地区煤炭资源的赋存量分布不平衡，呈西多东少、北多南少的格局。昆仑山—秦岭—大别山一线以北的地区，煤炭资源占全国的90.3%（不包括东北三省和内蒙古东部地区为77.4%），而北方地区的煤炭资源又主要集中在太行山—贺兰山之间地区（占北方地区的65%左右），形成了包括山西、陕西、宁夏、河南及内蒙古中南部的富煤区（华北煤区的中部和西部）。新疆拥有北方地区已发现资源的12.4%，是中国又一个主要富煤区（西部煤区的西北部）。秦岭—大别山一线以南地区只占全国的9.7%，其中90.6%集中在川、贵、云、渝，形成了以贵州西部、重庆市、四川南部和云南东部为主的富煤区（华南煤区的北部）。在大兴安岭—太行山—雪峰山一线以西地区，资源量占全国的89%；该线以东资源量占全国的11%，是煤炭资源的贫乏区。

据预测，中国煤炭资源量的地域分布，以华北煤区居首位，达21462.41亿吨；以下依次为西北、华南、东北、西藏煤区。在各省（直辖市、自治区）中，新疆的预测资源量为18037.30亿吨，居首位；其次是内蒙古，为12250.43亿吨。预测资源量在千亿吨以上的还有山西、陕西、贵州、宁夏、甘肃等省区；预测资源量在100亿吨以上的有河南、安徽、河北、云南、山东、青海、四川、黑龙江8个省区；其余省区均不到100亿吨，以海南和浙江为最少。

近年来，在云南昭通市探明煤炭资源储量9.7亿吨，圈定含煤远景区12个，潜在资源量50多亿吨，是在南方发现的大煤田。截至2007年，内蒙古已查明煤炭资源矿产地445处，陆续在锡林郭勒盟、鄂尔多斯市等地发现了几处储量数十亿吨、上百亿吨的大型煤田。截至2009年上半年，新疆地矿部门在吐哈（吐鲁番—哈密）、准东（准噶尔盆地东部）、伊犁等煤炭基地取得多项勘察成果，累计新增煤炭储量近千亿吨。在东疆的库木塔格—沙尔湖、大南湖—野马泉、淖毛湖等地，探求新增煤炭资源量约600亿吨，其中在沙尔湖发现单层超百米的巨厚煤层，创国内单层煤厚的新纪录。同时，准东煤田勘探成果继续扩大，累计探明煤炭资源储量2136亿吨，比2008年年底新增303亿吨，成为世界级煤田和国内最大的整装煤田。新疆煤炭资源约占我国煤炭资源预测储量的40%，主要集中在吐哈、准东、伊犁、库（库车）拜城四大基地，成为我国煤炭资源最为丰富的地区。

（三）煤种齐全但分布不均衡

中国的煤炭资源中，由褐煤到无烟煤各种煤化阶段的煤都有贮存。据对全国煤炭保有储量分析，褐煤和低级烟煤（包括弱黏结、不黏结和长焰煤）占全国保有储量的54.6%，炼焦用煤（包括气、肥焦、瘦煤）占27.7%，高变质无烟煤、贫煤和天然焦等共占17.7%。

工业需用的炼焦煤和无烟煤，品种比例和产地分布不均衡。在炼焦用煤中，气煤占51.6%，而配煤炼焦的3种基础煤种：肥煤占13.3%，主焦煤占20%，瘦煤占15.1%。炼焦用煤集中分布在山西、安徽、山东和贵州，黑龙江、河北、河南、新疆、内蒙古、陕西也有一定储量，这10个省（自治区）共占全国炼焦用煤的91%。其中，山西又占全国的56.5%，而工业发达的东北和华北地区非常短缺。东北地区缺肥煤和瘦煤，华东地区缺主焦煤和瘦煤。无烟煤占全国煤炭保有储量的12.1%，主要分布在山西、贵州、河南、四川、云南5省，占全国无烟煤的88.3%，其中山西占全国的43.1%，质量好，块煤率高，是全国优质无烟煤基地；其次是贵州省，占全国的29.2%。东北和华东地区缺无烟煤。低级烟煤主要分布在山西、陕西、内蒙古、甘肃、宁夏、新疆6省（自治区），占全国低级烟煤的97.3%，是全国动力用煤的主要基地。内蒙古和云南的褐煤，占全国褐煤的90.5%，是全国褐煤资源最集中的两个地区。

（四）煤炭质量比较好

中国煤炭资源中有相当一部分煤质优良。已探明的保有煤炭储量中，灰分小于10%的特低灰煤占20%以上；硫分小于1%的低硫煤占65%～70%，硫分1%~2%的占15%~20%，硫分大于2%的占2%~3%。

中国北方型煤田一般的煤炭灰分、硫分比较低；南方型煤田则煤质较差。据资料分析，秦岭—大别山以北煤田，硫分1%以下的约占本区煤炭保有储量的74%，硫分2%以上的仅占8.7%，富硫、高硫煤大多分布在太原系煤层中。秦岭—大别山以南煤田，大多数含硫偏高，硫分2%以下的约占本区保有储量的37%。江苏南部、湖南西部、贵州北部、四川南部、广东等地区零星分布的煤炭资源含硫量高达3%～4%。

中国炼焦煤储量中，肥煤、焦煤、瘦煤资源较少，有些资源的原始质量较差，灰分高、硫分高，有的难以洗选加工，不能用作炼焦配煤。其中，华东地区贮存肥煤资源，半数以上有机硫含量高、不易洗选，不能供冶金用；陕西中部韩城至铜川二叠纪煤田的瘦煤，由于灰分、硫分高，难以洗选，只能用作动力煤。

（五）煤田多适宜井工开采

已探明储量中，埋藏300米以浅的占36.1%，300~600米的占44.6%，600~1000米的占9.3%。储量中有一半以上是暴露和半掩盖煤层，约1/3的覆盖层厚度小于100米。西部较浅，东部较深，在黄淮海地区，地表覆盖由几十米到几百米，有的在千米以上。建井需要特殊施工方法，深部煤层水、瓦斯、地温、地压较大，开采比较困难；西部地区含煤地层随山势起伏，露头明显，大部分可用平硐或斜井开拓。

（1）煤层厚度。以薄至中厚为主，厚煤层、特厚煤层较少。抚顺、乌鲁木齐、锡林郭勒盟—胜利、云南小龙潭等个别矿区，有百米以上的煤层，有的煤层达200米以上。全国适于露天开采的储量约420亿吨，占全国保有储量的4.4%，其中褐煤占65%～70%。

（2）煤层构造。华北石炭二叠纪煤田沉积稳定，煤层倾角较小，适于机械化开采，其中以山西为最好。北方鄂尔多斯、大同、新疆等早中侏罗世煤田，一般构造简单，煤层稳定；内蒙古东部、黑龙江等晚保罗世煤田，内陆盆地有巨厚煤层，陆相夹杂海相盆地，煤层多而薄。南方煤田多数煤层构造复杂，有时呈鸡窝状；川南、滇东一带煤层比较稳定。

（3）矿井瓦斯。中国有煤与瓦斯突出危险的煤层较多，尤以阳泉、晋城、焦作、白沙、芙蓉、松藻及开漆、抚顺、淮南、六枝等矿区为甚。国有重点煤矿中，属于高瓦斯和有煤与瓦斯突出危险的矿井约占45%。

（4）矿井水文。一般南方煤田涌水较大，北方煤田相对较小，太行山以西地区，水文条件简单，涌水量更小。北方石炭二叠纪煤系下部奥陶灰岩和南方晚二叠世茅口灰岩发育复杂，太行山东麓及黄淮海、湘中各煤田，受岩溶水威胁不能开采的呆滞煤量超过200亿吨，邯邢矿区的国有重点矿井，奥灰水压煤占保有储量的60%，焦作、井陉、开滦、峰峰、肥城等矿区带压强采，多次发生突水淹井灾害。东部掩覆煤田部分矿区，受上覆新生界地层孔隙水影响，水文地质条件复杂。

二、中国煤炭工业40余年来整体情况（1978—2018年）

1978年，党的十一届三中全会胜利召开，开启了煤炭工业改革开放新篇章。40余年来，在党和政府一系列促进煤炭工业健康发展政策措施的引导下，煤炭行业全面深化改革，发展先进生产力，激发创新活力，行业整体面貌发生了巨大的变化，取得了举世瞩目的历史性成就，为国民经济平稳较快发展提供了有力的能源保障。

（一）全国煤炭供应保障能力大幅提高

2017年，全国煤炭产量35.2亿吨，比1978年增长4.7倍，年均增长4.56%。

40余年来，全国累计生产煤炭736亿吨，占一次能源生产总量的74.3%。

（二）煤炭开发布局深度调整优化

2017年，晋陕蒙三省（区）煤炭产量占全国的比重为66.8%，比1978年提高46.1个百分点；东部地区煤炭产量比重为9.4%，比1978年下降32.9个百分点。

2017年，神东、陕北、晋北等14个大型煤炭基地产量占全国的比重达到94.3%。

（三）以煤为主、多元产业协同发展格局逐渐形成

2017年，全国煤矿数量为7000处左右。

建成了年产120万吨及以上的大型现代化煤矿1200处左右，产量占全国的80%左右。

建成了千万吨级煤矿37处，产能6.3亿吨/年；在建和改扩建千万吨级煤矿34处，产能4.4亿吨/年。

全国年产超过2000万吨的企业达到27家，比1978年增加25家，煤炭产量占全国的59%；年产超亿吨的企业有6家，产量占全国的30.5%。

煤炭企业参股、控股电厂权益装机容量达到3亿千瓦。

煤制油、煤制烯烃、煤制气、煤制乙二醇产能分别达到800万吨/年、800万

吨/年、51亿立方米/年、270万吨/年。

（四）行业自主创新能力显著增强

（1）建成了年人均生产效率达到或超过万吨的大型现代化煤矿80多处。

（2）建成的补连塔煤矿，井型规模2800万吨/年，是目前世界上最大的井工煤矿。

（3）建成的哈尔乌素露天矿和宝日希勒露天矿，生产能力均达到3500万吨/年。

（4）建成了70多个智能化采煤工作面。

2017年，大型煤炭企业（原国有重点煤矿）采煤机械化程度达到97.8%，比1978年提高了65.3个百分点；原煤生产人员效率达到8.2吨/工，是1978年的8.8倍。

（五）市场化体制机制建设取得新进展

1992年，徐州和枣庄两个矿务局煤炭价格改革的率先突破拉开了煤炭市场化改革的序幕；2012年，国家取消重点电煤合同，实现了电煤价格并轨；2013年，建立全国煤炭交易会制度，炼焦煤、动力煤期货成功上市；2017年，建立了煤炭中长期合同制度与“基础价+浮动价”的定价机制。

（六）绿色发展成果丰硕

2017年，全国原煤入选率达到70.2%，比1978年提高53.5个百分点；煤矸石综合利用率达到67.3%，提高40.3个百分点；矿井水利用率、瓦斯抽采利用率、土地复垦率分别达到72%、52.3%、48%。

（七）煤矿安全生产状况实现了明显好转

全国煤矿事故死亡总人数由1978年的6001人减少到2017年的375人，煤炭百万吨死亡率由9.713%下降到0.106%。

（八）国际化发展迈上新台阶

1984年，以首家中外合资企业安太堡露天煤矿开发为起点，煤炭行业国际化发展图景渐次展开；1988年，中煤建设首次走出国门承建摩洛哥杰拉达煤矿；

1998年，兖州煤业在中国香港地区、纽约上市；2004年，兖矿集团收购澳思达煤矿；2006年，中煤装备公司首次向俄罗斯出口综采放顶煤成套设备和技术；2008年，中国神华投资首个海外煤电项目神华国华印尼南苏电厂；2017年，兖州煤业澳大利亚有限公司成功收购力拓联合煤炭实业有限公司。

三、中国煤炭工业40余年来主要指标情况

（一）原煤产量

全国原煤产量见表1–1。

表1–1　全国原煤产量

年份	1978	1988	1998	2003	2008	2013	2017
原煤产量/亿吨	6.18	9.80	13.32	18.35	29.03	39.74	35.20

（二）采煤机械化程度

采煤机械化程度见表1–2。

表1–2　采煤机械化程度

年份	1978	1988	1998	2003	2008	2013	2017
采煤机械化程度/%	32.52	58.02	73.63	81.47	89.67	95.28	97.80

注：采煤机械化程度统计范围为原国有重点煤炭企业（大型煤炭企业）。

（三）原煤生产人员效率

原煤生产人员效率见表1–3。

表1–3　原煤生产人员效率

年份	1978	1988	1998	2003	2008	2013	2017
原煤生产人员效率/（吨/工）	0.931	1.092	2.18	3.343	5.064	7.068	8.207

注：原煤生产人员效率统计范围为原国有重点煤炭企业（大型煤炭企业）。

（四）全国能源生产构成

全国能源生产构成见表1–4。

表1–4　全国能源生产构成

年份		1978	1990	1998	2008	2013	2016
能源生产总量/万吨标准煤		62770	103922	129834	277419	358784	346000
占能源生产的比重/%	原煤	70.3	74.2	73.3	76.8	75.4	69.6
	原油	23.7	19.0	17.7	9.8	8.4	8.2
	天然气	2.9	2.0	2.2	3.9	4.4	5.3
	一次电力及其他能源	3.1	4.8	6.8	9.5	11.8	16.9

（五）全国能源消费构成

全国能源消费构成见表1–5。

表1–5　全国能源消费构成

年份		1978	1990	1998	2008	2013	2016
能源消费总量/万吨标准煤		57144	98703	136184	320611	416913	436000
占能源生产的比重/%	原煤	70.7	76.2	70.9	71.5	67.4	62.0
	原油	22.7	16.6	20.8	16.7	17.1	18.3
	天然气	3.2	2.1	1.8	3.4	5.3	6.4
	一次电力及其他能源	3.4	5.1	6.5	8.4	10.2	13.3

（六）煤炭进出口量

煤炭进出口量见表1–6。

表1–6　煤炭进出口量

年份	1978	1988	1998	2008	2013	2017
煤炭进口量/万吨	244	169	158	4034	32702	27090
煤炭出口量/万吨	312	1565	3229	4543	751	817

（七）煤炭工业总产值

煤炭工业总产值见表1–7。

表1–7　煤炭工业总产值

年份	1978	1988	1998	2008	2013	2017
煤炭工业总产值/亿元	126	253	810	9049	18406	16821
煤炭机械工业产值/亿元	7	12	34	580	1223	1163

注：煤炭工业总产值统计企业范围指1998年以前是原国有重点企业；1998年以后是大型煤炭企业。

（八）煤炭工业利润

煤炭工业利润见表1–8。

表1–8　煤炭工业利润

年份	1978	1988	1998	2008	2013	2017
利润总额/亿元	3.72	16.77	–16.62	2348.00	2680.19	2959.30

注：煤炭工业利润统计企业范围指1998年以前是原国有重点煤炭企业；1998年以后是规模以上煤炭企业。

（九）煤炭工业主营业务收入

煤炭工业主营业务收入见表1–9。

表1-9　煤炭工业主营业务收入

年份	1998	2003	2008	2013	2015	2017
煤炭工业主营业务收入/亿元	984	4204	15315	32404	23770	25444

注：煤炭工业主营业务收入统计企业范围指1998年以前是原国有重点煤炭企业；1998年以后是规模以上煤炭企业。

（十）煤炭工业资产负债

煤炭工业资产负债见表1-10。

表1-10　煤炭工业资产负债

年份	1998	2003	2008	2013	2015	2017
资产总计/亿元	3367	5433	19458	49059	53788	55260
负债总计/亿元	2121	3037	11483	31775	36955	37465
资产负债率/%	62.99	55.89	59.02	64.77	68.70	67.80

注：煤炭工业资产负债统计企业范围指1998年以前是原国有重点煤炭企业；1998年以后是规模以上煤炭企业。

（十一）煤炭工业从业人员

煤炭工业从业人员见表1-11。

表1-11　煤炭工业从业人员

年份	1978	1988	1998	2008	2013	2017
全部从业人员平均人数/万人	398.38	508.19	414.13	502.38	525.52	11521.5
国有重点（大型企业）平均人数/万人	227.37	329.39	268.58	295.73	353.74	271.34
煤机从业人员平均人数/万人	6.24	8.14	8.71	12.13	16.72	14.15

注：2000年后全部从业人员为规模以上煤炭企业人数。

（十二）国有重点企业平均工资

国有重点企业平均工资见表1–12。

表1–12　国有重点企业平均工资

年份	1978	1988	1998	2008	2013	2017
国有重点企业平均工资/（元/人·月）	74	181	614	3099	5506	5625

注：2000年后指大型煤炭企业平均工资。

（十三）煤炭生产死亡人数

煤炭生产死亡人数见表1–13。

表1–13　煤炭生产死亡人数

年份	1978	1988	1998	2008	2013	2017
煤炭生产死亡人数/人	6001	6751	6302	3215	1067	375

（十四）煤炭生产百万吨死亡率

煤炭生产百万吨死亡率见表1–14。

表1–14　煤炭生产百万吨死亡率

年份	1978	1988	1998	2008	2013	2017
煤炭生产百万吨死亡率/（人/百万吨）	9.713	6.890	4.731	1.107	0.268	0.106

（十五）原煤入洗率

原煤入洗率见表1–15。

表1–15　原煤入洗率

年份	1978	1990	2000	2010	2015	2017
原煤入洗率/%	16.70	17.70	33.70	50.90	65.90	70.20

（十六）原煤生产电耗

原煤生产电耗见表1–16。

表1–16　原煤生产电耗

年份	1985	1990	2000	2005	2010	2017
原煤生产电耗/（千瓦·时/吨）	26.46	27.27	33.04	29.20	23.96	21.20

第二节　中国改革开放40余年煤炭加工利用的发展与辉煌

党的十一届三中全会的召开，标志着我国经济社会进入了新的历史发展时期。40余年来，煤炭工业坚持改革开放，努力探索出一条煤炭工业科学发展的新路子。这一时期，煤炭行业认真贯彻落实生态文明建设战略部署和节约与开发并重、节约优先的方针，煤矿洗选加工、节能环保、综合利用得到长足发展，煤炭清洁高效利用、现代煤化工等取得重要突破，促进了煤炭由燃料向燃料与原料并重的转变，促进了传统的煤矿节能减排、环境保护升华为绿色发展、低碳发展、循环发展。这不仅成为煤炭行业科学发展的重要标志，也为绿色矿山建设，延伸煤炭产业链，提高煤炭清洁高效利用水平，推动煤炭由传统能源向清洁能源转变，实现煤炭工业健康可持续发展做出了突出贡献。①

一、发展历程

改革开放40余年来，煤炭洗选加工、综合利用、节能减排、环境保护经历了艰难起步、循序渐进、接续传承、不断创新的发展过程。纵观40余年煤炭加工与综合利用发展历史，大体可分为4个发展阶段。

① 程城.我国煤炭开发和利用中存在的问题和发展建议[J].露天采矿技术，2017，32（02）：42–44，48.

（一）初期起步阶段（1978—1990 年）

从1979年起，为贯彻党中央提出的“调整、改革、整顿、提高”方针，煤炭工业开始进行中华人民共和国成立以来的第二次大调整。经过3年努力，调整和整顿取得显著效果。1982年，煤炭工业部提出抓好4项基本要求，实现5个转变和12项具体方针；1986年确定了把多种经营作为与煤炭生产、基本建设并驾齐驱的3个主体之一，煤炭行业以综合利用为主的多种经营工作全面启动。这一时期，煤炭企业开始从单一经营向多种经营转变，从单一煤炭生产向煤炭洗选加工和综合利用转变。经时任煤炭工业部高扬文部长倡议，国家经济委员会批准，1982年10月26日中国煤炭加工利用协会正式成立，煤炭系统在行业顶层开始有了专门机构推动煤炭加工与综合利用的开展。这一时期，企业节能减排、环境保护基础工作得到加强，多数重点煤炭企业建立了节能、环保专职机构。煤炭节能环保、综合利用工作进入有组织发展阶段。

1.煤炭洗选加工

这一时期我国选煤业得到迅速发展，原煤入洗能力大幅提高。1978年全国选煤厂总数99处，原煤入选能力10322万吨/年：其中炼焦煤选煤厂82处，入选能力8272万吨/年；动力煤选煤厂17处，原煤入选能力2050万吨/年。1990年，全国选煤厂已达198处，原煤入选能力25436万吨/年，比1978年提高了1.5倍：其中炼焦煤选煤厂114处，原煤入选能力15270万吨/年，动力煤选煤厂84处，原煤入选能力10166万吨/年。

选煤厂自动化工作开始起步，部分选煤厂已通过采用计算机形成了生产过程控制、数据处理和直接调节系统。三产品重介质旋流器和非磁性介质旋流器等新工艺研究取得进展，并在生产中取得良好效果。研制开发的煤泥水直接浮洗工艺以及压滤机等设备，为选煤厂洗水闭路循环创造了条件。

从20世纪70年代末起，煤矿企业煤质检验工作逐渐恢复正常。到1985年，全国重点煤炭企业已建立起煤质化验室400个。为了使煤炭资源得到合理利用，从20世纪70年代到80年代，我国逐步建立起煤质化验系统和煤炭分类体系，更新了长期沿用的苏联规范，制定了《商品煤样采取方法》《煤的元素分析方法》《煤的工业分析方法》等40余项国家标准，形成了比较完整的煤质标准化体系；20世纪80年代制定出《中国煤炭分类》国家标准。新分类将煤分为14大类，使各类煤的划分更为合理，为煤炭生产和合理利用奠定了基础。

2.煤炭转化利用

我国在煤炭焦化、气化、粉煤成型等煤炭转化利用方面的研究开发工作不断深入：20世纪80年代，为满足上海宝钢钢铁公司炼焦用煤的需要，研究成功利用我国煤炭资源进行合理配煤，配用兖州的低灰低硫弱黏结气煤，炼制出了能满足大型高炉用的焦炭；在粉煤成型方面，先后开发出多种黏结剂，研制了各种型块。这一时期，煤炭液化和第二代煤炭加压气化技术研究开始起步：建成了几套处理能力为0.1吨/天的小型连续液化试验装置；水煤浆技术开发取得进展，先后建成了年制浆能力5万吨的抚顺矿务局胜利矿制浆厂和年制浆能力3万吨的枣庄矿务局八一矿制浆厂；水煤浆作为代油燃料处于工业化前期阶段。

3.节能减排

这一时期在国家统一推动下，煤炭企业节能升（定）级活动全面展开：经考核，煤炭行业进入国家级节约能源一级企业56个，二级企业344个；煤炭企业普遍加强了机电管理，提高机电装备水平；煤矿采区供电完成了由380伏升级到660伏的技术改造；矿井的提升、运输、通风、排水“四大件”设备多数得到更新改造；使用了高效耐用的矿用排水泵、大型轴流式扇风机等新设备。

4.环境保护

改革开放初期，煤炭行业开始有组织、有计划地开展环境污染的综合治理工作。1983年，煤炭部成立了环境保护领导小组和环境保护办公室。到1985年年底，全国统配煤矿基本建立起由煤炭部、省（区）煤炭管理局（公司）、矿务局的三级管理机构；部、省（区）、矿务局三级煤炭环境监测站33个。全国煤炭工业环境保护管理体系初步建立。

5.资源综合利用

利用煤矸石等低热值燃料发电技术取得重大进展，是这一时期煤炭综合利用最显著的标志之一：1975年11月6日，永荣矿务局建立了全国第一座燃烧煤矸石、中煤等低热值燃料电厂，试验成功第一台20蒸吨/时沸腾炉；此后，江西萍乡矿务局高坑电厂、黑龙江鸡西矿务局滴道电厂先后建成投产；湖南益阳6000千瓦石煤电厂能稳定燃烧热值3974.8千焦/千克的石煤，是国内燃用热值最低燃料的综合利用电厂；到1988年，煤炭系统建成煤矸石电厂14处，总装机容量达到1.46万千瓦，利用煤矸石、炉灰渣已能生产各种建筑材料；从煤矸石和石煤中提取结晶氧化铝、固体聚合铝及五氧化二钒等化工产品；利用矿井瓦斯作民用燃料，生产炭黑、甲醛等；抚顺老虎台矿年抽出瓦斯量1亿多立方米，除供3.2万户矿工住宅取暖、做饭外，还为抚顺市6万户居民提供生活燃料；利用煤炭及其衍生物生产褐煤蜡、活性炭及碳素制品等；据不完全统计，1978—1985年，全国煤矿废弃物资源综合利用共生产煤矸石砖约90亿块，矸石水泥400多万吨，煤矸石发电14多亿千瓦·时，回收硫化铁120多万吨；一批以煤为主综合开发利用的产品，如五氧化二钒、活性炭、高铝黏土等，打入国际市场；到1990年，全行业综合利用多种经营生产经营总额达到87亿元，多种经营从业人员超过130万人。

（二）发展壮大阶段（1991—2000 年）

1993年起，国务院做出放开煤炭价格的重大决策，标志着煤炭企业全面进入市场。这一时期，煤炭部在“三个主体”基础上，进一步明确提出“以煤为本、多种经营、综合发展”的煤炭工业发展战略。在国家煤矿转产资金贴息贷款政策扶持下，煤炭企业综合利用快速发展，以煤为主，多元发展格局开始形成。非煤产业经营收入占企业经营总收入的比重不断提高，部分企业超过了煤炭主业收入。以资源综合利用项目为骨干的多种经营发展成为与煤炭生产、基本建设并驾齐驱的三大支柱之一。

1.煤炭洗选加工

煤炭洗选进入稳定发展时期，选煤技术和规模均有较大提高。我国自行研制的大型重介质旋流器选煤技术得到推广应用，开发了复合式干法选煤技术及设备，先后建设了一批技术设备先进的大型现代化选煤厂。到2000年，全国选煤厂1584座，入选能力达到52199万吨/年：其中国有重点煤矿选煤厂237个，入选能力36478万吨/年，约占70%；地方煤矿选煤厂1347个，入选能力15721万吨/年，占30%。

2.节能减排

这一时期是煤矿节能工作深入发展阶段：强化能源科学管理，煤矿实行工序能耗考核制度，制定了风机、水泵、提升机、空压机、皮带运输、锅炉房6种主要工序能耗的等级标准及考核办法，实行等级考核；加强高耗能老旧杂机电设备更新改造，1992年，国家在煤炭行业进行风机、水泵节能技术改造，以节电效益还贷试点，经过4年努力，试点取得成功，并在全国推广。

3.环境保护

这一时期煤炭行业环境保护开始出现重大转变：逐步从末端治理转向生产建设全过程控制，从重浓度控制转变为浓度和总量控制并重，从分散的点源治理转变为集中与分散控制相结合。煤炭行业环境保护四级管理体系基本形成；三级煤炭环境监测网络对煤炭环境保护发挥了很大作用。煤炭建设项目环境保护“三同时”制度执行率达到100%，有效控制了新污染源的产生。全国煤炭系统新增废水处理能力2.9亿吨/年，废水处理能力达到8.35亿吨/年；新增废气处理能力36亿立方米/年，废气处理能力达到120亿立方米/年；井工矿复垦土地4500公顷，露天矿复垦土地1770公顷。在统计的387座自燃矸石山中，有262座经治理灭火，治理率达到68%。随着煤炭生产建设重点逐步向晋陕蒙地区转移，环保工作的重点开始转向西北环境生态脆弱矿区。

4.资源综合利用

这一时期煤炭行业大规模发展综合利用多种经营，积极落实国务院关于转产分流、减人提效、扭亏增盈部署。1993年新组建的煤炭工业部专门设立了综合利用多种经营司。为解决煤炭企业发展困境，国家对煤炭行业实行贴息贷款政策，大力扶持煤炭企业发展综合利用和多种经营：1993—1997年，共安排国家贴息贷款130亿元作为启动资金，全行业共安排资金200多亿元，建设了综合利用、多种经营项目2500多个，建成一批综合利用骨干项目，重点扶持焦作、萍乡等10个资源枯竭特困企业，发展综合利用多种经营替代企业，脱贫解困。

煤炭行业组织开发了煤矸石循环流化床混烧煤泥、煤矸石烧结空心砖等一大批新技术，推动了煤炭资源综合利用快速发展。循环流化床锅炉逐步取代了鼓泡型流化床锅炉，成为煤矸石电厂的首选锅炉。

单炉规模逐步从35吨/时发展到70吨/时及以上水平。山东泰安建能机械有限公司（原新汶矿务局机械厂）在吸收国外先进技术的基础上，研制出全硬塑挤出机成套设备，解决了煤矸石制砖成型难的问题，促进了我国煤矸石制砖的档次、技术水平、产品质量的提高。

到2000年，煤炭系统已经建成运行的煤矸石、煤泥等低热值燃料电厂120座，总装机容量184万千瓦。井下瓦斯抽放8.2亿立方米，利用4.4亿立方米；建成型煤厂45座，生产能力50万吨/年；焦化厂35座，生产能力1500万吨/年；水煤浆厂7座，生产能力128万吨/年。此外，部分煤矿还生产炭黑、活性炭、碳化硅煤炭制品等。煤炭资源综合利用已经发展为发电、建材、焦化、气化、煤制品、矿井瓦斯利用以及煤系共伴生矿产资源开发利用等众多行业，形成了较大生产规模。

（三）快速发展阶段（2001—2010 年）

进入21世纪，随着国内外煤炭市场的需求变化，煤炭加工利用加快了创新发展进程。煤炭洗选加工规模显著提升，煤炭粗加工向深加工转变取得重大进展。煤炭行业传统的资源综合利用模式逐步演化为以煤炭为基础的产业链和循环经济发展模式。煤矿企业从单一节能向技术节能、管理节能、结构优化节能、全方位能源管理转变，单位生产能耗显著降低，涌现出一大批环境友好型煤炭企业。煤炭加工、综合利用、节能环保快速发展，显著提升了煤炭行业发展的质量和效率。

1.煤炭洗选加工

这一阶段我国选煤进入大发展时期。自“十一五”实行所有新建大中型煤矿必须配套建设选煤厂，所有在役大中型煤矿必须补套建设选煤厂的政策措施以来，大大推动了选煤厂的建设。特别是动力煤选煤厂的建设速度大大加快：到2010年，选煤厂总数达到1800多座，原煤入选能力达到17.8亿吨；采用高效的重介质选煤技术、入选能力大于1000万吨/年的洗煤厂已超过20个；单厂入选能力最大的炼焦煤选煤厂达到1250万吨/年、动力煤选煤厂达到3100万吨/年；全国原煤入选能力从2000年的52199万吨发展到2010年的17.8亿吨，10年间增长了2.4倍，平均每年增加 1 亿吨以上。这样的发展速度在世界上绝无仅有。

2.节能减排

进入21世纪，煤矿节能工作向规范化、制度化发展。“十一五”期间，国家把节能减排作为约束性指标，开展千家企业节能行动、能效对标活动，把节能减排指标作为各级领导责任目标，对企业一把手实行目标考核、一票否决等措施，使企业层层有目标，管理者人人有压力，进一步落实了煤炭企业节能降耗主体责任。经考核，列入千家企业节能行动的62家重点煤炭企业中，59家完成或超额完成年度节能目标，占比95.2%。

3.环境保护

这一时期煤炭行业环境污染治理水平明显提高。2007年开始的环境友好企业评选表彰活动有效调动了煤炭企业环保积极性。企业环境面貌得到明显改善。国有重点煤矿的工业污染源普遍得到治理。据不完全统计，全国重点大中型煤矿污染物达标排放率达到95%以上，超过20%的大型煤炭企业实现了污染物零排放，自燃矸石灭火率达到90%，土地复垦率36%；不少矿区开展矿区环境综合治理，在采煤塌陷区治理中，努力扩大绿色植被面积，取得明显成效。

4.资源综合利用

这一时期在国家及各级地方试点基础上，煤炭企业依据自身实际，在实践中创建、形成了各具特色的循环经济发展模式。煤炭行业循环经济呈现百花齐放、方兴未艾的局面。煤炭循环经济园区建设不仅拓展了传统煤炭综合利用的内涵和外延，而且极大提升了综合利用的规模和水平。

在“八五”“九五”煤炭综合利用大发展基础上，“十五”“十一五”期间，按照建立现代企业制度目标和要求，煤炭行业对初期建设的一批规模小、技术落后、经济效益差的项目进行调整、改造，对亏损严重、没有市场的项目实行关停并转，形成一批工艺技术水平高、产品上规模、经济效益好的骨干项目和企业。这些项目和企业有的发展成为矿区经济主体，为资源枯竭矿区转产振兴闯出了新路。通过建设煤矸石、矿井水、矿井瓦斯（煤层气）、油母页岩等煤矿废弃物及共伴生矿产资源综合利用示范工程，煤炭行业综合利用产业化和规模化水平显著提高。2010年，煤矸石发电规模达到2300万千瓦。

煤矸石、矿井水、煤矿瓦斯综合利用率分别达到60.8%、59%和38.5%。

（四）转型升级阶段（2011—2018 年）

党的十八大以来，煤炭行业积极落实生态文明建设战略部署，大力推进生态矿山、美丽矿山建设，建成一大批“花园式”绿色矿山。以矸换煤、充填开采，西部矿区保水开采，乏风瓦斯氧化、低浓度瓦斯利用等节能、低碳、绿色、环保技术在矿区得到推广应用，提升了煤炭资源节约与利用的深度和广度。煤炭分级分质利用、新型煤化工、燃煤超低排放等一批煤炭清洁高效转化利用技术达到国际领先水平。绿色矿山、生态矿山建设，煤炭清洁高效转化利用，成为这一时期煤炭行业转型升级发展的最显著标志之一，为促进能源生产和消费革命，推动煤炭由传统能源向清洁能源转变和煤炭行业健康、科学、可持续发展做出了突出贡献。

1.煤炭洗选加工

选煤厂规模、能力进一步提高。2017年，全国在运行选煤厂数量超过2300处，原煤入选能力达到27亿吨，原煤入选量24.7亿吨，入选率70.2%。现代化选煤向优质、高效、节能、洁净方向发展。选煤装备制造已经形成体系，水平不断提高。选煤国际交流不断扩大，加强了与世界各国选煤界的交流、合作，促进了我国选煤技术和管理水平的提高。

2.节能减排

煤炭行业能源管理法规制度进一步完善。《能源管理体系煤炭采选业认证要求》《煤炭井工开采单位产品能源消耗限额》《煤炭露天开采单位产品能源消耗限额》《选煤电力消耗限额》《煤炭企业能源计量器具配备和管理要求》《煤炭企业能源消费统计规范》等一批行业标准颁布执行。能源管理体系建设在国有重点煤矿全面推行，提升了企业能源管理水平。单位产品生产能源消耗水平稳中下降，2017年重点煤炭企业吨原煤生产综合能耗比2010年累计下降16.2%。

3.绿色、生态矿山建设

这一时期煤炭行业认真贯彻落实党的十八大、十九大精神，着力推进煤炭矿区生态文明建设：为适应形势发展需要，原中国煤炭加工利用协会所属环保工作委员会重新组建为煤矿生态建设分会；在全行业开展了生态文明煤矿创建活动，共有三批7家煤矿通过试点验收；煤矸石充填开采、保水开采、煤与瓦斯共采、井下排矸、采空区地下水库等源头减损、减沉、减排、绿色开采技术得到应用；经过对采煤塌陷区、煤矸石山环境彻底整治，淮北国家矿山公园、同煤晋华宫国家矿山公园等一大批煤炭矿山公园、新建职工住宅小区、绿色工业广场相继建成，矿区环境面貌显著改观，美丽矿山变成了现实。

4.煤炭清洁高效转化利用

这一时期，煤炭行业在煤炭洗选加工（干法选煤）智能化建设、现代煤化工科学有序发展、传统煤化工绿色升级、低碳创新发展、矿区节能环保与综合利用、低阶煤分级分质利用等领域全面推进煤炭清洁高效转化利用：建设了包括绿色煤矿建设成套技术、千万吨级高效综采关键技术、煤矿乏风源和矿井水水源热泵供暖制冷技术、含氧煤层气液化（LNG）技术、乏风瓦斯氧化成套技术、通风瓦斯（乏风）发电技术等创新及产业化示范工程，推动了煤炭清洁高效利用技术创新和产业化进程。

发展现代煤化工产业是实现煤炭清洁高效转化，实现产业转型升级的主要途径之一。继世界首套百万吨级煤直接液化装置投产后，又有3套16万吨级煤间接液化装置、3套大型煤制烯烃装置、1套20万吨级煤制乙二醇装置、2个40亿立方米/年煤制天然气项目一期工程以及400万吨煤炭间接液化示范工程相继建成投产，标志着我国现代煤化工技术、工艺和装备取得重大突破性进展。

此外，推动煤电一体化和煤炭—化工原料一体化等发展新模式以及燃煤电厂超低排放、散煤治理等煤炭消费侧环境污染治理工作取得明显成效。通过全行业努力探索，煤炭清洁高效转化利用的发展路径更加清晰并取得积极进展，为新时期煤炭工业绿色、低碳、循环发展和转型升级做出巨大贡献。

当前，我国已进入中国特色社会主义新时代。展望“十四五”及更长时期，推进煤炭行业转型升级，走绿色、低碳、循环发展之路，建设生态文明煤矿，既是顺应新时代要求，推动能源生产和消费革命的客观要求，也是煤炭工业自身实现健康可持续发展的战略选择。要实现开采方式科学化、矿山环境生态化、生产工艺清洁化、资源利用高效化、企业管理规范化的现代化煤炭工业战略目标，煤炭洗选加工、煤炭清洁高效转化、资源综合利用、节能减排、环境保护、生态文明矿山建设任重而道远。

二、辉煌成就

改革开放40余年来，煤炭洗选加工、节能环保、资源综合利用、生态矿山建设走过了不平凡的道路，取得了骄人的业绩。

（一）煤炭洗选加工——从选煤大国向选煤强国迈进

煤炭洗选加工是煤炭生产和高效利用过程中不可缺少的重要环节，是实现煤炭洁净利用、节能减排的基础和前提。经过改革开放40余年的发展，我国已从一个落后的选煤国家发展成为世界选煤大国，无论是选煤厂的数量、入选原煤能力还是入选原煤量都是世界第一，为把我国建成世界选煤强国打下了坚实的基础。

1.选煤能力和入选量快速增长

中华人民共和国刚成立时，我国煤炭选煤业相当落后，当时只有10座选煤厂，入选原煤能力只有1365万吨/年。1978年，全国选煤厂数量达到99处，设计入选原煤总能力10322万吨/年；2017年，全国在运行选煤厂数量超过2300

处，原煤入选能力达到27亿吨/年，选煤厂数量增长了2223%，入选能力增长了2516%。

1978年我国入选原煤量11317万吨，2017年达到24.7亿吨，增长了2082%。具体数据见表1–17。

表1–17　入选煤量及入选率统计

年份	1978	1980	1985	1980	1995	2000	2005	2010	2015	2016	2017
入选煤量/亿吨	1.1.3	1.17	1.43	1.91	2.02	3.37	7.03	16.5	24.7	23.45	24.7
入选率	16.7	18.95	16.4	17.7	15.6	33.7	33	50.9	65.9	68.9	70.2

2.选煤技术大幅提高

我国自行研制具有自主知识产权的大型三产品重介质旋流器普遍用于新厂的建设和老厂的技术改造；大型浮选机、大型浮选柱得到了广泛应用；大型全自动隔膜快速压滤机、高效浓缩机推广应用保证了选煤厂实现煤泥厂内回收，洗水闭路循环；快速发展的井下分选、超低灰分选、稀缺煤种二次分选、褐煤提质等成套技术和装备，逐步走向商业化，成为我国独特的新型煤炭洗选加工技术，为煤炭分级提质利用提供了条件。

3.涌现出一批大型化、现代化选煤厂

设计年入洗原煤能力超过1000万吨的选煤厂75座，设计入洗原煤能力11亿吨以上，约为全国选煤能力的42%：其中炼焦煤选煤厂11座，入选能力1.45亿吨；动力煤选煤厂64座，入选能力9.55亿吨。

4.先进选煤技术设备出口

我国研制的三产品重介质旋流器、复合式干法选煤成套设备、火力干燥装置、筛分机及跳汰机、压滤机等已经批量出口到美国、澳大利亚、俄罗斯、乌克兰、土耳其、南非、越南、印度、印度尼西亚等国家。

（二）绿色、生态矿山建设——提升了煤矿节能环保内涵，成为煤炭行业健康可持续发展最显著的标志之一

近年来，煤炭行业认真践行生态文明建设战略部署。传统的煤炭节能减排、环境保护与煤矿生态文明、绿色矿山建设相互融合，极大拓展了煤矿节能、

环保领域，提升了煤矿节能、环保内涵。煤矿绿色发展、生态文明建设成为新时期煤炭行业健康、科学、可持续发展的方向和最显著标志之一。

1.节能减排

40余年来，煤炭节能工作不断适应改革开放新形势，为煤炭工业健康发展做出了卓有成效的贡献。通过能源管理体系建设、采取技术节能、结构节能、管理节能、开展培育节能示范企业试点、表彰先进等多种措施，企业能源管理不断加强，节能降耗取得明显成效。煤炭企业单位产品生产能耗有了较大幅度下降。据不完全统计，重点煤炭企业吨原煤生产综合能耗在“十二五”期间下降了14.7%。2017年吨原煤生产电耗21.2千瓦·时/吨原煤，比“九五”末的33.04千瓦·时/吨原煤下降了35.8%。

重点煤炭企业吨原煤生产电力消耗见表1–18。

表1–18 重点煤炭企业吨原煤生产电力消耗

时期	“六五”末	“七五”末	“八五”末	“九五”末	“十五”末	“十一五”末	2017年
吨原煤生产电耗/（千瓦·时/吨）	26.46	28.81	30.97	33.04	29.2	23.96	21.2

2.环境保护

保护环境是我国的基本国策。煤炭环境保护是煤炭工业实施可持续发展战略的关键措施之一。以1983年在平顶山召开的第一次全国煤炭工业环境保护工作会议为标志，煤炭行业环境保护走过了不平凡的历程。几十年来，煤炭行业环保工作努力适应新形势，不断创新和发展，在管理范围、管理手段、工作重点、技术路线等方面都有了重大转变：结合煤炭矿区所处的区域生态环境特征，创新生态环境治理模式，强化矿山生态环境修复与建设；重点对矸石山、煤炭自燃、地表塌陷和废污水等进行治理，强化绿色开采、土地复垦工作，减少水土流失，提高地下水资源保护力度，矿区生态环境质量持续改善，煤矿生态环境保护跃上一个新台阶。

近年来煤矿土地复垦率情况见表1–19。

表1-19　煤矿土地复垦率情况

年份	2005	2010	2015	2017
煤矿土地复垦率/%	15	36	48	49

3.生态文明矿山建设

“十一五”以来，煤炭行业积极应对国家日益严格的生态环保要求，在传统的生态环境保护工作基础上，通过行业顶层设计、标准制定、试点示范，积极推进绿色矿山、生态矿山建设，涌现出一批资源消耗少、生态环境好、智能化水平高的绿色矿山和生态文明煤矿。

（1）2007年以来，先后开展了5批“中华环境友好企业”评选表彰活动，共有73家企业单位获表彰授牌。其中冀中能源股份有限公司、兖矿集团有限公司、冀中能源峰峰集团有限公司3家获“中华环境友好煤炭示范矿区”；神华集团神东煤炭分公司等18家获“中华环境友好煤炭企业”；淮南矿业集团新庄孜煤矿等52家获“中华环境友好煤炭单位”称号。

（2）2011—2014年，在中华人民共和国自然资源部（原国土资源部）开展的4批国家级绿色矿山试点中，大同煤矿集团大唐塔山煤矿等226家煤矿被确定为国家级绿色矿山试点单位。

（3）2013年以来，煤炭行业先后开展3批生态文明煤矿试点。山东新巨龙公司、中煤平朔公司安太堡露天煤矿等7家煤矿被授予“生态文明煤矿试点单位”称号。

（三）发展煤炭循环经济——成为煤炭综合利用升级版

煤炭行业循环经济发端于煤炭综合利用。早期煤炭综合利用多数是单一品种、单一方式，规模一般较小。经过多年探索发展，到20世纪90年代，一些煤炭企业开始形成以煤为主、产业连接、多元发展、资源综合利用的产业链发展模式，成为煤炭循环经济发展的雏形。进入21世纪，在国家大力推动下，煤炭行业循环经济发展步伐不断加快。自2005年以来，煤炭行业共有13家企业进入国家循环经济试点企业名单，截至2015年已有10家通过国家组织的试点验收。同煤集团塔山循环经济园区通过“一矿十厂一条路”建设，探索出以资源循环利用、清洁生产和可持续发展为目标，以煤为主、多元发展、维护生态、保护环境的发展道路，形成了“黑色煤炭，绿色开采，循环经济，吃干榨净”的产业发展模式，成为国家发改委推广的60个循环经济典型模式案例之一。据不完全统计，进入省市级循环经济试点的煤炭企业达几十家。这些先行先试企业带动了煤炭行业循环经济整体兴起的局面。

随着煤炭循环经济的发展，延伸了煤炭产业链，传统煤炭单一产业现象得到明显改善，以煤为主，煤炭、电力、冶金、建材、化工等多元发展产业格局基本形成。

“三废”资源综合利用持续稳步推进：煤矸石综合利用量持续保持在较高水平，煤矸石等低热值煤发电技术装备水平显著提升，部分机组环保排放控制达到超低排放要求；矿井水处理技术工艺进一步提升，利用方式和利用途径呈现多样化；煤矿井下瓦斯利用规模扩大，中低浓度瓦斯、风排瓦斯利用技术开发取得显著进展。2017年，煤矸石产生量6.72亿吨，利用量4.52亿吨，利用率67.3%；矿井水产生量53.5亿吨，利用量38.5亿吨，利用率72%；煤矿井下瓦斯产生量128.1亿立方米，利用量48.9亿立方米，利用率38.2%。

（四）煤炭绿色开采、清洁高效利用——为推动能源生产和消费革命助力

“十二五”以来，煤炭行业以实际行动积极落实推动能源生产和消费革命的精神，结合煤炭行业实际，在煤炭供给革命领域，重点推进煤炭清洁高效利用；在煤炭消费革命领域，重点控制煤炭消费总量，抑制不合理能源消费，有效落实节能优先方针。煤炭绿色开采、清洁高效利用工作取得积极成效，推动了中国煤炭工业“升级版”的进程。

1.推进煤炭清洁生产

大力推广绿色开采技术，实施煤炭生产全过程清洁化、高效化；推动矿区低碳发展，加强矿区生态环境治理与修复，推广应用矸石充填开采等多重功能化清洁生产技术，从源头上落实煤炭行业自身的清洁安全生产。

2.生产提供满足质量要求的商品煤

加大原煤洗选比率，降低灰分、硫分；制定了《商品煤质量管理暂行办法》，向社会提供高质量的煤炭产品；推动煤炭分级分质利用；限制劣质煤生产和利用，严禁高硫、高灰煤直接燃烧，控制低热值褐煤、散煤的使用范围。洁净

煤成为散煤治理和清洁供暖的主力军。

3.推动燃煤电厂降低污染物排放，取得显著效果

召开全国煤炭行业煤电一体化发展暨燃煤超低排放发电现场会，推广燃煤电厂清洁发电和排放治理经验，推动燃煤电厂超低排放。

4.现代煤化工取得突破性进展

煤制甲醇、煤制油、煤制烯烃、煤制乙二醇、煤制气等一大批现代煤化工示范项目建成投产。神华集团煤直接液化百万吨级示范工程成功生产出柴油和石脑油，使我国成为世界上首个掌握百万吨级煤直接液化工程关键技术的国家。神华宁煤400万吨/年煤炭间接液化项目顺利投产。这些示范项目的建成投产，标志着我国现代煤化工技术、工艺和装备取得突破性进展，对加快煤炭产品结构调整，推动煤炭由燃料向原料与燃料并重转变，促进煤炭生产和利用方式变革，对解决我国油气资源短缺、能源长期稳定供给问题具有重大意义。

截至2017年年底我国煤化工产能情况见表1–20。

表1–20　我国煤化工产能情况

类型		单位	运行产能
煤制燃料	煤制油	万吨/年	658
	煤制天然气	亿标准立方米/年	51.05
煤制化学品	煤制烯烃	万吨/年	727
	甲醇制烯烃	万吨/年	550
	煤制乙二醇	万吨/年	255
	煤制甲醇	万吨/年	5045
	煤制合成氨	万吨/年	5573
	电石	万吨/年	3300
煤炭转化能力（不含甲醇制烯烃）		万吨标准煤当量/年	约21000

第三节　中国改革开放40余年煤炭装备制造的发展

1978年12月，党的十一届三中全会吹响了改革开放的号角。40余年来，在党和政府的坚强领导下，借着改革东风，我国煤炭工业发生了翻天覆地的变化。煤炭装备制造业作为煤炭工业的装备部，历经引进与消化吸收（1978—1990年）、逐步发展与振兴（1991—2000年）、自主研发与国产化（2001—2010年）和高端装备制造自主创新（2011—2018年）四个发展阶段，从复苏走向崛起，取得了历史性、创造性、突破性成就。特别是“十一五”以来，智能制造、绿色制造加快推进，一批重大技术装备取得突破，自主研发、自主设计和制造的煤机装备已经基本能够满足我国煤矿的生产需求，为煤矿安全高效生产和建设提供了坚实可靠的保障，为构建现代化煤炭经济体系、促进煤炭工业高质量发展提供了有力支撑。当前，我国已跃升为世界第一煤机制造大国，正向煤机制造强国大步迈进。

一、坚持以我为主，不断扩大生产规模，为保障煤矿生产建设需要做出了重要贡献

改革开放40余年，煤炭行业发生了巨变。总结40余年来的成就，得出的一条经验就是：煤炭工业的发展带动了煤炭装备制造业的进步，煤炭装备制造业的进步支撑了煤炭工业的发展。我国煤炭工业的发展史，就是煤炭装备制造业的进步史。①

40余年来，全国累计生产煤炭736亿吨，占一次能源生产总量的74.3%。原煤产量由1978年的6.18亿吨增加至2017年的35.2亿吨，煤矿数量由20世纪80年代最多8万多处减至目前不足6800处，平均单井规模由不足5万吨/年提高到70万吨/年以上。建成年产120万吨及以上的大型现代化煤矿1200多处，产量占全国总产量的75%以上。建成千万吨级特大型现代化煤矿36处，产能6.1亿吨。采煤和掘进机械化程度分别达到96.1%和54.1%。智能化采煤工作面达到70多处。1978年

① 冯璐.我国煤机装备制造产业现状及发展趋势探讨[J].内燃机与配件，2019（18）：196-197.

与2017年行业发展主要经济指标比较见表1–21。

表1–21　1978年与2017年行业发展主要经济指标比较

主要指标	1978年	2017年
全国煤炭产量/亿吨	6.18	35.20
全国采煤机械化程度/%	32.34	96.10
全国掘进机械化程度/%	14.50	54.10
骨干煤机企业产品产量/万吨	17.52	359.04
骨干煤机企业工业总产值/亿元	6.95	1162.50
骨干煤机企业资产总额/亿元	7.38	2573.01

40余年来，煤炭装备制造业取得了前所未有的骄人成绩。累计完成工业总产值1.1万亿元，为煤矿提供了4560多万台（套）煤炭装备，使煤矿的生产面貌发生了深刻变化。截至2017年，骨干煤机企业产量达到359万吨，完成工业总产值1163亿元，资产规模达到2573亿元，分别是1978年的21倍、167倍和348倍。

40余年来，煤机主要装备制造规模稳步扩大，产品涵盖了从采掘开拓、运输提升、基本建设、地质勘探到安全仪器仪表、矿用电器和洗选加工等产业链27个大类，上百个系列，上千个品种。据统计，我国已累计生产采煤机1.57万台，掘进机1.88万台，刮板输送机13.61万套，带式输送机4.84万台套，液压支架84.78万架。1978—2017年主要煤机产品产量完成情况见表1–22。

表1–22　1978—2017年主要煤机产品产量完成情况

年份	采煤机（台/吨）	刮板输送机（台/吨）	掘进机（台/吨）	带式输送机（台/吨）	液压支架（架/吨）
1978	290/4303	4789/70310	4/64	—	1311/8507
1988	249/6356	3607/60048	59/1143	461/18787	3592/40436

续表

年份	采煤机（台/吨）	刮板输送机（台/吨）	掘进机（台/吨）	带式输送机（台/吨）	液压支架（架/吨）
1998	122/3223	984/42225	44/1173	311/14821	3738/57367
2008	661/25365	4236/224391	1343/59194	2291/121154	46998/936740
2017	544/28188	2221/277171	1146/66791	2463/492720	53749/1237719

目前，我国采煤机的年生产制造能力可达到1600台、掘进机2500台、液压支架10万架、刮板输送机4600台。我国已基本能够自主研发生产适应各类煤矿所需的各种设备，产品类型齐全，生产制造规模已能够满足煤炭生产建设需要。

二、坚持科技创新，不断完善科技协同创新体系，为推动煤炭开采技术进步和生产力跨越式发展提供了重要支撑

改革开放40余年，无论是引进、消化、吸收，还是自主创新，煤炭装备制造业所取得的成就始终离不开科技进步。总结40余年来的成就，得出的一条经验就是：唯有坚持科技进步与自主创新，企业才有生命。如果没有创新，再多的制造都是零。

（一）依靠科技进步，不断开发新产品

20世纪八九十年代，煤机重点围绕“三机两支两装备”（采煤机、掘进机、输送机，液压支架、单体液压支柱，安全技术装备、洗选装备），改进工艺和装备条件，积极引进吸收国外先进技术和装备，切实提高研发能力和技术水平。进入21世纪，煤炭装备制造业规模快速扩张，更加坚持依靠自主创新，不断开发适应煤矿需要的新产品，不断提高产品的可靠性和寿命。与此同时，煤矿的生产力水平快速提升，据统计，全国煤矿原煤生产人员效率由1978年的0.931吨/工提高到2017年的8.027吨/工，增长了7.62倍。

（二）依靠自主创新，不断完善煤机装备科技创新体系

多年来，煤炭装备制造通过技贸结合、共同设计、合作制造，构建了以企业为主体、以市场为导向、产学研用相结合的煤机装备科技创新体系。特别是"十一五"以来，通过实施诸如"863"计划"煤炭智能化掘采技术与装备"等一大批国家重大项目，在矿井建设、巷道掘进、煤炭开采、运输提升、安全保障、选煤装备等领域取得一大批成果，为支撑煤炭工业转型升级发展发挥了重要作用。

40余年来，国家高度重视对煤炭采掘和洗选等重大装备的理论研究和科技投入。截至2017年年底，已建成国家重点实验室1个（太原重型机械集团有限公司矿山采掘装备与智能制造国家重点实验室），国家能源研发中心1个（中国煤矿机械装备有限责任公司国家能源煤矿采掘机械装备研发中心），国家级企业技术中心6个（表1–23）。"十二五"有3项国家智能制造装备发展专项项目（表1–24）和3项"863"计划项目（表1–25）获得国家批复。

表1–23　煤机行业认定的国家级企业技术中心名单

序号	国家级企业技术中心名称	认定时间
1	中煤张家口煤矿机械有限责任公司技术中心	2004年10月8日
2	郑州煤矿机械集团股份有限公司技术中心	2007年9月20日
3	宁夏天地奔牛实业集团有限公司技术中心	2007年9月20日
4	中煤北京煤矿机械有限责任公司技术中心	2013年11月26日
5	北京天地玛珂电液控制系统有限公司技术中心	2014年12月26日
6	三一重型装备有限公司技术中心	2013年11月26日

表1-24　煤机行业“十二五”获批国家智能制造装备发展专项项目

序号	项目名称	承担单位
1	煤炭综采成套装备成套系统	天地科技股份有限公司、陕煤红柳林公司
2	煤炭综采成套装备及智能控制系统	中国平煤神马集团、平煤神马机械公司
3	煤炭综采成套装备智能系统开发与示范应用	山西焦煤西山煤电集团、太重煤机公司

表1-25　“十二五”煤炭装备制造业获批“863”计划项目

序号	项目名称	牵头单位
1	大型露天采矿技术与装备	中国中煤能源集团有限公司
2	煤炭智能化掘采技术与装备	中国煤炭科工集团有限公司
3	薄煤层开采关键技术与装备	中国矿业大学

三、坚持以产品质量为主线，全面推行质量管理，为改进和提升产品稳定性和可靠性打下了坚实的基础

质量第一，用户至上。产品质量关系到煤炭装备制造业的生存和发展。总结40余年来的成就，得出的一条经验就是：煤机企业要加强产品可靠性设计、加工试验及全寿命周期的质量控制，坚持靠过硬的产品质量赢得用户的信赖，赢得市场的认可，赢得社会的尊重。

（一）不断完善质量管理制度，建立健全质量保证体系

改革开放后，煤机行业“以科技为先导、以质量为主线”，开始组织专业化生产，推行全面质量管理。原煤炭工业部陆续颁发了《煤矿机械制造厂工艺工作条例》《煤矿机械新产品试制管理办法（试行）》《煤炭工业部制造局标准化管理办法》《煤矿机电设备配件管理暂行办法》《煤矿机械制造企业产品质量管理暂行办法》《煤矿机械优质产品管理条例（试行）》《煤矿机械制造管理小组活动管理办法（试行）》等一系列旨在提升产品工艺和质量的措施和办法，始终把

质量管理工作作为各项工作的重中之重，常抓不懈。

（二）加强生产现场管理，确保产品质量

一是严抓工装工艺质量。对设计、工艺、计量、检测、工具、设备等各个生产环节加强管理，确保产品质量。

二是实施生产许可证制度和安全标志认证制度。国家于1980—2002年对煤矿专用机电产品实施生产许可证制度。2006年，国家安全生产监督管理总局授权成立了安标国家矿用产品安全标志中心，加强矿用产品安全标志的管理工作。

（三）广泛开展质量达标创优活动

在20世纪八九十年代，煤炭装备制造业广泛开展了QC小组活动，组织交流QC小组成果发布会。据统计，先后有15个小组荣获国家优秀QC小组，238个小组荣获部级优秀QC小组；与此同时，开展了质量管理达标创建活动，张家口煤机厂等10个煤机企业获得煤炭部质量管理奖。2000年以来，煤机企业在国家《关于加快振兴装备制造业的若干意见》《装备制造业调整和振兴规划》《中国制造2025》等政策指引下，不断完善产品质量标准体系，加强与国际先进标准接轨，特别是液压支架系列国家标准的制定，非等效采用欧洲标准EN1804。据统计，自改革开放以来，煤矿专用设备累计发布国标36项，行标501项。标准的实施，极大地推动了煤机产品质量的提升。这些举措为加快煤机产品质量管控体系建设、提高综采设备成套供应能力发挥了重要作用，也为煤炭装备制造业的进步，尤其是“十一五”以来煤炭工业的蓬勃发展奠定了坚实的基础。

四、坚持自给自足，不断提升重大装备的国产化和自主化水平，为提高成套装备供应能力提供了保障

40余年来，我国千万吨级综采成套装备等一批重大装备与技术达到国际先进水平并实现了国产化，不仅结束了煤炭开采装备依赖进口的历史，还实现了国产综采综放成套装备大批量出口。总结40余年来的成就，得出的一条经验就是：坚持引进消化吸收与自主创新相结合，坚持装备研制与重大工程项目相结合，坚持制造部门与使用部门相结合，是提升煤炭装备制造国产化水平的重要举措。

（一）关键成套装备研制成果显著

1.研制了厚煤层大采高成套技术装备

近年来，我国突破超大采高围岩控制、装备可靠性及智能化技术等难题，研发了世界超大采高成套综采技术与装备，连续实现了6～8米厚煤层的超大采高综采。2011年，特厚煤层大采高综放成套技术与装备首次在大同塔山煤矿进行了工业性试验，工作面年产达到1085万吨，工作面回采率达到88.9%，设备平均开机率92.1%。厚煤层大采高成套技术与装备的成功推广应用，有效解决了全国厚煤层高产、高效、高回收率及安全开采等技术难题，目前在晋陕蒙煤炭基地全面应用。基于这一技术与装备，由10家单位联合完成的《特厚煤层大采高综放开采关键技术与装备》项目荣获了2014年度国家科学技术进步一等奖。

2.研制了千万吨级综采成套装备

“十二五”期间，国家发改委、财政部、中华人民共和国工业和信息化部联合组织实施了“智能制造装备发展专项”。智能型千万吨级综采成套装备研制是资金扶持最大的一个专项。该项目由太重煤机有限公司和山西焦煤西山煤电集团牵头承担，联合中国矿大、平阳重工、山西煤机、汾西重工、山西科达等单位，历时3年，于2014年9月完成了从智能采煤机、液压支架、刮板输送机等井下综采成套设备的制造与示范运用。该成套装备集成了国内外的先进技术，能够自动协调运行，采煤机、液压支架和运输系统均能实现自动化，并且具有一定的监测监控、自动诊断及故障预警能力，实现了千万吨级综采工作面产煤过程的智能化控制。

3.研制了薄煤层综采智能化无人开采成套装备

由天地科技、西安煤机、平阳重工、张煤机等单位联合研制的成套装备以采煤机记忆截割、液压支架自动跟机及可视化远程监控为基础，实现了综采设备的智能监测与集中控制，设备国产化率81.5%。装备在陕煤黄陵一号煤矿成功应用，工作面作业人数降到1～3人，实现了常态化远程监控工作面无人操作的智能化开采。天地科技据此申报的“智能煤炭综采装备试点示范”项目被我国工业和信息化部列为国家智能制造试点示范项目，申报的“煤炭综采工作面智能化无人开采技术及装备”项目荣获第四届中国工业大奖表彰奖。

（二）重大装备国产化水平显著提升

智能化、大功率、高可靠性的工作面重大装备发展迅速。

采煤机。1954年，鸡西煤机厂仿制出联合采煤机和C-153型装煤机，开创了我国机械化采煤的先河。改革开放后，我国通过技贸结合方式引进德国、英国、波兰、日本液压牵引采煤机技术和德国直流电牵引采煤机技术。1983年，西安煤机厂成功研制首台大功率MXA-1型采煤机，结束了我国大功率采煤机依靠进口的时代。1988年，太矿成功研制AM500双滚筒采煤机。20世纪90年代，通过引进消化，成功掌握交流变频电牵引采煤机技术，1996年，上海煤科院成功研制首台装机功率最大的MG300/680-WD交流电牵引采煤机。2004年，鸡西煤机厂成功研制了首台整机最大功率的MC，610/1400-WD型采煤机。2009年，国家“十一五”科技支撑计划重点项目“年产千万吨级矿井大采高综采工作面成套装备与关键技术”重点产品MG1000/2500-WD型大采高电牵引采煤机在太重煤机研制成功。2017年，西安煤机公司成功研制了世界首套高性能8米大采高采煤机，满足年产千万吨级生产能力的国产化替代要求。目前，我国已可以生产截高0.8～8米、煤层倾角0°～60°、装机功率100～2860千瓦、牵引速度12～20米/分的采煤机系列产品，具备年产能1600台的制造能力；天地科技、西安煤机、太重煤机、上海创立、江苏天明等煤机生产厂家具有生产制造滚筒直径3.5米大型采煤机的能力。

液压支架。我国液压支架的研究和试验工作始于20世纪60年代末70年代初，1964年太原煤科院和郑州煤机厂成功设计了70型迈步式自移支架，从此开始了液压支架的国产化道路。1984年，煤科院北京开采所、沈阳所及郑州煤机厂在沈阳蒲河矿进行了我国第一套放顶煤液压支架的工业性试验。从20世纪90年代中期开始，我国液压支架进入了快速发展阶段，全国综采工作面数量大幅度提高，液压支架的性能、参数、可靠性有了明显提高，架型不断丰富。目前，我国以生产0.5～8.8米采高、最大倾角70°、最大工作阻力26000千牛、寿命试验可达5万次以上的500多种型号液压支架，具备年产10万架的制造能力。郑煤机、北煤机、平煤机、兖矿东华等企业具备生产8米大采高高端液压支架的能力，代表了国际先进水平。

刮板输送机。中华人民共和国成立初期，鸡西、张家口、淮南3个煤矿专用设备制造基地的设立，拉开了我国刮板输送设备发展序幕。改革开放以后，经过成套引进、消化吸收、自主创新，目前我国可以生产从轻型刮板输送机发展到中型、重型、超重型各种型号的刮板输送机，设备装机功率7.5～4800千瓦、输送能力30～6000吨/时、最大长度达到500米，转载机装机功率17～1000千瓦、输送能力120～8000吨/时，具有生产制造各类刮板输送机6000台套/年的制造能力。特别是张煤机、西北奔牛等企业生产的SGZ1400/3×1600超重型刮板输送设备，是目前井下装机功率最大、运输能力最大、技术最为先进的煤矿井下工作面原煤输送设备，设备技术指标达到国际先进水平。

掘进机。我国煤矿使用巷道掘进机的历史是从20世纪50年代初使用苏联生产的πK-2M、πK2-1型煤巷掘进机开始的。1979年引进国外100余台掘进机以后，淮南煤机厂和佳木斯煤机厂分别引进了奥地利AM50型和日本S-100型掘进机，进行吸收、消化和制造。20世纪90年代，我国开始重型掘进机的研制工作，“十五”期间进入快速发展阶段。目前，我国已成功研制了首台截割功率450千瓦的智能化超重型岩巷掘进机，在工业性应用中平均月进尺342米；研制了截割功率250千瓦的EBZ300型大断面煤巷重型掘进机，在工业性应用中月进尺达到1000米；研制了QMJ4260全断面煤巷高效掘进机，总装机功率超过2400千瓦，运输能力突破1500吨/时，月进尺4000米以上，实现了掘锚平行作业、多臂同时支护、连续破碎运输和智能远程操控的高效一体化作业。

带式输送机。多年来，国产带式输送机从SDJ、SSJ、STJ、DT、DSJ等系列定型发展到各种多功能、长运距、大运量的带式输送机系列。目前，我国煤矿井下用量最多的一种机型是固定高强度带式输送机，主要用于倾角小于180° 的运输，最大运量达7000吨/时、最长运距达7800米、最大带宽达2.2米、最大带速达5.6米/秒、最大驱动总功率达6×1850千瓦。可伸缩带式输送机发展也很快，目前上海天地、兖矿大陆等企业生产的井下顺槽在用的可伸缩带式输送机运量可达4000吨/时、运距可达6000米、带速可达4.5米/秒，保证了单一工作面年产1000万吨的运力。

（三）新型辅助运输装备得到广泛应用

我国煤矿辅助运输装备研制起步较晚。改革开放初期，主要采用无极绳绞车、小绞车等多段分散落后的传统辅助运输方式，运输大巷普遍使用的是架线电机车或隔爆型蓄电池机车等，副井一般采用的是绞车提升或皮带运输，倾斜巷道多采用单滚筒缠绕式绞车、回柱绞车运输，每个顺槽一般需要6～8部绞车接力、对拉运输，成为制约现代化大型煤矿建设与发展的“瓶颈”。

20世纪八九十年代，我国加大了辅助运输的改革，陆续研制了以无轨胶轮车、单轨吊、卡轨车、齿轨车、架空乘人装置等为代表的大吨位、长距离、高运速、自动化、智能化、安全可靠性高的新型辅助运输装备。特别是以神东公司的大型现代化煤矿为代表，进行了“有轨改无轨”的技术革命，推动了辅助运输技术和装备的进步，一些装备的技术指标已达到世界先进水平。

（1）无轨胶轮车。1985年大同矿务局率先引进了柴油机支架搬运车。1994年神东矿区成套批量进H无轨运输车辆，率先实现了国内平硐开拓的无轨化运输。我国从1996年开始自主研制矿用防爆无轨胶轮车，1999年我国第一台TY6/20 FB铰接式防爆客货胶轮车和第一台TY3061 FB汽车改造的自卸式防爆胶轮车试制成功。目前全国使用无轨胶轮车的矿井700处左右，总量达到10000辆，其中95%为国产设备。以铅酸蓄电池为动力的铲运车和支架搬运车，最大载重45吨，最大速度为8千米/时，纯电动无轨胶轮车续航里程可达80千米。运货车最大载重20吨（20秒内可自卸完毕），支架搬运车最大载重100吨。使用无轨胶轮车搬家，5000～6000吨重大工作面装备的搬家倒面由1～2个月缩短为7天左右，大大提高了工作面装备的使用效率。

（2）无极绳连续牵引车。1998年年底，常州科研试制中心有限公司开发了SQ型系列无极绳连续牵引车，率先实现了工作面顺槽整体液压支架连续牵引运输，属国内首创。目前我国生产的无极绳连续牵引车运输系统储绳长度可达到400～1000米，最大运输距离可达3000米，适应巷道坡度0°～18°，最大牵引力为240千牛，全国应用共有500多台套。

（3）单轨吊车。河北省煤研所1978年首次研制了FND-40型内燃机单轨吊，1984年生产出蓄电池单轨吊。目前我国已发展了钢丝绳牵引、防爆柴油机、防爆特殊型蓄电池、气动以及第二代智能型液压驱动型单轨吊车等类型。国内使用最多的是1.5～10吨系列的防爆柴油机单轨吊车，最多一次可运120人，最大爬坡角度30°，最大载重可达50吨。

（4）架空乘人装置。1971年，湖南马田煤矿安装了第一条架空乘人装置，随后全国各主要产煤省份开始使用，并于20世纪80年代在全国部分大型煤矿得到发展。目前全国约有30%的矿井使用架空乘人装置，总量4000～5000套，以山西、河南、贵州等地使用较多，其中潞安常村矿7部架空乘人装置运送距离达13000米，为目前国内最长接续运送距离。国内生产的绳牵引轨道式架空乘人装置可以实现1500人/时的大运量运输，活动抱索器技术可实现3米/秒的高速水平转弯。

（5）卡轨车和齿轨车运输。卡（齿）轨车运输是在普通窄轨运输基础上发展起来的新型运输，主要有柴油机、蓄电池和绳牵引3种。特点是负载重、坡度大、运速快、安全性高，用于坡度较大、弯道较少的运输，可整体运输综采综掘设备。目前我国生产的卡（齿）轨车最大爬坡角度可达30°，最大牵引载重可达40吨，最大牵引动力可达130千瓦。

（四）大型煤炭洗选加工与清洁高效利用装备取得突破

煤炭洗选加工装备列入国家“六五”至“九五”重点技术改造专项计划。“十五”以后，随着数字、工业自动化技术与传统煤炭洗选装备制造技术的不断融合，实现了年产千万吨及以上选煤成套设备国产化。目前，我国能够自主研发世界上最大的单机系统年产300万吨的淘汰工艺成套装备，SKT系列跳汰机最大跳汰面积42平方米，处理能力20吨/时·平方米；研制了大型水平筛最大筛3.6米×7.5米，最大生产能力可达650吨/时；研制了超大型无压给料三产品重介旋流器，处理量达到550吨/时，主要技术指标国际领先；研制了新一代干法重介质流化床分选机，建成了世界上首座模块式干法重介质流化床选煤厂，取得了世界选煤技术装备的重大突破；研制了大型高效压滤机，突破了国外先进压滤设备的束缚，并成功出口30多个国家。

（五）提升系统和容器快速发展

目前我国使用的罐笼单次输送量已从20世纪80年代的30吨提高到60吨，单次载人数从70人增加到358人，运行速度可达10米/秒。液压支架、无轨胶轮车等大型装备实现了整装整运。提升机最大速度可达25米/秒，电机容量超过1000千瓦，已成熟掌握了800米以浅矿井提升技术。

（六）矿井建设技术装备成就显著

多年来，我国实现了竖井凿井由爆破破岩向机械破岩发展。成功研制了首台套有导孔条件下的竖井掘进机，开发了远程控制和钻进方向智能控制系统，减少井下作业量50%以上；成功研制了首台长距离、大坡度煤矿斜井专用盾构机（TBM）并在神东补连塔煤矿斜井成功应用，其井筒直径6.6米、坡度为9.5%连续下坡、最大埋深276米、斜井长度2745米，创造了单月进尺639米的纪录；研制完成了矿用履带式液压坑道钻机，可替代进口；开发制造了煤矿井下定向千米钻机，钻进深度可达1300米，技术水平达到国际领先。

（七）大型露天矿设备快速发展

1981年，国家提出了大力发展露天煤矿的战略方针，做出了加快开发霍林河、伊敏、元宝山、准格尔和平朔五大露天矿的决策。1983年，国务院讨论通过了《关于抓紧研制重大技术装备的决定》，确定将年产千万吨级大型露天煤矿成套设备作为其中一项加快研制。

40余年来，我国露天工艺和装备快速发展，工艺由单斗—铁道转为单斗—卡车间断或连续式、半连续式开采。通过引进、消化吸收和再创新，露天装备种类、型号不断增加并在大型化、国产化方面取得重大成就，先后完成了1000万吨/年和2000万吨/年两个级别的成套设备研制。亚洲最大的6600立方米/时的轮斗挖掘机在“十二五”期间研制成功；斗容75立方米的矿用挖掘机、363吨级电动轮自卸卡车、9000吨/时自移式破碎站和5000立方米/时排土机等世界一流设备已在露天矿成功投用，极大保障了露天开采。露天产量已由1978年的19处、生产规模1698万吨发展到目前的约400处、6.5亿吨；露天煤矿设备实现了从国外引进到基本自主生产的大跨越，大幅提高了露天煤矿生产规模和工作效率。

（八）安全监控系统取得积极成就

我国煤矿监控技术及系统发展较晚。20世纪80年代，原煤炭部先后组织从波兰、美国、德国、英国、加拿大等国引进了一批安全监测监控系统，如CMC-1、DAN6400、TF200、MINOS和Senturion-200等，用于阳泉、淮南、潞安等煤矿。在引进、消化吸收的同时，结合我国煤矿实际情况，又先后研发了KJ1、KJ2、

KJ4等第一批煤矿安全监测监控系统。这一时期的系统多采用分布式结构、时分制频带或基带传输方式。20世纪90年代以后，我国先后研发出一批具有国际先进水平的监控系统，如KJ95、KJ90、KJ101、KJF2000等，采用Windows等操作系统，部分监控系统开始采用光纤传输。2006年，国家发布实施了《煤矿安全监控系统通用技术要求》（AQ 6201–2006）和《关于加强煤矿安全监控系统装备联网和维护使用工作的指导意见》，有力促进了安全监控系统的发展。目前，我国约有20余家有一定规模的安全监控系统生产企业，产品基本实现了设计制造的国产化。

（九）现代化的生产车间、先进的生产工艺以及关键部件的制造技术取得丰硕成果

近年来，与重大采掘装备配套的先进生产工艺研制和关键部件制造取得新的突破。天地玛珂公司建设了高压大流量液压阀柔性加工数字化车间和智能制造示范基地，郑煤机建设了液压支架机器人加工车间，山东能源重装集团等单位成立了机械产品再制造国家工程研究中心，张家口煤机公司研制了高强度高性能耐磨材料，天地奔牛开发了大型刮板输送机中部槽智能化焊接生产线，山东矿机集团运用3D打印和无人机技术，山东塔高公司建设了高端液压支架智能焊接加工车间，晋煤金鼎煤机公司开发了小滚筒大采高采煤工艺及设备等。

五、坚持深化改革，不断提升企业经营管理水平，为打造现代化、集团化、多元化、国际化的煤机企业创造了条件

40余年来，我国煤机企业蓬勃发展，总结40余年来的成就，得出的一条经验就是：坚持深化改革，持续推动企业结构优化升级，是实现煤机企业由规模数量型向质量效益型转变、由生产型向生产服务型转变、由煤机制造向煤机创造转变的根本保障。

（一）企业数量不断增加，规模不断扩大，综合实力明显增强

我国煤炭装备制造由中华人民共和国成立前遗留下来的3个机械厂起家，到改革开放初期，列入国家计划的煤矿机械厂有107个，其中重点煤机厂34个、地方重点煤机厂18个、其他地方厂55个，生产近200多个品种。“七五”期间，我

国重点建设了一批现代化煤机制造企业，积极开发新产品，搞好技术服务，提高经济效益，全面满足煤矿的需要。截至1990年，承担煤机产品生产任务的企业共有122家，另外还有网点配件厂79家。进入21世纪，随着煤炭工业的快速发展，煤机企业数量迎来爆发式增长，截至2017年年底，企业数量达到6000余家，生产品种上万。40余年来，煤机企业经历了由小作坊改造扩建，到改革、整合、重组、新建，形成了国有、军转民、股份制、民营、合资或合作、独资等多种所有制企业百花齐放、百舸争流的发展历程，规模不断壮大，实力不断增强。

（二）深化改革，注入活力，不断提升企业的经营管理水平

改革开放以来，经济体制改革的进一步发展对政府机构设置提出了新要求，我国分别在1982年、1988年、1993年、1998年、2003年和2008年进行了6次规模较大的政府机构改革。在此背景下，我国各主要煤机制造企业的归口管理权也在煤炭部和各相关管理机构间几经更迭，煤机企业的管理方式也经历了由传统的经验管理向科学管理、现代化管理逐步发展的过程。

“六五”开始，煤机制造企业开始由单纯的生产型向生产经营型转轨，组织专业化生产，注重产品上水平、上品种、上质量、上产量，促进了经济效益的提高。“八五”期间，煤机企业深入推进治理整顿，切实开展“质量、品种、效益年”活动，抓管理、上等级，全面提高企业经营管理水平，并以经济效益为中心，以转换经营机制和调整产品结构为重点，以扭亏增盈为目标，推动各项工作。进入21世纪，煤机企业不断加强现代企业制度建设，全面推行战略管理、组织人事管理、计划管理、能源和设备管理、信息管理、知识管理、精益管理等，开展优质、高效、安全、文明的生产活动，采用价值工程、ABC分类法、信息化等管理手段，使企业向现代化迈进，企业经济效益和社会效益成效明显。

（三）调结构，促升级，不断提升企业发展的质量和效益

40余年来，随着煤炭装备制造企业归口管理权的更迭，国有骨干煤机厂陆续改组改制。到目前，逐步形成了以天地科技、中煤装备、郑煤机、山能重装、陕煤重装、平煤神马重装、兖矿东华、晋煤金鼎、冀中装备集团、辽宁煤机集团等为代表的国有煤机制造集团，和以上海创立、山东矿机、三一重装、林州重机、常州科试、冀凯装备、北方交通、景津压滤机、力博重工、淄博先河等为代表的

民营股份制企业，加之部分军工企业、中外合资和外资企业，开创了煤机制造百花齐放、百舸争流的大好局面，提升了行业发展的质量和效益（表1–26）。

表1–26 各种经济类型的煤机代表企业

企业性质	代表企业简称
国有企业	天地科技、中煤装备、郑煤机、山能重装、平煤神马重装、陕煤重装、兖矿东华、晋煤金鼎、冀中装备、安徽矿机、徐州华东、辽宁煤机集团、平煤机、山西煤机、凯盛重工
军工企业	平阳重工、重庆大江、北方重工
民营企业	上海创立、山东矿机、三一重装、林州重机、常州科试、唐山神州、兴隆液压、淄博先河、山东天晟、冀凯装备、北方交通、景津压滤机、力博重工
外资企业	卡特彼勒、日本小松、德国艾柯夫、山特维克、德国申克、美国泰戈特、波兰华星

据统计，1978年，52个重点煤机厂完成工业总产值58924万元，全员劳动生产率7164元/人·年，实现利润4893万元；1990年，57个重点煤机厂完成总产值21.32亿元，实现利润11740万元，全员劳动生产率2.08万元/人·年；2017年，统计的149个主要煤机企业完成总产值1162.5亿元，实现利润61亿元，全员劳动生产率82.18万元/人·年，其中前50强企业营业收入达到865.75亿元，行业集中度进一步提升，大型企业的发展后劲明显增强。在行业快速发展的大好形势下，大型煤机企业在国际市场和资本市场加快了并购重组和融资融券的步伐。在国际市场，2006年，中煤装备公司成功收购英国帕森斯（Parsons）链条公司制链设备与工艺及相关知识产权，成为全球最大的矿用链条制造商和领导者；2011年，太重煤机有限公司并购澳大利亚威利朗沃国际集团，次年又成功收购美国RE1钻机公司股权；2017年，郑煤机集团以5.45亿欧元收购德国博世集团电机业务。

在资本市场，2002年，天地科技股份有限公司在上海证券交易所成功上市，开创了我国煤机企业登陆资本市场的先河；2010年，作为全球规模最大的煤矿综采液压支架研发制造企业，郑煤机同时在A+H股上市；此外，山东矿机、尤洛卡、林州重机、冀凯股份、创力集团5家煤机制造公司先后上市。2017年，7家上市煤机企业共计完成营业收入280.39亿元，实现净利润15.88亿元（表1–27）。

表1–27　七家上市煤机企业营业情况

序号	代码	证券简称	上市时间	2017年营业收入/万元	2017年净利润/万元
1	600582	天地科技	2002年5月15日	1537864.59	94200.64
2	002526	山东矿机	2008年2月1日	138205.00	7133.53
3	601717	郑煤机	2010年8月3日	754767.12	28425.08
4	300099	尤洛卡	2010年8月6日	42291.17	10164.41
5	002535	林州重机	2011年1月11日	165188.43	3506.81
6	002691	冀凯股份	2012年7月31日	40186.27	927.74
7	603012	创力集团	2015年3月20日	125363.05	14467.09

六、坚持扩大对外开放，逐步实现了由单机出口向成套批量出口

由单一的“引进来”到“引进来”与“走出去”相结合的转变，由吸收引进技术与装备向引领世界煤炭开采技术与装备发展的转变。

改革开放40余年，煤机行业的对外交流与合作成果丰硕。总结40余年来的成就，得出的一条经验就是：不断提升对外开放水平，充分利用国内国外“两种资源、两个市场”，是实现我国煤机大国向煤机强国转变的重要保障。

（一）加大技术装备进口，为提升我国煤机制造水平和煤矿机械化开采水平打下基础

改革开放之初，我国煤炭装备制造以进口为主，通过技贸结合、许可证贸易等方式从国外引进制造技术和资金，进口关键设备及仪器，武装企业。当时以发展煤矿长壁开采技术为契机，累计进口综采设备181套、掘进机124台。在“六五”期间，又在引进先进技术装备的基础上，引进制造技术24项，其中安全装备制造技术14项、机电设备制造技术10项。通过引进一些国家的先进技术和装备，提高了煤机设计和制造国产化水平。同时，各专业煤机厂积极参与先进技术和装备的生产、测绘、仿制、消化吸收和再创新，为我国煤矿机械化大发展奠定

了基础。

（二）积极推动煤炭装备“走出去”，不断扩大对外出口规模

40余年来，我国煤机产品出口的数量、种类、成套型和技术含量发生了根本性变化。改革开放初期，煤机中仅有少量单机及配件出口。“七五”期间，煤机产品出口额有所增加，但年出口额均未超过200万元。1987年，国产液压支架首次出口美国。从“八五”时期开始，在原煤炭部大力支持下，采取一系列有力措施，有计划、有组织、有重点地开发国际市场，从此我国煤机开始大规模成套装备与技术陆续出口。也是从这个历史时刻起，中国煤机敢于和国际上的煤机强国竞争：1991年，综采成套装备首次出口土耳其；1994年，出口产值突破1亿美元，提前6年实现了到20世纪末出口规划目标；1995年，综采成套装备首次出口印度；1996年，国产液压支架首次较有规模地出口美国；2006年9月，3.5米采高综采成套放顶煤工艺与装备在俄罗斯南库兹巴斯煤矿公司达产成功。据统计，自1992年以来，中国煤机产品已出口至美国、俄罗斯、德国、印度、土耳其、南非、孟加拉国、菲律宾、越南、印尼、朝鲜等30多个国家，累计出口产值395亿元。

据海关统计，目前我国主要煤机出口企业有：中国煤矿机械装备有限责任公司、郑州煤矿机械集团股份有限公司、太重煤机有限公司、天地科技股份有限公司、山东能源重装集团有限责任公司、兖矿东华重工有限公司、三一重型装备有限公司、北方重工集团有限公司和山东矿机集团股份有限公司等。

（三）加强国际交流与合作，提升煤机对外开放水平

40余年来，我国煤机坚持融入世界先进采煤国家和煤机制造国家，加强与国外主要产煤国家开展交流与合作：1979年成立了中德煤炭工作组，1984年成立了中波煤炭工业经济和科技合作常设工作组，1989年成立了中苏（俄）煤炭工作组，1994年成立了中印煤炭工作组会议，2000年以来陆续与英国、澳大利亚等国联合举办煤炭峰会或国际化研讨会。通过这些方式，进口国外先进的提升、采掘、运输、洗选加工等设备，引进日本、德国、波兰等国设备，由骨干煤机厂进行消化吸收和国产化。

（四）全方位、宽领域、多层次搭建会展平台，加大技术与装备的交流与合作

一是综合性会展影响广泛。影响最大的展会当属创办于1980年的中国国际煤炭采矿技术交流及设备展览会，当时原煤炭部在北戴河举办了第一届国际采矿设备展览会，之后逐步形成每两年一届的定期性、国际性行业展览会。2000年之后，展览会由中国煤炭工业协会主办，中煤能源集团承办。截至2017年，已成功举办了17届，成为国际上规模较大的国际采矿设备展览会之一。第17届中国国际煤炭采矿技术交流及设备展览会吸引了18个国家和地区的近400家企业参展和交流，参观交流人员近10万人。此外，1990年5月，我国承办了第14届世界采矿大会和展览会，其中参加采矿技术与装备展览会的国外公司99家，代表1350人，其中外商代表300余人，在当时规模空前。

二是专业性会展特色鲜明。2002年，第一届中国国际安全生产论坛暨中国国际安全生产及职业健康展览会在京举办；2006年9月，第五届国际矿山救援技术竞赛暨安全生产应急救援技术装备展览会在平顶山举办，这些展会着重展示了安全生产和应急救援方面的技术与装备。在煤炭洗选加工和清洁利用方面，2006年，中国煤炭工业协会和有关单位在京举办了中国国际煤化工及煤转化高新技术研讨会及展览会和中国国际煤炭加工利用与环境保护大会暨展览会。自2010年起，中国煤炭加工利用协会已举办了6届中国煤炭清洁高效利用展览会。

三是区域性会展亮点纷呈。区域性会展主要有：中国（泰山）国际矿业技术与装备展览会，该展会由中国煤炭机械工业协会和泰安市政府主办，经商务部批准，已在2013年、2014年、2016年和2018年举办了四届；连续举办了17届的太原煤炭工业技术装备展览会；连续举办了13届的鄂尔多斯国际煤炭及能源工业博览会；连续举办了13届的榆林国际煤炭暨高端能源化工产业博览会；中国（淮北）煤炭机械博览会，该展会在2007—2012年连续举办了5届。此外，鸡西、邹城、铁岭、毕节、呼伦贝尔、七台河等各地方政府适时举办了各类煤机展览会，也取得了一定的积极效果。

综上，40余年来，我国煤炭装备制造业保持了平稳健康发展势头，基本建立了门类齐全、独立完整的现代煤炭装备制造体系，生产和使用规模跃居世界第一，为我国以至世界煤炭工业的进步做出了突出贡献。但通过与国内外煤炭技术

装备比较和对现状的分析，我们清醒地认识到自身与世界主要煤炭装备制造厂商及先进制造企业仍存在着一定差距。因此必须牢固树立振兴煤炭装备制造业的紧迫感，加快煤炭装备制造业现代化发展的进程，切实为构建现代化煤炭经济体系做出应有的努力和贡献。

第四节 中国改革开放40余年煤炭工业对外开放情况

中国是世界上最大的煤炭生产和消费国。改革开放40余年来，中国煤炭工业协会（以下简称中煤协会）充分利用国际国内两个市场、两种资源，坚持多元发展、互利共赢，加强国际交流与合作，引进国际先进的技术装备和管理方法，提高我国煤炭工业的整体生产力水平。积极参与境外煤炭资源开发与贸易，增加我国煤炭市场与国际市场的融合度，提高煤炭工业对外开放水平。加快培育和发展跨国经营的大型煤炭企业集团和具有国际竞争力的知名品牌，支持有条件的企业对外直接投资和跨国经营，提高煤炭行业在国际市场上的竞争力和影响力。①

一、全方位国际交流合作格局建设工作稳步推进，煤炭工业对外开放水平显著提高

40余年来，中煤协会积极引导煤炭行业开展国际交流与合作工作，参与相关国际标准的研究和制定，加强与世界主要产煤国煤炭产业政策、体制和机制等方面的交流，组织、引导、推动中外企业之间的合作，初步形成了包括国际组织、国外产煤国机构、行业协会、研究机构和大型煤炭企业在内的多层次、宽领域、全方位的国际交流合作格局。

（一）与国际组织合作情况

（1）经国务院批准，中煤协会先后加入世界采矿大会、世界煤炭协会和世界选煤大会等，充分利用国际组织平台作用，推荐高层职位任职入选、国际项目

① 孙喜民.煤炭工业高质量发展方略研究与实践[J].煤炭工程，2019，51（01）：152-156.

中国专家、大会发言人和主持人、组织中方论文等，提高我国煤炭行业的国际话语权，扩大我国煤炭行业和企业的国际影响力。

（2）中煤协会会长王显政同志任世界采矿大会国际组委会副主席，中煤协会会员企业中国煤炭科工集团、北京京煤集团等高层4人任委员；经过争取，中煤协会派出2名选煤专家担任世界选煤大会的中国委员，而其他国家包括美国、俄罗斯在内仅有1名委员。在中煤协会协调和组织下，每届世界采矿大会我国发表技术论文90余篇，参会代表50余人；每届世界选煤大会我国发表技术论文60余篇，参会代表80余人。

（3）2015年11月，世界煤炭协会在布鲁塞尔召开第62届理事会，会议一致同意成立世界煤炭协会技术委员会，秘书处设在中煤协会。自此，以中煤协会为主导的全球煤炭工业科技合作机构的正式运作，必将为世界煤炭工业健康可持续发展产生积极和深远的影响。

（4）邀请美国有线电视新闻网（CNN）、彭博社（Bloomberg）等国外媒体参观采访原国电集团廊坊热电厂、神华集团国华三河电厂等，对我国煤炭清洁高效利用情况进行全球报道，认为我国燃煤电厂超低排放技术正在引领世界煤炭清洁高效利用发展方向，并已经具备向其他国家包括美国输出相关技术的优势，取得了较好的效果。

（二）与国外政府机构、行业协会、企业合作情况

（1）中煤协会与美国劳工部的合作得到中美两国政府的高度重视，分别被列入第五轮、第六轮、第七轮、第八轮中美战略与经济对话成果，开展中美矿山安全健康新技术及培训等领域的合作。

（2）目前，与中煤协会签署合作备忘录、建立定期交流合作机制的国外政府机构、行业协会、研究机构和企业等有15家，其中包括美国劳工部、澳大利亚工业和科学部、德国北威州政府、俄罗斯科学院、波兰中央采矿研究院、巴西煤炭协会、日本煤炭能源中心、印度选煤协会、博地能源集团、嘉能可公司等。

二、加强煤炭行业国际交流合作平台建设，推进煤炭资源安全高效开采和清洁高效利用

（1）中煤协会通过定期举办世界煤炭协会技术委员会会议、国际煤炭峰

会、国际煤矿瓦斯防治研讨会等，参加美国国际矿业展览会、欧洲矿业展览会，举办“中国日”活动等探讨煤炭安全高效开发和清洁高效利用的途径，寻求共识，搭建交流合作平台，推动我国与世界煤炭工业交流互动机制建设，促进世界煤炭工业的健康可持续发展。

（2）中煤协会每两年举办一届世界煤炭协会技术委员会会议，就智能采矿技术、煤炭低排放技术、二氧化碳捕捉利用封存技术等进行研讨。会议内容丰富、讨论深入、安排周密，广受好评，已成为世界煤炭工业相互交流合作的重要平台和窗口。

2018年世界煤炭协会技术委员会会议于3月在北京召开。世界煤炭协会会长米克·巴菲尔、执行会长本杰明·斯伯顿，国际能源署煤炭咨询委员会主任拉德马赫，印度煤炭部原部长阿洛克，美国能源部化石能源主任安杰洛斯，以及来自中国、美国、俄罗斯、澳大利亚、德国、波兰、南非、印度、英国、巴西、哥伦比亚、日本12个国家的120余名知名专家学者，博地能源、必和必拓、嘉能可、通用电气、小松矿业等世界知名企业的高级管理人员出席了会议。

三、支持煤炭企业走出去，扩大我国煤炭行业的国际竞争力和影响力

（一）推动煤炭企业开展重大合作项目

（1）安排巴西科派密公司与浙能集团洽谈并实地考察。巴西科派密公司认为我国煤制气、燃煤发电技术先进、全球领先，与浙能集团签署了20亿元的煤矿及煤制气项目合同。

（2）组织多期“走出去”政策讲座，邀请商务部等部委领导进行现场指导和咨询，为中煤第五建设有限公司、中鼎国际建设集团、重庆巨能建设（集团）有限公司等煤炭建设企业提供了政策咨询渠道。中煤建设集团是最早“走出去”的煤矿建设企业之一。1988年承建的摩洛哥杰拉达煤矿是我国第一座海外承建煤矿；2009年承建的孟加拉国巴拉普库利亚煤矿获鲁班奖；2017年成功中标了南非巴古邦铂金矿矿建二期、三期掘进安装工程，与塔吉克斯坦等国家的当地企业建立良好的业务联系，签订合作备忘录。

（3）为兖矿东华建设公司、中水电海外投资公司等企业提供巴基斯坦、印

尼和澳大利亚等国内煤电市场调研和工程项目招投标咨询；为北京华宇工程有限公司、中煤邯郸设计研究院、中煤西安设计研究院、天地科技建井研究院等提供国际工程设计平台BIM产品推广和实施咨询。2017年兖矿澳洲公司26.9亿美元并购力拓集团联合煤炭公司；陕西煤化工集团在“一带一路”沿线布局煤炭资源勘探、化工、煤电一体化等项目。

（4）国家能源投资集团目前已设立境外单位20家，运营和在建的海外项目共9个。境外资产229.2亿元，境外营业收入25.57亿元，分别占全集团总资产和收入的2.38%和1.07%。境外项目主要分布在澳大利亚、印尼、俄罗斯、美国、希腊等国，业务涉及煤炭、火力发电、页岩气、风电等。

（5）中国煤炭科工集团在乌兹别克斯坦、乌克兰、加拿大、俄罗斯、澳大利亚、土耳其、巴基斯坦、印度、越南等国开展了煤电化建设工程相关项目，在乌克兰实施了“梅利尼科瓦煤矿现代化技术改造”项目，主要对3个薄煤层综采工作面和5套综掘进行优化设计并提供配套装备，并推动乌克兰多个类似矿井的技术改造升级。在乌兹别克斯坦实施的“安格林露天煤矿技术改造”项目和“沙尔贡煤矿技术改造EPC项目”，通过综采技术改造升级，实现安全高效生产。

中煤科工集团太原研究院已经与印煤集团东部煤炭公司签署了成套连续采煤机与梭车等设备采购与技术服务合同；同时也与印度Indu公司签署了全岩巷道260H掘进机的采购与技术服务合同，主要服务于印度煤炭集团BCCL下属Moonidih煤矿的斜井开拓。

（6）江苏徐州矿务集团服务外包产业始于1988年，从走出国门承包菲律宾波利略煤矿和圣保煤矿工程项目开始，至今已走过30年发展历程，服务外包领域拓展到国内十多个省份和“一带一路”沿线国家。截至2018年6月末，徐矿集团共有海内外煤矿服务项目12个、电力维运项目5个，创收7.6亿元。2018年7月，徐矿集团与中钢国际组成联合体，承包7300万美元土耳其波亚克煤矿工程，以技术和管理为主开展海外劳务输出。

（二）组织召开中国煤炭企业国际化研讨会

自2011年起，中煤协会与代管协会共同举办中国煤炭企业国际化研讨会，至今已连续举办6届。会议邀请澳大利亚、印度尼西亚、俄罗斯等主要产煤国家的使领馆、贸易投资机构的官员及国内大型煤炭生产、建设、装备制造企业、科研院所和能源研究机构的代表参会，交流世界主要产煤国家煤炭资源开发相关政策及投资发展环境等，搭建煤炭行业海外发展咨询、信息发布一体化服务平台，积极探索煤炭行业对外合作新模式、新路径，提升煤炭企业国际竞争能力，推动煤炭企业“走出去”，参与“一带一路”建设。

（三）组织召开中国国际煤炭采矿技术交流及设备展览会

由中煤协会主办的“中国国际煤炭采矿技术交流及设备展览会”每两年举办一届，至今已举办了十七届，对加强采矿业和煤机制造业的国际交流与合作，促进我国煤炭采矿业和煤机制造业技术装备水平的提高发挥了积极作用。该展会已成为亚洲地区煤炭采矿业规模最大的展会，是了解国际煤炭采矿业和煤机制造技术装备发展趋势的重要窗口。

“第十七届中国国际煤炭采矿技术交流及设备展览会”于2017年10月25—28日在北京中国国际展览中心（新馆）举办。展会以“智能制造、引领未来”为主题，吸引了19个国家和地区的近400家国内外企业参展，展出面积5万多平方米，境外参展商比例达到30%，举办地以外参展商比例达到90%，来自国内外的专业观众近4万人。展会同期举办了9场技术交流会，内容丰富，为中外同行提供了切磋技术、交流信息的平台。

第二章　中国煤炭生产开发布局的分析

第一节　中国煤炭工业生产开发布局回顾

一、改革开放前生产开发布局（1949—1977 年）

三年恢复和“一五”时期，我国煤矿建设重点主要放在解放较早、有一定工业基础的东北地区，并逐步推向华北和华东地区。“二五”时期，正处于三年“大跃进”时期，煤炭工业布局没有重点，煤矿建设遍地开花。为急于扭转南方缺煤的形势，在地质资料不够翔实的情况下，提出建设江南17个基地，结果因资源不可靠，大多数矿井未能建成，致使全国煤炭产量由1959年的3.68亿吨下降到1965年的2.3亿吨。

“三五”时期，进行了西南、西北三线建设，煤矿建设的重点由沿海转向内地。“四五”时期，在“扭转北煤南运”和“实现大区、省区自给”的思想指导下，煤矿建设重点由西南、西北地区第二次转向江南九省，对促进这一地区经济发展起到了很大作用。但在储量不多、资源不清、建设条件比较复杂的地区，也造成了一定的浪费，经济效益较差。由于北部省区煤炭产量比重逐年下降，煤炭供应日趋紧张，从煤炭资源分布的实际情况出发，煤矿建设的重点由南方转向北方。在改建、扩建一批老矿井的同时，重点建设邯邢、兖州、枣滕、两淮、铁法、红阳、古交等煤炭基地和霍林河、伊敏河等露天煤矿。华北、华东、东北地区建设规模、产量比重显著增加。

二、改革开放后生产开发布局（1978—2012 年）

1978—2000年，国家做出能源战略重点西移的决定，将山西、陕西和内蒙古西部（简称“三西”）作为能源战略西移的重点开发地区，“十五”期间扩展到山西、陕西和内蒙古全境，“十一五”期间又纳入了宁夏回族自治区，即晋陕蒙宁规划区。

（一）1978—2000年生产开发布局

改革开放以后，煤炭工业逐步走上正常发展轨道，煤炭生产建设迅速发展，开发布局发生了较大变化，突出特点：一是煤矿生产建设规模扩大；二是发展综合机械化采煤技术，大力建设现代化大型矿井，技术面貌大幅提高；三是扩大露天建设规模；四是大力发展地方煤矿。为确保2000年较1980年国民经济翻两番战略目标，煤炭行业提出“一番保两番和开发建设重点西移”的战略目标，“一番保两番”就是用煤炭产量翻一番确保国民经济翻两番，即煤炭产量由1980年的6亿吨增加到2000年的12亿吨，规划为14亿吨，即用14亿吨确保12亿吨；“开发建设重点西移”就是将全国煤矿建设的重点逐步转移到山西、陕西和内蒙古西部地区。

“六五”规划，将全国划分为东部煤炭调入、中部煤炭调出、西部自给及后备3个区带，京津冀、东北、华东、中南、晋陕蒙、西南、新甘青宁7个规划区。其中，东部调入区带包括东北、京津冀、华东、中南4个规划区，中部调出区带为晋陕蒙（西），西部后备区带为西南、新甘宁青2个规划区。煤炭生产开发布局总的思路是“稳住东部，战略西进”，即东部煤炭生产在长期稳定的基础上，力求有一定幅度的增长；中西部以“三西”[即晋陕蒙（西）]为重点，通过扩大开发山西，并以山西为基地向西推进。

经过20多年的开发建设，3个区带煤炭产量均实现较大幅度增长，由于资源条件限制，东部虽然产量增长较快，但占全国的比例一直在下降，由63%下降到45%。中部作为煤炭调出区，煤炭产量增量增长最快，占全国的比重由1978年的20%增长到2000年的37%，反映出晋陕蒙地区煤炭生产建设步伐加快。西部作为自给区，产量比重变化很小，仍然是后备力量。中部调出的煤炭有效支持了东部煤炭需求，中部作为煤炭调出区的地位得到进一步巩固和加强（见表2–1）。

表 2 –1　1978—2000年煤炭生产地区分布情况　　单位：万吨

年份	1978	1980	1985	1990	1995	2000
一、东部区带	39705	36346	46032	53112	65258	55990

续表

年份	1978	1980	1985	1990	1995	2000
比重/%	63	59	53	49	4S	45
二、中部区带	12792	16105	27315	36683	46034	46600
比重/%	20	26	31	34	34	37
三、西部区带	10289	9563	13886	18135	24781	22410
比重/%	16	15	16	17	18	18

（二）2001—2012 年生产开发布局

受煤炭市场疲软影响，“十五”规划提出煤炭生产开发布局按照接近消费地的原则，“优先开发东部缺煤地区，暂缓晋陕蒙地区的开发速度，适当开发西南地区”。重点进行低灰、低硫、高发热量的优质动力煤基地前期准备工作，对于一些接续煤矿和调整结构的煤矿，适时进行开发建设。“十五”期间重点开展前期准备的主要矿区有：华北地区的东胜、平朔、西山、潞安、晋城和蔚县矿区，华东地区的济北、巨野和两淮矿区，中南地区的永城和登封矿区，西南地区的盘江、先锋和古叙矿区，西北地区的神府和榆神矿区。

2002年以后，在经济快速发展的拉动下，煤炭需求旺盛，国家适时调整规划，延续了20世纪80年代以来的煤炭开发战略重点西移的基本思路，“十一五”规划提出“稳定调入区生产规模，加快调出区开发速度，适度加快自给区资源开发”的总体生产开发布局思路，煤矿建设步伐加快，煤炭产量快速增长，适应了国民经济发展对煤炭的需求。

2012年，全国煤炭产量为36.5亿吨，比2001年增加22.7亿吨，年均增长9.2%，是历史上增长最快的时期。在稳定生产规模布局思路指导下，东部调入区年均增长率为3.7%，增速比较慢，近几年煤炭产量一直稳定在9亿吨左右。

“十五”后期及“十一五”期间，全国煤矿建设重点放在了调出区，煤炭产量快速上升，出现超常规增长，由2005年的9.9亿吨增加到2012年的22.1亿吨，年均增长率为13.0%，远远高于全国的9.9%；调出区煤炭产量占全国的比重不断增长，由2005年的45%上升至2012年的60.5%。自给区以自给为主，煤炭需求量不大，因为基数较小，尽管产量实现了较大幅度增长，但占全国的比重一直稳定在15%。

根据国家发展改革委、国家能源局网站等公开资料统计，2012年1月至2017年年底，国家发展改革委核准煤矿项目98处，建设总规模50020万吨/年，项目总投资3321.54亿元（不含矿业权价款）；其中地处我国西部地区的煤矿项目80处、占核准煤矿项目个数的81.6%，建设规模42570万吨/年、占核准煤矿建设规模的85.1%；露天煤矿13处、占核准煤矿项目个数的13.2%，建设总规模12110万吨/年、占核准煤矿建设规模的24.2%。“十八大”以来，国家发展改革委核准的大型煤炭基地内的煤矿项目96处、建设规模49620万吨/年，占核准项目总规模的99.2%；其中，地处西部的陕北大型煤炭基地内的煤矿项目16处、建设规模6840万吨/年，占核准项目总规模的13.67%；地处西部的神东大型煤炭基地内的煤矿项目25处、建设规模16940万吨/年，占核准项目总规模的33.87%；地处西部的黄陇大型煤炭基地内的煤矿项目11处、建设规模4760万吨/年，占核准项目总规模的9.51%；地处西部的新疆大型煤炭基地内的煤矿项目9处、建设规模5040万吨/年，占核准项目总规模的10.08%；地处西部的云贵大型煤炭基地内的煤矿项目7处、建设规模1310万吨/年，占核准项目总规模的2.62%；煤炭资源开发向生态环境脆弱的西部省区转移。

三、生产开发布局变化特点

（一）整体上生产开发布局加速西移

截至2010年年底，全国查明保有资源量达到13412亿吨，西部9281亿吨，占69.2%。2005年以来，全国新增查明资源量3117亿吨中的95.6%在西部，为煤炭开发战略西移奠定了基础。中华人民共和国成立之初，东部煤炭产量占全国的60%以上，是我国煤炭主要产区，随着时间的推移，东部产量所占比重一直在下降，1954年下降到58%，之后下降速度加快，2012年只占全国的13%。中部煤炭产量增长比较快，但在全国的份额变化不大，从最初的24%缓慢上升到1993年的44%，然后又缓慢下降到2012年的33%。西部煤炭产量总的来说长期维持快速增加势头，从1950年的13%上升到2012年的54%，超过全国的一半，特别是进入21世纪后，西部煤炭产量快速增加，我国煤炭生产加速向西部转移。

我国煤炭开发总体布局由“十二五”时期的“控制东部、稳定中部、发展西部”转变到“十三五”时期的“压缩东部、限制中部和东北、优化西部”。

（二）晋陕蒙宁甘新增长最快

各地区煤炭产量均有较大幅度的增长。2000年以前，7个地区均有一定增幅，晋陕蒙宁地区增长更为明显；2005年后，京津冀出现下降趋势，东北、华东、中南、云贵和川渝青藏5个地区呈缓慢上升趋势，而晋陕蒙宁甘新地区依然保持强劲增长态势。从占全国原煤产量的比重看，2000年以来增加的有晋陕蒙宁甘新、中南、西南、川渝青藏4个地区，晋陕蒙宁甘新、云贵上升较大，分别增加23.6个百分点和0.2个百分点，其他地区下降，降幅较大的是中南、东北、华东3个地区，分别降低6.4个、6.1个和5.4个百分点。

从增长速度上看，增速较快的有“三年恢复”期、“一五”“三年调整”“十五”等几个时期，都是煤炭工业走出困境时出现的恢复性增长。各规划区在“九五”期间都是负增长，主要原因是亚洲金融危机和国内经济结构调整导致煤炭需求锐减。京津冀和中南规划区降幅最大，主要原因是这两个规划区煤炭开采成本较高，亏损严重，无法正常组织生产所致；此外，东北规划区“八五”和“十一五”期间煤炭产量也存在一些波动。

（三）内蒙古、陕西市场份额上升快

25个主要产煤省区中，2012年产量超过1亿吨的省区9个，其中内蒙古、陕西市场份额提高很快，是我国煤炭主要增长省区。内蒙古由1980年的4%上升到2000年的6%再到2012年的24.7%，全国增长最快；陕西由1980年的3%增加到2012年的11.1%，增长速度也很快；山西煤炭产量占全国比重由2000年的27%下降到2012年的22.4%；河南、山东比重缓慢下降；贵州、安徽比重基本保持稳定。

第二节 中国煤炭生产开发总体布局

全国煤炭生产开发总体布局是“控制东部、稳定中部、发展西部”。东部开采历史长，可供建设新井的资源少，应控制开发规模，维持供应能力；中部资源相对丰富，开发强度偏大，应减缓开发速度，保障稳定供应；西部资源丰富，开发潜力大，应扩大生产规模增加调出量。

一、控制东部地区的煤炭生产建设规模

东部地区的突出特点是经济发展水平高，煤炭需求量大，2012年煤炭产量4.7亿吨，占全国的12.9%，消费量17.3亿吨，占全国消费量的46.6%，是我国主要煤炭消费区。东部煤炭资源比较匮乏，且经多年开采，可供建设新井的资源急剧减少，截至2010年年底，保有储量为822.2亿吨，仅占全国保有储量的6.1%：剩余资源主要分布在老矿区外围和深部，资源赋存条件复杂，煤层埋藏深度大多超过1000米，部分生产或在建矿井采深也接近1000米，煤矿瓦斯、地压、地温、水灾等灾害日益严重，工人的作业环境差、煤矿安全生产压力很大，开发建设难度大，煤炭生产后劲严重不足，部分矿区出现接续困难，东部煤炭供需矛盾突出。另外，东部地区人口密集、土地稀缺，煤炭开发对社会和生态环境影响比其他地区更加突出。根据东部资源条件、生产现状和区位特点，应实施控制东部区带开发战略，仅考虑资源枯竭矿井接续项目建设，新井建设控制在1000米以浅，维持现有生产供应规模，尽量延长矿区服务年限，为寻求替代产业腾出时间，加快煤炭产业向区外发展，促进地区经济持续发展和社会稳定。

东部地区城镇和建筑物压煤十分严重，部分矿区下组煤煤质差并受地下水威胁，许多煤矿面临资源枯竭，部分矿井进入深部开采期，生产能力显著下降，安全隐患明显加大。东部煤炭资源开发利用率高，后备资源短缺，浅部煤炭资源已经基本上被开发利用，加大深部资源勘察力度势在必行。在煤炭资源保障上，既要巩固和稳定区内，保障老矿区转移和接续需要，又要注重向区外发展，特别到

资源丰富的晋陕蒙宁地区和海外开发资源。依靠技术进步，加强科技攻关，解决好承压水体上开采、村庄下开采及深部开采问题。对储量不多、生产逐渐萎缩的衰老报废型矿区，要千方百计解决好矿区接替；对开发强度大而储量并不丰富的矿区，应积极开展外围地区勘探，以保证持续稳产；对于储量比较丰富且开发时间不长的矿区，如蔚县矿区、巨野矿区，可加快开发。

东北三省。包括辽宁、吉林、黑龙江3省。该区大部分资源赋存条件较差，开采难度较大，现有矿区开发时间长、强度大，剩余可供建设大中型煤矿的资源少，黑龙江资源比较丰富但以褐煤居多。在稳定现有生产规模的基础上，加强地质勘探，积极寻找接续资源，建设一些大中型煤矿，解决煤矿接续问题，适度发展黑龙江，稳定辽宁、吉林煤炭产量，同时做好衰老矿区产业接续和转型工作，还要提高小煤矿办矿水平。2020年前，黑龙江生产规模能够基本保持稳定，辽宁、吉林两省资源接近枯竭，重点做好产业接续和转型工作。

京津冀。包括北京、天津、河北3省市。河北大部分矿区已进入衰老报废期，可供新开发的煤炭资源不多，要加快蔚县和平原矿区开发，围绕邯郸、邢台、峰峰等老矿区深部和外围挖掘潜力，稳定煤炭生产规模，小煤矿逐步退出生产领域，并做好资源枯竭矿区接续和转型发展工作。北京市已没有尚未利用的资源，京西矿区大中型矿井已进入衰老期，预计2030年前退出煤炭生产。

沿海7省市。包括山东、江苏、浙江、上海、福建、广东和海南7省市。该区资源匮乏，目前可供建设大中型煤矿的矿区有巨野、阳谷—茌平、黄河北等矿区，应加强地质勘察，建设一批大中型矿井，解决衰老矿井接续。2020年前，山东能够稳定目前的生产规模。江苏和福建煤炭资源少、分布零星、煤层薄，以小型煤矿开采为主，已进入报废高峰期，江苏应重点做好生产煤矿技术改造，小煤矿逐步退出生产领域，提高办矿水平；福建应依托省内大型煤炭企业，建设高标准接续煤矿，整合、淘汰落后小煤矿产能。浙江、广东和海南已退出煤炭生产领域。

二、稳定中部地区的煤炭生产建设规模

2012年，中部地区煤炭产量12.2亿吨，占全国原煤产量的33.4%，消费量9.1亿吨，占全国消费量的24.5%，调出3亿吨，是我国重要的煤炭生产区和调出

区。中部区带地处我国腹地，地理位置适中，起着承东启西的作用。本区的整体特征是资源比较丰富，截至2010年年末，保有储量3308.2亿吨，占全国保有储量的23.1%，但分布不均衡，主要集中在山西、河南和安徽。随着中部崛起战略的实施，近几年中部发展加快，与东部的差距逐渐缩小，煤炭需求量增长较快。山西资源十分丰富，具有较大开发潜力，但由于开采时间长，开发强度一直很大，采煤已造成全省1/8的土地塌陷，对水资源和生态环境破坏也比较严重，不适合大幅度增大开发规模。河南、安徽两省与东部情况相似，面临资源保障程度低、安全生产压力大等问题，应以稳产为主，因此中部地区实施稳产战略，重点做好资源整合和小煤矿整顿关闭，提高煤矿生产力水平，煤炭生产保持弱增长趋势。

中部地区除山西外，下一步都将面临资源枯竭问题，必须进一步加强地质勘察工作，加快矿区周边和老矿井深部的勘探，为矿井的生产接替提供可靠的煤炭资源；抓紧实施走出去战略，到省外和国外开拓市场；重点加强现有煤矿技术改造，淘汰落后生产能力，提高技术水平和安全保障程度，适度控制新井建设，总体上稳定煤炭产量。

山西省。山西对保障全国煤炭供应、调节市场起着主导作用。山西煤炭资源丰富，具有较大的开发潜力，但经过几十年大规模开发，付出了沉重的资源、环境代价，必须转变发展方式，重点建设晋北、晋中、晋东3个大型煤炭基地，以建设一批大型、特大型煤矿为主，优先建设煤电一体化项目，落实好资源整合和兼并重组方案，消灭小煤矿，提高办矿水平。山西开发强度已经较大，应调节新井建设节奏，坚持关小上大、技改为主、新建为辅的发展策略，未来几十年产量控制在10亿吨左右。对晋中基地优质炼焦煤资源实行保护性开发，合理利用。

豫皖。河南省还有一定资源，重点做好深部煤炭资源勘察，通过建设一批大中型矿井，2020年前在稳定生产规模的基础上，可以实现少许增长，应加强矿井技术改造，提高安全生产水平。可供建设大中型煤矿的矿区只有安徽的两淮矿区，应加强地质勘察，提高勘察程度，建设部分大中型矿井，解决衰老矿井接续，2030年前安徽仍有一定的增长潜力，以稳产为主。

湘鄂赣。包括湖南、湖北、江西3省。湖南、湖北煤炭资源少且分散、煤层薄、开采条件差，应重点做好煤矿资源整合和兼并重组，加快落后产能淘汰。江西煤炭资源少、分布零星、煤层薄，以小型煤矿开采为主，已进入报废高峰期，需依托省内大型煤炭企业，建设高标准接续煤矿，整合、淘汰落后小煤矿。

三、重点发展西部地区大型煤炭基地

2012年西部地区煤炭产量为19.6亿吨，占全国的53.6%，消费量为10.7亿吨，占全国的28.8%，调出8.9亿吨，是我国最重要的煤炭生产区和调出区。该地区的突出特点是煤炭资源特别丰富，截至2010年年末，保有储量为9281.5亿吨，占全国保有储量的64.9%，大部分区域煤层埋藏浅，开采条件优良，适宜建设大型现代化煤矿，开发潜力大，但由于地理位置偏西，煤炭外运受到一定制约，随着主要煤运大通道逐步建成特高压输电线路投运和煤化工技术走向成熟，西部地区煤炭开发迎来了新的发展机遇。西部地区经济一直欠发达，与中、东部差距较大，煤炭需求量不大，但随着国家西部大开发战略的实施，经济发展提速，煤炭需求也将逐步增加。西部作为我国煤炭供应的可靠保障，应实施重点发展战略，根据水资源、生态环境容量重点建设一批大型、特大型矿井群，优先建设优质动力煤煤矿、特大型现代化露天煤矿、煤电和煤炭转化配套项目；严格限制高灰、高硫和低热值煤炭的新井开工规模；对优质稀缺煤炭资源，实行保护性开发，近期优先开发内蒙古、陕西、云南、贵州，远期适时加快新疆开发步伐。

西部煤炭资源丰富，是我国煤炭供应的可靠支撑，随着东部、中部资源枯竭，未来西部更加重要，但西部富煤地区普遍缺水，地表沟壑纵横，植被覆盖率低，生态环境十分脆弱，水资源承载能力和环境容量始终是制约西部煤炭资源开发的关键因素，在解决好水源、环保等制约因素的基础上，根据煤炭需求，应适度加大开发强度。煤炭资源赋存与消费逆向分布特征决定了“西煤东运”长期存在，特别是2020年以后，东部、中部煤炭产量迅速下降，主要靠西部增加调出量，铁路运输压力还将加大。一方面要加快煤运通道建设步伐，另一方面要加大煤炭就地转化量，以电力、煤化工产品等形式输出二次能源，既可缓解煤炭运输压力，也是加快西部煤炭主产区经济发展的需要。西部的广西、重庆、四川、贵州、云南的突出特点是小煤矿数量多、产量比重大，2012年小煤矿占煤矿总数的97%，产量占总产量的77%，重点是搞好小煤矿资源整合和整顿关闭，推广综合机械化采煤技术、减少工作面个数，简化辅助运输系统，提高工作面单产和全员效率，实现高效集约化开采。

（1）蒙陕宁甘。煤炭资源丰富，生产开发规模大，基础设施建设完善，有较大开发潜力，对保障全国煤炭供应、调节市场起着关键主导作用，是国家能源战略西移的重中之重。蒙陕宁甘面向全国供应煤炭，蒙东煤炭外运主要供应东北地区。重点建设黄陇、陕北、神东、宁东、蒙东5个大型煤炭基地，以建设一批大型、特大型煤矿为主，优先建设现代化露天矿和煤电一体化项目；通过资源整合和兼并重组等措施，对小煤矿进行大规模现代化改造，扩大生产规模。煤炭开发需要协调能源输送通道建设规划、水资源利用和环境保护的关系。

（2）云贵区。贵州和云南煤炭资源比较丰富，是云贵大型煤炭基地的主要组成部分，应提高勘察程度，配合“西电东送”工程的建设，采取上大压小措施，加快煤炭开发建设步伐，建设一批大中型煤矿，整合改造中小煤矿，淘汰自然灾害严重、生产力水平低下和不符合安全生产条件的小煤矿，提高煤矿安全保障程度，调整煤炭生产结构，扩大生产能力，在满足当地需要的基础上，调出部分煤炭支援两广、湖南、川渝等地。

（3）川渝青藏区。资源短缺，分布分散，开采条件差，应做好小煤矿和自然灾害严重矿井的关闭淘汰工作，重点建设四川筠连、古叙矿区。青海所处地理位置特殊，要限制煤炭资源勘察开发，适度建设青海鱼卡、木里矿区，以稳定现有煤炭生产规模为主。

（4）新疆。煤炭资源储量丰富，约1.92万亿吨，占全国的34.5%，排全国第一位。重点建设新疆大型煤炭基地，以建设一批大型、特大型煤矿为主，优先建设现代化露天矿和煤电一体化项目，通过资源整合和兼并重组等措施，对小煤矿进行大规模现代化改造，扩大生产规模。近期新疆应以满足区内需求为主，就近供应邻近省区，应结合区内供应、区外需求和能源输送条件，建设大型露天煤矿和矿井。坚持集中高效开发的原则，有序开展煤炭资源勘察和矿区总体规划等前期准备工作，适当控制建设节奏，做到有序开发。制约新疆煤炭开发的关键是远离消费中心，2020年以后新疆有望成为全国煤炭建设重点区域之一，应提前规划能源外送通道建设。

第三节　中国煤炭的生产布局、建设布局、勘察布局

一、中国煤炭的生产布局

生产布局的原则是“东部地区稳定现有规模、中部地区保持适度增长、西部地区逐步扩大生产规模”。东部地区生产时间长，煤矿衰老报废速度加快，煤炭产量呈缓慢下降趋势，应尽量稳定现有生产规模；中部地区仍有一定的开发潜力，实施稳定发展策略，允许煤炭产量缓慢增长；西部地区开发潜力很大，应扩大生产规模，参与全国供需平衡，保障市场供给。

（一）东、中、西部地区生产布局

东部地区：2015年煤炭产量为4.6亿吨，占全国的11.9%，其中黑龙江、山东产量保持基本稳定，其他省（市）呈缓慢下降趋势。2020年煤炭产量为4.1亿吨，占全国的9.1%，其中黑龙江、山东产量保持基本稳定，其他省（市）呈缓慢下降趋势。之后，东部产量下滑速度加快，2030年降到3.2亿吨。

中部地区：2015年煤炭产量为13.1亿吨，占全国的33.7%，其中山西产量较快增长，河南、安徽产量缓慢增长；2020年煤炭产量为13.9亿吨，占全国的31%，其中山西产量较快增长，河南、安徽产量缓慢增长。之后呈缓慢下降趋势，2030年产量为13.8亿吨。

西部地区：2015年煤炭产量为21.2亿吨，占全国的54.5%，其中内蒙古、陕西、新疆、宁夏和甘肃产量较快增长，贵州、云南产量缓慢增长，重庆和四川产量缓慢下降。2020年煤炭产量为27.0亿吨，占全国的59.9%，其中内蒙古、陕西、新疆、宁夏和甘肃产量较快增长，贵州、云南产量缓慢增长，重庆和四川产量缓慢下降。西部一直快速增长，2030年达到28亿吨，占全国的62.3%。

“十二五”后两年、“十三五”期间，东部地区煤炭产量由2012年的4.7亿吨快速下降到2030年的3.2亿吨，占全国产量比重降低5个百分点；中部地区还有较为丰富的资源，煤炭由2012年的12.2亿吨增加到2030年的13.8亿吨，占全国的

比重基本保持稳定；西部地区未来煤炭产量增长很快，产量由2012年的19.6亿吨增加到2020年的27.0亿吨，占全国的比重在2010年首次超过50%后继续扩大，2030年达到62.3%，反映出煤炭生产在继续加速向西部转移。

（二）省区生产布局

从各产煤省（区、市）煤炭生产建设发展趋势看，山西、陕西、内蒙古、宁夏、甘肃、新疆、贵州增长很快，这7个省区资源均丰富，除贵州外开采条件普遍很好，适合建设大型现代化煤矿，是全国重要的煤炭调出省区。2015年、2020年、2030年产量分别为27.9亿吨、34.8亿吨、36.1亿吨，分别占全国的71.5%、77.3%、80.2%。

河南、安徽、黑龙江、云南、青海5省区发展比较稳定，豫皖资源还比较丰富，开采条件较好，适合建设大中型煤矿，黑龙江、云南、青海资源匮乏，没有增长潜力。产量维持在5.4亿吨左右，2015年，2020年、2030年分别占全国的13.8%、12%、12%。河北、辽宁、山东等其他13个省区资源较少且多数矿区已渐枯竭，煤炭产量普遍下降，北京、湖北、江西、福建等省（区、市）2030年前将逐步退出煤炭生产。2015年、2020年、2030年，13个省（区、市）产量分别为5.8亿吨、4.8亿吨、3.5亿吨，分别占全国的14.9%、11.0%、7.8%。

（三）生产布局西移

根据国家能源局2017年第9号公告，截至2017年6月底，已建成、进入联合试运转的煤矿231处、产能3.68亿吨/年，取得安全生产许可证等证照的生产煤矿4271处、产能34.10亿吨/年，共计4502处、产能37.78亿吨/年。其中，位于我国西部地区的陕西、内蒙古、宁夏、甘肃、新疆、云南和贵州煤矿处数、产能分别为279处4.82亿吨、371处8.03亿吨、45处0.73亿吨、44处0.5亿吨、62处0.65亿吨、69处0.43亿吨和476处1.6亿吨，分别占全国煤矿处数和产能的30%和44.4%，西部地区煤炭产能占全国煤炭产能的近一半。

根据国家统计局发布的《中华人民共和国2017年国民经济和社会发展统计公报》，全年规模以上煤炭企业原煤产量35.2亿吨，比上年增长3.3%，煤炭产量位居世界第一。其中，地处我国西部的内蒙古、陕西、新疆、贵州、宁夏 5 省区煤炭产量分列各省区份第一、三、四、五、九名，其产量18.54亿吨占全年煤炭产量35.2亿吨的53%，西部地区煤炭产量占全国煤炭产量的一半以上。我国煤炭资源总量丰富，地区分布不均，北富南贫、西多东少，东部地区煤炭资源开发早、开发强度大、煤炭资源趋于枯竭，中部和东北部煤炭开发强度大、煤炭埋藏较深、开采条件较复杂、生产成本较高，西部地区煤炭资源丰富、煤层埋藏浅、地质构造简单，开采条件好。随着落后产能的关闭退出、东部地区煤炭资源逐步枯竭以及中部和东北地区投资效益不高等原因，原煤生产逐步向资源储量丰富、开采条件好、竞争能力强的陕西、内蒙古和新疆等地区转移。同时，随着“一带一路”和西部大开发战略实施，西部经济发展加速，布局了一大批主要耗煤项目，比如近年来新增燃煤发电厂和新型煤化工项目集中落地陕蒙新等西部地区，煤炭消费量快速向西部煤炭生产地区转移。

二、中国煤炭的建设布局

按照“东部接续建设、中部适度建设、西部重点建设”的原则，合理安排东部、中部、西部等地区和主要产煤省区的建设规模。

（一）地区建设布局

2012年全国在建煤矿规模为5.8亿吨/年。其中，东部建设规模为0.4亿吨/年，占全国的6.9%；中部建设规模为1.0亿吨/年，占全国的17.2%；西部建设规模为4.4亿吨/年，占全国的75.9%。

“十二五”后3年新开工规模4.5亿吨/年，东部地区建设接续煤矿，新开工规模0.2亿吨/年，占全国的4.4%；中部地区适度放缓建设，新开工规模1.2亿吨/年，占全国的26.7%；西部地区重点建设，新开工规模3.1亿吨/年，占全国的68.9%。

“十三五”新开工规模5亿吨/年。东部新开工规模0.2亿吨/年，占全国的4%；中部新开工规模0.8亿吨/年，占全国的16%；西部新开工规模4亿吨/年，占全国的80%。

2021—2030年新开工规模4亿吨/年。东部新开工规模400万吨/年，占全国的1%；中部新开工规模0.7亿吨/年，占全国的17.5%；西部新开工规模3.26亿吨/年，占全国的81.5%。

（二）省区建设布局

由于资源条件优势，山西、陕西、内蒙古、宁夏、甘肃、新疆、贵州是主要建设省区，“十二五”后3年新开工规模3.9亿吨/年，占全国的86.7%；“十三五”期间新开工规模4.4亿吨/年，占全国的88.0%；2021—2030年新开工规模3.6亿吨/年，占全国的90.0%。其他省区建设规模普遍较小。

三、中国煤炭的勘察布局

煤炭资源勘察以矿区总体规划为基础，按照煤炭生产开发布局，2013—2030年主要在重点开发的矿区做工作。按照国家煤炭地质工作与商业性地质工作分体运行原则，引导国土资源部门安排中央地质勘察基金、地方勘察资金和已有矿业权人，有序开展地质勘察工作。根据建设布局、规划建设项目、区域位置、赋存条件、勘察程度、市场需求和矿区外部建设条件等，对勘察布局进行分类指导，各有侧重。①

（一）东部地区

煤炭开采历史长、强度大，煤炭资源日趋减少或接近枯竭，为缓解老矿区衰老报废速度，延长矿区服务年限。对于山东、河北、江苏和黑龙江东部的矿区，应加强深部和外围找煤力度。由于煤层埋深1000米以浅的资源大部分已被生产和在建矿井占用，因此勘探深度可延至1200米，如开滦深部、邯郸深部、宣下矿区。重点勘察东北三省及河北、山东、福建等省的矿区深部和外围资源，勘探深度控制在1200米以浅。

（二）中部地区

山西、河南加强资源整合区补充勘探，重点做好已规划矿区勘察；安徽加强矿区1200米以浅资源勘探；山西开展马必、沁南、寿阳等区域煤层气增储勘探；湖南、江西等省也应加强地质勘察工作，为建设中小型矿井提供资源保障，以提高各省煤炭自给能力。

① 徐亮.新中国成立70年煤炭建设发展综述[J].中国煤炭，2019，45（08）：5-8+35.

（三）西部地区

重点做好神东、陕北、黄陇、宁东和云贵等大型煤炭基地内已规划矿区勘探。蒙东和新疆围绕重点项目开展勘探。青海加强木里和鱼卡矿区详查和勘探。加快准噶尔盆地南部煤层气风险勘探。资源丰富但区位差或煤质不好的地区，按照“富近浅易”的原则开展，具体如下：

（1）新疆维吾尔自治区是全国煤炭资源最多的省区，垂深1000米以浅预测资源量为1.26万亿吨，但地处边疆、运输距离长，与内地竞争优势不强。重点在适宜露天开采且与市场竞争力强的项目开展地质工作。

（2）内蒙古中部锡林郭勒盟赋存有丰富的煤炭资源，垂深1000米以浅预测资源1000多亿吨，80%左右为褐煤。该地区有不连续的断陷煤盆地113个，已探明50%左右。由于该地区缺水，煤质较差，地质工作应围绕寻找适宜露天开采的煤田，与市场需求结合紧密的项目开展工作。

（3）内蒙古呼伦贝尔市埋深1000米以浅预测资源量900亿吨以上，并且赋存深度较小，水资源丰富，多为褐煤，发热量较低，勘察工作应围绕可供露天开采的矿区进行，以就地转化为主。

（4）对煤炭资源较少且多为小块不连续资源的四川、广西等省区，只适宜建设中小型矿井，亦应加强地质勘察工作，为建设中小型矿井提供资源保障，以提高各省煤炭自给能力，减少煤炭的长距离运输。

第三章　中国煤炭工业科技发展的推进

第一节　煤炭科技进步发展的历程

一、地质勘探技术发展

中华人民共和国成立以后，李四光的地质力学理论与方法大量应用于煤炭地质领域，在1959年第一次煤田预测研究的基础上形成了《中国煤田地质学》，到1980年，基本弄清了全国主要含煤时代、层位及含煤地层的岩性岩相和化石组合，明确了石炭二叠纪、早中侏罗世、晚侏罗世、早白垩世、晚二叠世、早石炭世等8个含煤岩系，为煤炭地质勘探提供了科学依据。地质勘探主要采用地震法、电法和测井法，重点围绕突破硬岩钻进开展研究，从单一的钻探技术逐步发展为多种勘探手段和钻探相结合的综合勘探。

改革开放以来，深入进行了煤田地质学、沉积学、煤层变质理论及成煤理论的研究工作，科学地总结了中国各聚煤时期的煤系地层和煤岩形成规律，形成了中国东部煤田滑脱构造理论特色的中国煤田地质理论体系。全国成功地进行了3次煤田地质普查和勘探工作，基本探明了我国煤田的分布和煤种情况，确定了我国煤炭资源同煤炭消费呈现逆向分布，为规划煤炭资源的开发利用提供了基础性依据。钻探技术攻克了井下沿煤层长距离定向钻井难题，以高分辨三维地震勘探为核心的物探技术得到应用，卫星遥感技术、航空测量及3S技术应用提高了地质工作成果水平与质量，煤矿数字化、地理信息化技术起步发展。煤矿地质保障技术可较精确地探明采掘工作面前方的地质构造，勘探精度可有效地控制落差5米左右的小断层和直径15米的陷落柱，准确预报预测含水岩层等不明地质构造体。煤矿地质保障技术的应用为我国各大矿区煤炭资源的高效、安全开采提供了最直接的支持和服务。

二、煤矿施工技术发展

中华人民共和国成立后，我国矿井施工技术得到了快速发展。在井筒施工工艺方面，我国冻结法、钻井法、沉井法等凿井技术达到国际领先水平。在东部的苏、鲁、冀、辽等地区，由于上覆冲积层厚、不稳定含水层多，施工困难，冻结法成为主要的凿井方法。1969年开始试验钻井法施工，并先后试验成功了预制钢筋混凝土井壁、散装水泥壁后充填工艺以及泥浆护壁技术，解决了大直径、厚表土深井钻进的关键技术，促进了凿井技术的发展。1953年，山东新汶首次采用普通沉井法施工获得成功后，又先后试验了多级普通沉井法、震动沉井法、淹水沉井法。20世纪70年代后，该项技术在改进沉井工艺、减少侧面阻力、增大下沉力等方面取得进展，并在中小型煤矿的浅表土施工中得到广泛采用。

改革开放以来，我国积极借鉴欧洲先进国家矿井建设的经验，研究开发了集钻井法、冻结法和注浆法施工于一体的凿井技术与配套装备。钻井法施工形成了“转盘拖动、减压钻进、一次超前、分次扩孔、泥浆护壁、反循环洗井、悬浮下沉预制井壁和水泥浆壁后充填固井”的施工工艺。冻结法凿井施工突破了定向钻进、深厚黏土层冻结壁设计和工艺控制、井壁漏水和破裂防治等难题。注浆法特殊凿井已由水泥注浆时代进入黏土水泥浆时代。“冻结、注浆、钻井三同时”安全快速建井技术得到了较广泛的推广应用。应用钻井法、冻结和注浆特殊施工技术，我国已经成功建设了数百对矿井，解放东部地区难以开采的煤炭资源数千亿吨。

三、煤矿采煤技术发展

（一）煤矿开采技术

1.中华人民共和国成立后我国煤矿机械化开采技术起步

1949年以前，中国的煤矿设施极端简陋，开采技术落后，采煤工人在支护的穿硐式和高落式采煤的恶劣条件下进行繁重的体力劳动。中华人民共和国成立伊始，我国很快淘汰了手镐刨煤、人力拖筐背煤等落后的采煤工艺，结合推行长壁式采煤法，采用了电钻打眼、爆破落煤为主的“炮采”工艺，同时，探索采煤工作面各工序的机械化。1949年我国引进了苏联的截煤机掏槽，工作面运煤实现了机械化。1953年我国还引进过苏联的深截式联合采煤机（康拜因）。到“一五”末期，统配煤矿的采煤机械化程度达到了4.11%，标志着机械化开采实现了零的突破。

2.普通机械化开采提高效率

20世纪60年代初期，借鉴国外经验研制试验了浅截式滚筒采煤机，与可弯曲输送机配套使用，同时工作面支护采用了单体金属支架和金属铰接顶梁，工作面的落煤、装载和运煤实现了连续操作，支护技术得到改善。由于普通机械化的推广，“三五”期末采煤机械化程度提高到了15.3%。之后，陆续改进了采煤机，发展了单体液压支架，采用液压千斤顶移运输机槽，落煤、装煤、运煤和移输送机的工序都实现了机械化作业。

3.综采工艺改变了煤矿技术面貌

20世纪70年代中期，我国先后引进了两批综采机组，并消化吸收，为我国推广综合机械化采煤建立了基础。改革开放以后，我国自行研制的综采设备已成为我国综采的主力，年产百万吨以上的综采队由1981年的2个增加到1989年的34个。90年代以来，我国又少量引进国外重型综采配套设备，并自行研制日产7000吨的综采设备，加上综合放顶煤、大采高综采的发展，我国综采单产水平得到大幅提高。特别是近几年，我国综采工作面生产能力大幅提高，采高和工作面长度不断增加，采煤机的总装机功率已经超过2000千瓦，实现了综采工作面生产过程自动化，大采高综采技术、综采放顶煤技术等已处于世界领先地位。2012年，全国煤矿采煤机械化程度达75%，比2005年提高30个百分点。其中，原国有重点煤矿机械化程度达到90%。

（二）露天开采技术的发展回顾

中华人民共和国成立以后，露天采煤得到较快发展。“一五”期间，新建及改扩建了海州、抚顺、新邱等露天矿，采用单斗铲铲装、80吨及105吨重准轨电力机车或蒸汽机车运输，矿山生产能力100万～400万吨/年。20世纪70年代后，国家把重新发展露天采煤作为提高煤炭产量的重要措施，建设了平朔、霍林河、准格尔、伊敏河、安太堡等一批露天矿。露天采煤工艺已由20世纪70年代前的单斗铲—铁道运输工艺，向高效率的单斗铲—工作面卡车—移动式破碎机（或可移式破碎机）—带式运输系统半连续工艺及综合工艺过渡。

进入21世纪以来，我国煤炭露天开采又进入全新的发展阶段，尤其是连续开采工艺和半连续开采工艺得到迅速发展，高效剥离的吊斗铲倒堆开采工艺也受到重视并开始实施，40立方米单斗铲、220吨卡车已成为新建露天矿的主流设备。

截至2012年年底，全国生产和在建的千万吨级露天矿18处，露天开采整体技术及装备与国际先进水平已较为接近。

四、矿井采煤装备发展

中国的采煤机械化走过了一段很长的路程。最初的采煤机和配套设备主要是从苏联引进。1964年7月至12月，鸡西矿务局与北京煤炭科学研究院联合在小恒山矿试用波兰KWB-2型浅截式采煤机，后来鸡西、张家口煤机厂分别制造出MLQ-64型单滚筒采煤机和SGW-44型可弯曲刮板输送机，与金属支柱、铰接顶梁配套，组成国产第一套普采机械化设备，并在小恒山矿试验成功。

改革开放后，我国积极引进和吸收消化国外先进的煤矿采掘机械化装备，加强煤机装备制造业的建设，先后研制了普通机械化采煤、综合机械化采煤与掘进、高效综采和快速掘进等几代煤矿大型成套装备。其中，“七五”期间，研制了具有年产百万吨能力的中厚煤层一次采全高综采成套装备。“八五”期间，研制了4.5米厚煤层一次采全高综采成套装备，并采用技术引进方法开发了我国综合机械化掘进装备。“九五”期间，研制开发了日产7000吨的综采成套装备。

“十五”以来，采用先进的设计和制造技术、机电一体化技术和信息网络自动化技术研制了接近国际先进水平的大采高厚煤层一次采全高成套装备、特厚煤层综放开采成套装备、薄煤层综采和地质构造复杂难采煤层开采成套装备；开发了适应我国煤层条件的巷道新型掘进装备、矿井辅助运输装备、矿井自动化提升、装车与计量装备、计算机自动化网络调度监测系统等。我国自主设计研制了生产能力达2500～3000吨/时、适应煤层厚度6米的综采成套装备、实现年产800万吨级大功率电牵引采煤机最大总功率2215千瓦、重型刮板输送机最大总功率2100千瓦、大采高两柱掩护式液压支架最大采高达6.3米、最大工作阻力达到13000千牛，总体性能达到国际先进水平。据统计测算，综采综掘设备国产化率达到90%以上。

五、煤矿安全技术发展

煤矿的自然灾害主要是水、火、瓦斯、煤尘和顶板五大自然灾害。

在瓦斯治理方面，中华人民共和国成立初期的主要任务是改善通风条件，控制瓦斯事故。防突技术经历了安全防护、防治技术措施和综合防治措施阶段；20世纪50年代开始采用抽放技术，六七十年代又向煤层注水、水力隔缝、水力压裂等强化抽采技术发展，80年代后研究成功综合抽放技术。瓦斯安全监测技术从过去的便携式检测仪、瓦斯断电仪、遥测仪到全矿井监测监控系统，形成了一整套系列产品。

在顶板灾害防治方面，煤矿顶板控制大致分为以木支柱为主的顶板控制阶段、以金属摩擦支柱代替木支柱的顶板控制阶段、以液压支架或单位液压支柱为主的顶板控制阶段及以锚杆、锚喷、超前顶梁为主的顶板控制阶段。

在火灾防治方面，中华人民共和国刚刚成立时普遍采用黄泥灌浆来灭火，1972年抚顺煤炭研究所开始研究用化学方法改变煤表面形式防止煤层自燃，80年代发展了火灾预测预报技术。

在水害防治方面，中华人民共和国成立后，我国制定了“有掘必探”的防治水原则，20世纪60年代研究成功注浆帷幕截流法，此后先后采用了隔离、排水、注浆等一整套综合防治水措施。

在粉尘防治方面，20世纪50年代开始推行湿式凿岩、洒水喷雾降尘，并研究实验煤层注水预先湿润煤体工艺，以后又改进并推广了风动和电动湿式凿岩机具，在煤层注水方面，实验成功不同煤层条件下注水钻孔的各种布置方法，降尘率达到80%。

六、煤炭转化技术发展

中华人民共和国成立初期，我国煤炭主要利用方式为锅炉燃烧和炼焦。20世纪50年代开展了扩大炼焦用煤的研究，先后成功研发了大同、兖州等矿弱黏结煤的常规炼焦技术，提出了新的炼焦煤评价方法，利用煤岩学指导炼焦配煤，使弱黏煤配入量达到20%～25%，气煤用量达到50%以上。20世纪80年代初，继第一代煤气化工艺之后，第二代加压气化技术的研究开始起步，热能利用提高40%。煤炭液化技术的研究开始起步，建成了几套处理能力为0.1吨/日的小型连续液化装置。水煤浆燃料燃烧技术的科研工作，已处于作为代油燃料的工业化前期阶段，建成了处理能力为1吨/时的制浆试验装置和燃烧试验台。煤矸石沸腾床燃烧及发电技术取得成功，利用炉灰渣生产各种建筑材料。

改革开放以后，我国制订了洁净煤技术研究发展计划，确定了把煤炭洗选、型煤技术、水煤浆技术、煤炭直接液化技术、煤炭燃烧脱硫技术作为重点研究方向。中科院山西煤化所从20世纪80年代开始进行铁基、钴基两大类催化剂费—托合成油间接液化技术研究及工程开发，完成了2000吨/年规模的煤基合成油试验，5吨煤炭合成1吨成品油。煤科院原北京煤化所自1980年开展煤直接液化技术研究以来，已建成煤直接液化、油品改质加工实验室，开发了煤直接液化催化剂，和神华集团等单位合作开发出具有自主知识产权的煤直接液化成套技术。神华集团“煤制油”直接液化工业化装置已正式于2004年8月底在内蒙古自治区鄂尔多斯市开工，并于2009年成功出油。

近年来，煤炭多联产技术将煤炭发电、煤化工、合成工艺等多种工艺组合成综合性整体；炼焦、煤气化制合成氨、甲醇等煤化工业呈现快速发展态势，煤炭液化、甲醇制烯烃、二甲醚、煤化工联产、煤炭清洁高效转化技术、50MW循环流化床煤热解燃烧多联产等新型煤化工技术研究与工业化正在启动发展。洁净煤技术对于我国减轻燃煤造成的环境污染、减缓我国对国外石油的依赖，均将起到重要作用。

第二节　煤炭科学技术的重要成就

一、煤炭科技奖励与人才情况（1978—2018年）

1.科技奖励

2000年以来，煤炭行业共获得国家科学技术奖117项，其中国家科技进步一等奖3项。

2002年以来，中国煤炭工业协会科学技术奖共评出获奖项目3751项，其中特等奖24项、一等奖383项、二等奖1386项、三等奖1958项，已成为我国煤炭行业影响力最大、凝聚力最强的科技奖项，为推动我国煤炭产业的科技进步、科技人才培养、提升科学化发展水平、保障能源供给安全做出了重要贡献。

中国专利奖设奖以来，煤炭行业共获得中国专利奖62项，其中金奖4项、优秀奖58项。煤炭行业专利创造、保护与运用水平不断提高，在专利授权量不断提升的基础上，行业重点领域高质量高价值专利培育成为自主创新发展的重点方向。①

2.人才培养

40余年来，煤炭行业共培养院士30名，包括中国科学院院士2名，中国工程院院士28名。

其中，宋振骐（1991）、何满潮（2013）为中国科学院院士，范维唐（1994）、刘天泉（1994）、戚颖敏（1995）、陈清如（1995）、汤德全（1995）、韩德馨（1995）、钱鸣高（1995）、洪伯潜（1997）、鲜学福（1999）、周世宁（1999）、谢和平（2001）、张铁岗（2003）、谢克昌（2003）、彭苏萍（2007）、王安（2009）、刘炯天（2009）、袁亮（2009）、李晓红（2011）、张玉卓（2011）、蔡美峰（2013）、康红普（2015）、金智新（2015）、顾大钊（2015）、武强（2015）、凌文（2015）、王双明（2017）、陈湘生（2017）、王国法（2017）为中国工程院院士。

1998年，教育部和李嘉诚基金会共同启动“长江学者奖励计划”。煤炭行业共入选教育部长江学者20人，包括孙恒虎、赵阳升、陶东平、赵坚、彭苏萍、余海岁、刘恩儒、徐精彩、吴立新、刘炯天、代世峰、卢义玉、周宏伟、韩敏芳、鞠杨、邓军、来兴平、曹亦俊、周福宝、胡振琪。

2013年，国家科技部启动“创新人才推进计划”，全行业共入选科技部创新人才推进计划31人，其中中青年科技创新领军人才14人、科技创新创业人才17人。代世峰、卢义玉、张农、周福宝、房倚天、梁运涛、张吉雄、姚宁平、聂百胜、曹亦俊、樊卫斌、邓军、李德宝、秦波涛为中青年科技创新领军人才；王建学、王洪英、史丽萍、付超、杨陆武、吴道洪、周满山、卢明立、兰治淮、杜长龙、周官群、赵树彦、戴云峰、刘建华、钱建生、谭国俊、赵彤宇为科技创新创业人才。

① 巩华刚.当前煤炭科技主要成就及其特点[J].山东工业技术，2014（12）：39-40.

二、煤炭科技重大成就（1978—2018 年）

党的十一届三中全会的胜利召开，开启了煤炭工业改革开放新篇章。40余年来，煤炭行业取得了举世瞩目的历史性成就，行业面貌发生了巨大变化。作为煤炭工业快速发展的核心动力，煤炭科技经历了从跟踪、模仿到部分领域并跑、领跑的转变，取得了突出的成就。

（一）煤炭开采

以引进100套综采设备为起点，通过引进、消化、吸收、再创新，实现了煤机装备国产化，建成了智能化采煤工作面，煤机装备制造水平位于世界先列，引领了国际煤炭智能化开采发展方向。大型煤炭企业（原国有重点煤矿）的采煤机械化程度由1978年的32.5%提高到2017年的97.8%，原煤生产人员效率提高8.8倍，达到8.2吨/工。

我国综采技术与装备自主研制始于20世纪80年代初，研制4.5米一次采全高综采成套装备，发展到神东大柳塔煤矿7米大采高工作面，再到兖矿金鸡滩煤矿8.2米超大采高工作面。2018年3月，8.8米超大采高综采装备在神东煤炭集团上湾煤矿正式投运。14～20米特厚煤层大采高综放开采成套技术与装备在大同、平朔、新疆等矿区成功应用，工作面年产量1000万吨以上。

目前国内已建成70多个智能化采煤工作面。黄陵二号煤矿416智能化综采工作面，平均采高5.6米，实现了地面一键启动、井下记忆割煤、自动跟架推溜等功能，累计运行12个月，工效可达247.97吨/工，累计生产煤炭560万吨，最高月产50.5万吨，开启了国产成套大采高装备智能化开采示范。

（二）矿井建设

改革开放初期，最大的井工矿韩城桑树坪煤矿，井型300万吨/年。目前，世界上单井生产能力最大的井工煤矿补连塔矿，井型2800万吨/年。

冻结、钻井、注浆等特殊凿井技术达到国际领先水平。冻结法凿井技术穿过冲积层厚度726.42米，西部软岩立井冻结如核桃峪副井冻结深度达955米，净直径9米。钻井法最大钻凿成井深度达660米，最大钻井直径为10.3米。成功研制出超大直径深立井凿井大型成套装备，国内施工井筒最大直径15.5米，最大井深

1341.6米。

世界首套煤矿斜井盾构施工成套装备，在神东矿区补连塔矿成功投用，斜井最大埋深280米，坡度5.5。连续下坡，斜长2745米，连续4个月平均月进尺546.4米，创最高月进尺639米的掘进纪录，实现了安全、高效建井目标。

（三）煤矿信息化

1984年煤炭工业部成立计算中心，拉开了煤炭信息化发展的大幕，经历了“八五”巩固、“九五”调整以及“十五”以来的快速发展，目前已进入两化深度融合发展阶段。

国家能源集团神东煤炭集团公司建成了国内首个数字矿山示范矿井和世界首个智能煤矿地面区域控制指挥中心，实现了亿吨级智能大型矿井群资源的智能配置，百万吨死亡率控制在0.003%以下。

（四）煤矿安全

全国煤矿事故死亡总人数由1978年的6001人减少到2017年的375人，煤炭百万吨死亡率由9.713%下降到0.106%，煤矿安全生产状况明显好转。

高瓦斯突出煤层强化卸压增透技术广泛应用，实现了我国井下瓦斯高效抽采技术的重大突破。矿井重大水害隐患精细探测、煤层底板灰岩含水层高效超前区域治理、地面快速抢险封堵过水通道等关键技术，为矿区水害治理提供了有效手段。

（五）煤炭清洁高效利用

全国原煤入洗率由1978年的16.7%提高到2017年的70.2%。开发了世界上首套模块式高效干法选煤工艺系统，解决了煤炭高效干法分选的世界性难题，为干旱缺水地区及易泥化煤炭的分选提质提供了新途径。

具有我国自主知识产权的大容量高效煤粉工业锅炉在全国应用推广，燃料燃烬率达98%，比普通燃煤锅炉提高28个百分点，排放烟尘不超过30毫克/立方米，NOx不超过310毫克/立方米，相当于天然气排放标准。

以国家能源集团、浙能集团为代表的燃煤电厂超低排放技术改造成功示范，排放指标优于天然气发电排放指标。2017年，全国燃煤电厂完成超低排放改造6.4亿千瓦，占全国燃煤电厂总装机的2/3左右。

（六）矿区生态环保

2017年，煤矸石综合利用率达到67.3%，比1979年提高40.3个百分点，矿井水利用率、瓦斯抽采利用率、土地复垦率分别达到72%、52.3%、48%，矿区生态环境质量明显改善。

采煤沉陷区土地功能构建与集约利用关键技术取得突破，破解了沉陷区的建设用地瓶颈，推进了生态矿区建设。徐州采煤塌陷区经过生态修复，拓展了城市生态空间，成为矿区生态治理的样板。

（七）煤炭转化

煤炭转化方面形成了包括煤制气、煤制油和煤制化工品的现代煤化工技术体系。国家能源集团首创了现代高效煤直接液化工艺、催化剂及工程化技术，突破超大超厚装备设计及制造技术，成功实现了系统集成和工业化运行。兖矿集团自主研发了低温浆态床F—T合成煤炭间接液化技术。宁煤集团“神宁炉”破解了全球单套规模最大的400万吨煤制油项目核心技术难题。阳煤集团“晋华炉”已实现工业化，有效解决了“三高煤”气化难题。

三、八次全国煤炭科技大会情况

1979年7月24日至31日，煤炭工业部在北京召开第一次全国煤炭科技工作会议。按照中央调整的“八字方针”，会议研究讨论了《煤炭工业若干技术政策》《矿务局总工程师责任制》等6个规范性文件。国家科委副主任武衡出席会议并讲话，钟子云副部长做报告，贺炳章副部长进行总结，共460余人参加会议。

1983年7月8日至16日，煤炭工业部在山东烟台召开第二次全国煤炭科学技术大会。会议讨论了《煤炭工业技术政策》《煤炭科学技术发展规划》《关于煤炭系统进一步落实知识分子政策的若干规定》等文件，并向68项优秀科研成果和56名优秀专业技术干部授奖。这次大会是煤炭工业依靠科学技术进步求得大发展的一个新起点，是煤矿井下作业从劳动密集型走向技术密集型的转折点。会议由叶青副部长主持，共430余人参会。

1985年5月25日至30日，第三次全国煤炭科学技术大会在北京召开。会议重点研究和讨论了“七五”期间煤炭科技发展规划以及推动企业技术进步和煤炭科研体制改革等有关文件，并向第二次科技大会以来的优秀科技干部、荣获全国煤炭工业劳动模范称号的95名同志颁发了奖章和证书，给112项获科技进步奖的单位发奖。于洪恩部长做了题为《坚定而有步骤地搞好科技体制改革推动煤炭科学技术进步》的报告，共600余人参会。

1995年6月26日，第四次全国煤炭科技教育大会在京召开。此次国务委员兼国家科委主任宋健在出席开幕式并讲话。会议主要是贯彻落实全国科技大会和全国教育工作会议精神，研究制订科技、教育“九五”计划和2010年发展规划，总结交流科技教育典型经验，研究部署今后一个时期的科技教育改革和有关工作。

2001年12月20日至22日，第五次全国煤炭科学技术大会在北京召开。会议总结了第四次全国煤炭科技教育大会以来煤炭行业科技工作的进展，展示了近年来煤炭科技工作的重大成果，讨论了关于促进煤炭行业科学技术进步与发展的有关意见和办法，启动“中国煤炭工业科学技术进步奖”。此次会议得到了国家科技部、国家煤矿安监局的大力支持，共500多名代表出席，是煤炭工业管理体制和煤矿安全监察体制改革以来，全国煤炭行业召开的一次重要会议。

2005年11月，第六次全国煤炭工业科学技术大会在北京召开。国务委员陈至立向大会发来贺信。会议提出依靠科技进步推动煤炭工业健康发展的基本思路，讨论修改《煤炭工业“十一五”科技发展规划》和《煤炭工业技术政策》。

2012年7月14日，第七次全国煤炭工业科学技术大会在北京召开。会议回顾了“十一五”煤炭科技工作取得的成绩，表彰煤炭科技工作先进集体和个人，交流煤炭科技工作经验；分析把握“十二五”时期煤炭科技发展方向和工作重点；发布中国煤炭工业协会《关于推进煤炭工业“十二五”科技发展的指导意见》。

2016年4月25日，第八次全国煤炭工业科学技术大会在北京召开。

第三节　煤炭科技发展的思路与目标

一、煤炭科技发展的指导思想

坚持自主创新、重点跨越、支撑发展、引领未来的方针，围绕行业科技发展实际，以科学发展为主题，以转变经济发展方式为主线，以提高煤炭工业发展科学化水平为主攻方向，科学谋划，前瞻布局，加强统筹，凝聚目标，不断完善行业自主创新体系，开展煤炭基础理论研究，突出解决当前产业发展过程中面临的重大技术问题。建设科技示范工程，培育科技领军人才，促进煤炭经济发展方式由要素推动向创新驱动转变。

二、煤炭科技发展的基本原则

（1）坚持把完善创新体系作为推进煤炭科技进步的重要支撑。进一步完善以企业为主体、产学研相结合的科技创新体系，有序推进行业科技基础设施建设，推广应用先进适用技术和装备，为推进煤炭科技进步奠定坚实基础。①

（2）坚持把自主创新与引进、消化吸收、再创新作为推进煤炭科技进步的重要途径。加强原始创新，推动多学科交叉融合，促进基础理论研究和应用技术研究相衔接。加强国际技术交流与合作，鼓励高起点引进、消化、吸收先进技术和装备，实现再创新。

（3）坚持把基础理论研究、重大科技攻关和示范工程建设作为推进煤炭科技进步的着力点。瞄准世界煤炭科技前沿，加强基础理论研究，组织开展攻关，建设示范工程，引领科技发展方向，重点突破一些关键技术。

（4）坚持把教育与人才培养作为推进煤炭科技进步的重要基础。创造有利于优秀人才脱颖而出的良好环境。充分发挥高端科技人才、外来智力资源作用。鼓励中青年科技骨干和煤矿一线工程技术人员参与重大科技攻关。支持煤矿职工

---

① 谢和平，王金华，王国法，任怀伟，刘见中，葛世荣，周宏伟，吴刚，任世华.煤炭革命新理念与煤炭科技发展构想[J].煤炭学报，2018，43（05）：1187-1197.

开展技术革新和发明。

（5）坚持把机制创新作为推进煤炭科技进步的重要保障。推动煤炭科技管理体制改革，鼓励企业增加投入，发挥煤炭科研院所和高校科技创新的积极性。加强煤炭科技规划、年度计划指导，支持和引导创新要素向企业集聚，促进科技资源优化配置。

三、煤炭科技发展的主要目标

2015年，行业科技创新体系更加完善，大中型企业普遍建立起技术研发中心，特大型企业成为引领行业科技进步的主体；行业科技贡献率达到45%，大中型企业科技投入力争达到当年营业收入的3%；煤炭安全高效开采与清洁高效利用的基础理论研究取得突破；煤矿千万吨矿井和中小煤矿综采机械化成套技术装备国产化取得明显进展；煤矿安全技术装备水平大幅提高；煤炭深加工和新型煤化工产业示范取得实质性进展。

2020年，形成完善的以企业为主体，产学研相结合的行业科技创新体系；行业科技贡献率达到60%，大中型企业科技投入力争达到当年营业收入的5%；煤炭安全高效绿色开采与清洁高效利用技术得到广泛推广应用；煤矿千万吨矿井和中小煤矿综采机械化成套技术装备实现国产化；煤矿安全技术装备水平大幅提高，基本消除特大煤矿事故；煤炭深加工和新型煤化工产业进入商业运行阶段。

2030年，行业科技水平发展到新的高度，本质安全、智能高效、节能减排、绿色环保成为行业基本特征。煤矿生产系统基本实现机械化、自动化，经营管理实现综合信息化。隐患可以预警和治理，事故可以控制。无人工作面智能化采煤广泛采用，井下人员大幅减少。职工素质显著提高，平均受教育年限在12年以上，主要生产技术工种工人操作技能达到高级技工水平。各项经济技术指标显著提高，综合机械化采煤程度达到100%，综掘机械化程度达90%以上，劳动强度降低，生产条件得到明显改善。

第四节　煤炭科技发展的重点领域

一、煤炭资源（含煤层气）精细勘察与地质保障

（一）东部地区深部开采安全地质保障系统

我国东部煤矿区具有新生界覆盖层厚、煤层埋藏深、基底为奥陶系承压含水层的特点。目前，东部地区内新建矿井多为深井开发，首采区多在距地表400米以下深度；大部分生产矿井的开采深度已达500～1000米。未来10年，应以我国煤矿区深部开发出现的高水压、高地应力、高瓦斯与高地温为研究对象，从煤层本身、含煤岩系沉积体岩层结构、地应力场、地温场和水文地质和工程地质特征分析入手，查清影响中国深部煤矿开采的现代构造应力场、地温场、煤层中瓦斯、深部岩溶水的赋存和运动规律、突出机理。建立和完善以采区三维地震勘探为代表的煤田深部地质状况探测技术与理论，为中国煤田深部开发提供可靠的理论基础和技术手段。

（二）西部煤炭资源、水资源、生态环境综合调查

中西部地区煤炭资源丰富，煤质优良，煤炭开发将成为西部大开发的重要一环。结合国土资源大调查，以基础地质研究为先导，以遥感、地质填图为主要手段，进行系统的煤炭资源、水资源和生态环境的综合调查。研究西北中生代盆地聚煤规律和煤层赋存规律，开展优质动力煤资源评价，云贵川低硫煤资源评价，西部煤炭资源集中区地下水赋存规律研究，生态环境评价和煤炭可持续发展的对策研究等，为矿区开发提供决策依据。

（三）煤炭资源评价理论与方法

首先应该对我国煤炭资源的数量和质量进行系统评价，研究优质煤炭（优质动力用煤、炼焦用煤、水煤浆用煤）、环保型煤炭（低灰、低硫、低磷）的分布

区域、特点；探讨高硫煤地球化学特征，硫的成因、对环境的影响以及脱硫的途径。其次是结合当前技术经济条件和环境保护要求，借鉴国外经验，研制一套较成熟的煤炭资源经济评价和评估理论、方法，有针对性地开展煤炭资源技术经济评价，以求客观、科学地反映我国煤炭资源的实际状况，为煤炭工业和国民经济发展决策服务。

（四）煤层气产业开采基础理论及相关工艺技术体系

煤层气与常规天然气在赋存和产出机理上有很大差别，常规天然气的开采方法不完全适用于煤层气开发；美国煤层气地质条件与我国相比具有较大的差别，美国的煤层气开发技术只能借鉴；另外，缺乏适合我国煤层气地质条件的钻井、压裂和排采的工艺技术和设备。急需对煤层气赋存机理、煤层气富集条件、煤层气运移产出与过程等煤层气基础理论进行系统研究，对煤层气含量、煤层吸附特性和煤层渗透率测定等关键测定技术进行系统研究，对煤层气的发展工艺及设备从产业化角度深入系统地研究。

二、特殊地层大型矿井建设技术与装备

（一）东部深厚冲积层下建井综合技术与装备

目前，我国东部地区冲积层较薄的煤田绝大多数已得到充分开发，急需接续开发山东、安徽、河南和河北等省特厚冲积层所覆盖之下的煤田，这些煤田开发均需采用钻井法与冻结法凿井以及注浆法施工技术等特殊施工技术。

1.深井钻井钻机能力及其配套技术

钻井法凿井是在不稳定地层中建井的主要特殊施工方法之一，经过30多年的实践，基本解决钻进450米冲积层、井深500米钻井技术，但是550米以深的表土层，钻深600～700米的钻井技术在国际上也没有成功的经验。未来深井钻井技术主要开展以下研究：①深井钻井钻机能力及其配套技术的研究；②深井钻井工艺理论与技术；③深井钻井井壁临时支护理论与技术；④钻深600米新型破岩刀具机器密封性能研究；⑤深井专用测井仪；⑥深井钻井井壁结构及施工工艺。

2.深厚冲积层冻结法施工技术

冻结法凿井是深厚冲积层建井的最主要特殊施工方法之一，我国基本上解决

了400米表土层、冻深500米的冻结壁、井壁设计和打钻、冻结、井筒掘砌等技术难题。目前在国际上采用冻结凿井较多的国家如德国、英国、波兰、加拿大、比利时等国家，冻结深度均达到过500米以上，但深厚表土层的深井冻结施工过程中大多发生井壁破裂或冻结管断裂，甚至淹井事故，实现安全、优质、快速的深厚表土层深井冻结施工是一道世界级难题。未来深厚冲积层冻结法施工主要开展以下研究：①深厚冲积层冻结壁设计理论研究；②深厚冲积层冻结工艺设计理论与应用技术；③深井冻结施工综合监控及信息化施工技术；④井筒开挖过程中深部土层冻土力学性能试验研究；⑤深厚冲积层井壁结构设计及其应用技术；⑥第三系冲积层冻结压力；⑦深厚冲积层钻孔轨迹控制方法的研究。

3.注浆法关键技术

注浆是一种积极有效改善地质条件的技术手段，是特殊凿井经常采用的关键技术之一。未来深冲积层注浆法施工要实现钻孔轨迹控制方法的研究，注浆效果检查与高掺粉煤灰、塑性浆液研究。主要开展以下方面研究：①针对深井地下水（强含水层水、陷落柱等）的防治；②大泵量注浆专用设备的开发；③注浆效果的检查技术；④粉煤灰、塑性浆液研究；⑤小口径陀螺测斜定向仪。

（二）适应西部地层条件的特殊凿井技术与装备

煤炭开发已向西部转移，西部煤矿特点是生产规模大、斜井多、井筒直径大，地层为弱胶结、不稳定。已有特殊凿井技术不能完全适应西部地层条件，特别是斜井冻结技术尚属空白。需要研究斜井冻结技术、软岩钻进技术，以及立井掘进机井筒机械化建井技术，满足大直径矿井快速建设的需要。

（三）岩石巷道快速掘进技术与装备

为加快岩石巷道掘进速度，需开展包括岩巷全断面综合掘进机、钻爆法快速掘进关键装备、硬岩截割技术、巷道掘进粉尘控制技术在内的岩石巷道快速掘进技术及装备研究。

三、煤矿高效集约化开采技术与机电一体化装备

（一）高效长壁综采开采技术与装备

煤炭高效集约化生产是我国煤炭企业主要技术发展方向，大功率、高性能综采装备是市场竞争的主要产品，神华集团、兖矿集团、晋城无烟煤集团、大同煤矿集团等已先后从美国和德国引进先进的综采自动化成套装备来推动高效集约化矿井建设，国外厂商也运筹抢占我国煤机市场策略，我国必须抓紧高技术综采技术装备的研制开发。围绕高产高效集约化矿井建设和生产发展需求，重点研究开发年产800万～1000万吨厚煤层高效综采成套技术装备、年产能力为100万～200万吨薄煤层高效综采技术装备；综采装备关键元部件材料、工艺和系统的匹配、成套设备的可靠性和自动控制、软启动装备；新型装备采用大功率传动技术、机电一体化技术及一系列先进结构，单机设备实现工况监测、故障在线诊断与预报、自动运行、信息储存和对外信息传输等功能；完成综采工作面自动化生产控制技术、网络化监测监控技术研究开发，总体达到国际同类产品先进技术水平。

（二）快速掘进和支护技术与装备

煤巷快速掘进、巷道全锚杆支护是煤巷掘进与支护技术的发展方向。我国巷道机械化掘进和支护技术大大落后于采煤机械化生产的发展，国有重点煤矿综合机械化掘进率仅为12%左右，单巷掘进平均月进尺低于400米，难以满足高效生产的需要。未来我国快速掘进和支护技术与装备重点研究开发适应我国煤矿条件的掘锚联合机组和连续采煤机，设备能力满足大断面煤巷年进10000米以上要求，总体性能达到国际先进水平，并初步形成具有自主知识产权的系列产品；继续深入研究深部矿井围岩控制与巷道开拓、支护技术，煤巷锚杆技术，在煤巷锚杆支护设计、快速施工、破碎顶板和软岩巷道锚杆支护技术领域达到国内领先水平。

（三）高效短壁开采技术与装备

我国对于短壁机械化开采技术的研究开发工作起步较晚，同类产品长期空白，连续采煤机、履带行走支架、锚杆钻车、铲车、梭车等国内已有应用，总体

性能和参数接近或达到国际先进水平，但与世界先进的采煤大国相比仍存在差距。研制开发出以连续采煤机和以短机身采煤机为核心的两大类型短壁综合机械化开采成套装备。短机身采煤机已形成系列化产品，关键技术具有自主知识产权，产品采用大功率传动、电牵引、机电一体化、自移行走等一系列先进技术；连续采煤机开采技术与成套装备3.5～4.5米采高，月产能力达到12万～15万吨。短机身采煤机开采装备适用于不同采高，月产能力达到5万～10万吨，总体技术达到国际先进水平。

（四）大型露天煤矿关键技术与装备

我国传统露天开采工艺较为落后，急需对大型露天煤矿连续、半连续采煤技术及大型装备、生产智能监控与决策系统和边坡灾害控制技术与装备进行深入的研究，开发出千万吨以上级大型露天煤矿电驱动半连续开采技术和关键装备，单机产能达到3000～12000吨/时，国产化率达到90%以上，满足年生产1000万～3000万吨煤炭的要求；开发出适应于露天矿高产高效机械化采煤作业的连续采煤工艺及其配套装备，单系统生产能力达到年产500万吨，实现露天煤矿连续开采与运输。

（五）煤矿提升、装车配煤技术与辅助运输装备

我国煤矿仍有2000多台（直径大于2米）的各类提升机，其技术水平仅相当于国际上20世纪60年代的水平；国内多数煤矿仍采用半机械化装车和人工计量的装车方式，矿井商品煤的精确计量及自动化配煤装车技术难题急需解决；国内辅助运输仍普遍存在着环节多、用人多、事故多、效率低的问题。未来10年，应研究开发新型大功率晶闸管和晶闸管电源，继续完善提高基于现场总线控制的智能化、网络化提升机电控系统和配煤装车分布式控制系统，完善现有提升机箕斗定重装载控制技术和煤炭装运高精度电子称量与自动衡器等配煤计量装车系统，适当拓展井下防爆绞车计算机控制系统等其他产品，形成具有自主知识产权的配套技术产品。抓紧煤矿辅助运输设备中新型高能量蓄电池、大功率防爆柴油机、进气防爆装置、声光报警自动停车等关键技术和元部件研究开发工作，完成运输类防爆胶轮车系列化设计和开发；研发蓄电池铲运车、多功能铲车、支架搬运车等新型辅助运输装备。

（六）煤矿自动化、信息化与管理现代化技术

信息化与物联网是国家优先发展和重点支持领域。在全矿井综合自动化领域国内还没有成熟的技术和产品，世界具有先进技术和成熟产品的公司已经进入国内市场。煤矿监控、通信与监视是煤矿安全生产的重要保障。有必要研究高可靠性全矿井综合监控与监视关键技术、煤矿物联网技术和煤矿一体化通信技术与系统，以实现矿区物物相连、信息相通、应急联动和灾害预警等技术。此外，面对国际、国内新的能源形势，煤炭工业需要深入研究煤炭经济政策和改革措施，包括煤炭开采业新会计准则制度、基于物联网技术的煤矿成本管理与控制技术、全国煤炭物流方向战略选择和大型储备基地布局、全国煤炭资源阶梯开发与利用、煤矿安全培训关键技术、煤矿工人生命价值评价技术在内的煤矿现代化管理技术等。初步形成适合我国煤矿企业全矿井综合自动化系统，提升我国在煤矿自动化领域国际竞争中的综合竞争能力。

（七）用先进适用技术改造提升地方煤矿

目前，我国地方国有煤矿和乡镇煤矿仍占有相当的比重，地方煤矿技术面貌落后的根本原因在于采煤方法落后。中小煤矿技术改造的首要任务就是改革采煤方法。乡镇煤矿在进行采煤方法改革的同时，还必须扩大矿井规模，在乡镇范围内合并小矿井，以适应采煤方法改革的需要。在乡、县、省范围内建设样板矿井、样板乡、样板县，把中小煤矿均建设成为质量标准化矿井。应争取在3～5年内，使我国煤矿安全生产面貌得到彻底改观，使国有重点煤矿的百万吨死亡率降至0.5%以下；地方国有煤矿降至2%以下，乡镇煤矿降到5%以下。全国煤矿平均百万吨死亡率降到3%以下。彻底改变我国煤炭工业事故多发、管理粗放、工作标准低下，环境脏乱差的落后状况。

四、以瓦斯防治为重点的技术装备与灾害防治技术

目前，在煤与瓦斯突出区域预测及防治技术上，仍存在探测仪器不防爆、探测距离短和数据处理不完善等问题；矿井通风技术与装备方面，国内急需开发高效、低噪、节能的通风技术与装备；在瓦斯监控技术方面，我国安全检测仪表敏感元件的基础研究薄弱，CO、O2等元件大多依靠进口，有害气体检测技术单

一。未来10年，应开发具有煤矿重大灾害预警功能的以Internet网络架构为核心的全网络化新型煤矿综合监控系统，研究通风系统可靠稳定性评价技术及装备，研究物探技术与突出参数相结合的区域预测技术与装备，重点研究松软低透性煤层开采的瓦斯抽放技术及装备，从而形成4项成套技术、4项新产品，并全部达到国内领先水平。

（一）煤矿重大灾害防治基础理论

煤矿安全科技的基础理论研究是灾害防治工作的源泉和根本。开展基础理论研究，揭示煤矿事故的致因和灾害发生机理，摸清事故发生发展及演化过程，探索灾害预测预报的敏感性指标或参数，寻找防止事故发生的途径和方法。以煤矿事故因素——瓦斯、火灾、水害、顶板和机电等为重点研究对象，开展基础理论的研究。

（二）煤矿重大灾害共性关键技术

针对煤矿安全生产中的共性、关键性和前瞻性的技术问题，加强科技攻关，提高对煤矿主要灾害的识别能力、监测预警能力、防治与控制能力；提高矿井的防灾抗灾水平、事故的抢险救灾水平、安全生产管理的科技水平、事故的鉴定分析水平等。以危险源辨识、监测预警、灾害防治、应急救援4方面为主线，开展重点科技攻关。

（三）煤矿职业危害防治技术与装备

开展以呼吸性粉尘为主的尘害防治关键技术的攻关，包括煤矿粉尘预警技术，粉尘浓度传感器，作业场所粉尘浓度实时自动检测技术与仪器，矿井除、降尘装备自动监控等。随着东部矿井开采水平的不断延伸与机械化程度的不断提高，热害矿井数量急剧增加，开展热害防治关键技术攻关与装备研发已提上日程，包括解决降温技术装备集成度低、制冷效率不高和运行成本高等问题。

（四）煤矿应急救援技术与装备

时有发生的矿井瓦斯煤尘爆炸、水害、火灾等重特大事故对应急救援提出了更高的要求，应急救援是防止事故扩大、减少人员伤亡的重要措施。急需开展灾变条件下高可靠性搜救侦测技术及装备、地面大直径救生专用钻机与救援破拆工器具、快速安装的大流量成套排水系统装备、快速生成救援方案及实现计算机应急救援辅助决策系统的研究；亟待研发功能完善、性能可靠的井下移动式避难大型设备及固定式避险硐室系列设施以及个体防护装备；研究建立适合我国国情和煤炭行业的煤矿灾害事故风险管理与分级控制的标准管理体系，将风险预控管理与日常安全管理紧密结合起来。

五、“煤基液体燃料”和多联产新型转化技术

针对我国富煤、贫油、少气的能源现状，发展以煤基液体燃料和多联产为目标的新型煤化工技术，是缓解我国石油短缺、煤炭综合洁净利用以及煤炭企业走新型工业化道路的重要途径之一。我国对煤炭液化有关的关键技术及相应的技术基础进行了深入系统的研究开发，但煤气化技术与国外技术相比尚有一定差距，某些煤化工单项技术尚未工业化，近几年煤化工多联产系统还不能形成大规模产业。通过新型煤化工重点技术研发，为在2020年以前实现各项新技术大规模产业化从技术层面提供保障。

（一）煤炭直接液化

大规模煤直接液化技术的基础研究，主要以油煤浆流动传质传热特性、煤液化反应机理、多相反应器结构、液化残渣利用基础等与工程放大有关的技术基础为研究重点。开发出高效纳米级铁系催化剂产业化应用的工程放大技术研究及完善。示范工程中发现的关键技术问题研究及大型设备国产化研究。自主知识产权中国煤液化新工艺（CDCL）关键技术研究及关键设备研制。液化残渣的高效利用技术研究。

（二）煤炭间接液化

引进技术的消化吸收及关键工艺技术的再开发。F—T合成催化剂国产化研究及新型催化剂开发。间接液化新产品开发及应用研究。F—T合成与其他煤化工技术单元联产工艺开发。

（三）煤炭气化

引进大规模气化技术（如干煤粉气化技术）的消化吸收及再开发；配套技术的研究开发；煤质与气化技术适应性研究；适应高灰熔点煤的固态排渣气流床或流化床气化技术研究；气化残渣的有效利用技术研究。

（四）多联产技术系统

引进大型甲醇合成技术的消化吸收与配套技术开发；以甲醇为原料合成乙烯、丙烯等石油替代化工产品的MTO、MTP技术引进消化吸收及配套技术开发；一步法合成二甲醚工程放大技术研究及应用技术研究；各种成熟单元技术的联产系统优化研究；多联产系统实施配套技术研究。

六、煤炭清洁利用与节能环保技术

（一）煤炭高效分选洁净利用

发展以煤炭分选加工为重点的煤炭产品洁净化技术是国外的发展趋势，我国选煤生产和选煤技术的发展与世界发达国家相比，仍有一定差距。未来10～20年，应研究完善高效、先进的重介质选煤技术及其配套的关键辅助设备和提高选煤关键配套设备的可靠性为重点，研究开发内容包括三产品重介质旋流器有效分选下限与煤泥重介质旋流器入料上限间最佳粒级匹配关系研究，高性能大型分级破碎机的研究，高效磁选机的研究，细粒煤泥高效脱水工艺及设备的研究，高振动强度、大处理能力脱介筛的研究，20立方米大型浮选机的研究以及模块式选煤厂关键技术研究。开发出单系统600万吨/年炼焦煤、1000万吨/年动力煤特大型选煤厂关键装备。①

（二）低阶煤提质与综合利用技术

我国褐煤和低变质烟煤数量较大，占保有资源量的55%，其中褐煤占13%。随着我国煤炭生产和消费量逐年大幅增加，社会对优质煤炭产品需求量不断加大，低阶煤提质与综合利用技术研发势在必行。在褐煤提质方面，褐煤干馏大型

① 汤海林.煤炭清洁高效利用大有可为[N].中国煤炭报，2020-06-09（004）.

工业化技术及装备仍处于研发阶段。需加强褐煤干燥、改性、热解等提质技术开发和大型关键设备攻关，应研发低阶煤提质改性梯级利用成套技术与装备，以满足我国褐煤大规模开发利用的需求。用于低（劣）质煤洁净燃烧的循环流化床锅炉还存在燃烧效率偏低、故障率较高等问题，需进一步研发提高燃烧效率和固硫、脱硫的技术。同时，还需建立相配套的技术评价体系。

（三）矿区生态环境综合整治和废弃物处理利用技术

开展绿色矿区模式及其关键技术研究旨在紧紧围绕煤炭资源合理开发与矿区生态环境控制与改善这一主题，开展多学科的综合性研究，为解决煤炭资源合理开发与矿区生态环境控制这对矛盾，为寻求煤矿城市的可持续发展道路与“绿色模式”提供理论依据和科学基础。重点研究绿色生态矿山建设关键技术与模式，地面矸石绿色处置与井下矸石不上井置换充填技术，矿井水净化处理、梯级利用及综合配置关键技术与工程，工业场地减粉尘、减噪声技术集成与工程，地表沉陷地、矸石、粉煤灰、矿井水和生活垃圾综合利用技术，矿山循环经济示范工程建设。在东部和华北地区开展绿色生态矿山工业场地建设工程示范，实现井下矸石零排放和工业场地无矸化，矿井水净化率达100%，矿井水利用率大于80%，实现煤炭矿山的绿色生态，提升矿工生存环境质量。

（四）矿井伴生物提取利用技术

针对我国煤层气（瓦斯）抽采浓度较低及利用率偏低的现状，开发低浓度煤层气高效分离及浓缩技术，建立低浓度煤层气和乏风甲烷利用技术示范线，把低浓度煤层气加工成高品质的天然气，将在一定程度上缓解国内天然气供应不足的压力，同时降低温室气体排放。其中，装备的大型化及自动化是重点解决的技术问题。

在包括矿井回风热能高效提取换热装置、矿井水水源热泵机组、坑口电厂冷却水热回收水源热泵系统在内的矿井低温热能利用技术与装备等方面开展研究。

在煤系伴生矿物综合利用方面，应立足不同矿物的性质和组成特点，开发针对性强的综合利用技术，生产符合市场需求的高附加值产品。一些煤田的含煤岩系中高度富集Ga、Nb、Ta、Zr、Hf和稀土元素，并且已经达到了成矿规模，但提取技术十分薄弱，有些研究处于空白。同时需加强煤系伴生矿物勘察力度，建立煤系伴生矿物基本资料数据库。

第五节　煤炭科技发展的趋势

一、矿井生产向高度集约化和大型化发展

（一）矿井规模不断增大

英国煤炭产量从1982年的1.16亿吨减少为1995年的0.51亿吨，减少了一半；矿井总数从162个减少为22个，减少了近90%；矿井平均年产量从71.6万吨增加到232万吨，提高了2.24倍。美国煤炭产量从1980年的8.65亿吨提高到1993年的9.86亿吨，增长了11.4%；矿井总数却从5904个减少为2550个，减少了76.7%；矿井平均年产量从14.7万吨提高到39.7万吨，增长了1.76倍。德国矿井总数从1965年的107个减为1995年的19个，矿井平均年产量从126万吨提高到279万吨，增长了1.22倍。

（二）采煤工作面不断加大

美国采煤工作面1996年平均达到了2575米×251米，澳大利亚1874米×192米，德国综放工作面走向长度为277米，盘区最长达5635米（美国），工作面最长达430米（德国）。

（三）生产系统不断简化

生产系统简化包括简化开采工艺（4～5米厚煤层一次采全高、特厚煤层综采放顶煤），简化运输环节（发展连续运输、辅助运输），简化巷道布置（采准巷道尽可能在煤层中）。

（四）采煤工作面的单产、工效不断提高

现在一个长壁综采工作面可相当于过去一些大型矿井的产量。如美国 1993

年有 71 个矿井装备了 80 个综采工作面，其中一矿一面的占 80%，一般日产 1 万吨以上，年产量 200 万吨以上；其中工效、单产最高的二十英里矿，1994 年年产量 526 万吨，仅有职工 152 人，一个综采工作面、一套连续采煤机掘进，全员工效达到 133 吨，1997 年 6 月产量最高达到 95.4 万吨；据悉，2018 年达到 118 万吨。井工矿平均工效也提高很快，从 1985 年的 12.99 吨 / 工提高到 1995 年的 26.45 吨 / 工，提高了一倍多。英国工效从 1985 年的 2.49 万吨 / 工提高到 1996 年的 15.21 吨 / 工，提高了 4 倍多。南非井下工效从 1985 年的 1 吨 / 工提高到 1995 年的 4.68 吨 / 工，提高了 3 倍多。波兰也有相当的提高，井下平均工效从 1985 年的 1 吨 / 工提高到 1995 年的 4.689 吨 / 工（折合原煤 6.17 吨 / 工）。

二、高新技术在煤矿得以迅速发展与应用

20世纪60年代以来，控制理论、现代控制技术、计算机技术、通信技术和传感器技术得以迅速发展。近年来，发达国家的煤矿由于开发应用这些高技术，一些专家预言，21世纪煤炭生产技术最为显著的特点是电子、微小电子与计算机技术的全面应用和其功能最大限度地发挥，并将主宰煤矿。煤矿的技术面貌正在发生根本性的变化。①

以采煤技术为代表的世界煤炭科学技术，发展很快，20世纪60年代主要是全面发展采煤机械化，20世纪70年代大规模发展综合机械化采煤技术，20世纪80年代以来高产高效综合技术突飞猛进，目前，已在向自动化发展，而且以微电子技术和信息技术为先导的新技术革命成果，正在全面迅速地渗透到煤炭工业的各个领域，引起生产技术的重要变革。采煤机向交流电牵引发展，装机容量最大已达1500千瓦；液压支架采用可编程电液控制技术及随采煤机依次移动的随动技术，移架速度可达6秒/架；通过计算机、应用传感器进行工况监测、故障诊断；应用光学远程传感器技术探测瓦斯浓度，研究具有多层透视功能的雷达成像系统，以及本安型固态激光光纤系统；正在开发自动导航系统，对开采环境具有识别能力的自动控制的计算机辅助采矿系统，实现少人和无人采煤工作面；正在研制具有一定智能的凿岩机器人、远距离操作的检测巷道状况与环境探测的机器人，以及能够跟踪火源进行灭火的机器人；正在探索用生物法从煤炭中产生瓦斯，寻求不规则煤炭地下气化、煤层气的新方法。预计10年后，煤矿将可能达到全员工效

① 张幼蒂，姬长生.煤炭集中化开采与集约化经营[J].煤炭学报，2003（05）：454-458.

150吨/工以上，在自动化综采工作面，只要配备1~2个检修技师进行巷道、设备的检查及故障处理、更换截齿，人们可以在地面控制室内直接遥控指挥。

高新技术的发展与应用，将使煤矿作业从密集、繁重的体力劳动逐步转变为高度机械化、综合自动化的高技术专业岗位，矿井安全条件显著改善，工人素质也发生重大变化，煤矿工作将成为有竞争性的岗位，煤炭工业正在从劳动密集型向技术密集型和资本密集型转化。这种变化正在一些国家出现，如1996年百万吨死亡率美国煤矿已降到0.04%、澳大利亚为0.02%、英国为0.1%，处于各行业先进行列，改变了煤矿生产不安全的形象。美国10年前煤矿工人文化程度已达到较高的水平，大专、职业专科以上人员占1/4。

三、煤炭将转变为洁净、高效的能源

从世界能源资源的探明储量看，石油的开采年限仅为40余年，天然气的开采年限也只有60年，而煤炭的开采年限高达200多年，最稳定、最可靠和最丰富的化石能源仍是煤炭，占化石燃料储量的90%。煤炭利用的核心问题是环境问题。目前，煤炭在发达国家80%以上用于发电。据美国能源部分析，随着开发先进的燃煤发电技术和先进的替代燃料系统，效率效率将大大提高，煤炭将更洁净、高效。燃料成本降低10%~20%，SO_2、NOx和TSP（总悬浮颗粒物）排放量降低90%，CO_2排放量减少45%。同时随着油、气资源的减少以及洁净煤技术的发展（据预测，50年后，终端用户几乎不用固体燃料），煤炭绝大部分用于发电、合成液体和气体燃料。煤炭将转变为一种洁净、高效、方便的能源。

四、露天开采技术仍将进一步发展

随着大型露天矿开采范围、采深的增加，将进一步采用大型的设备，如吊斗铲最大斗容将超过200立方米，单斗铲、前装机、铲运机最大斗容将超过50~80立方米，自卸汽车最大载重量将达到300吨以上，较之现在将分别提高1~2倍。同时，将广泛应用以计算机为核心的机电一体化设备、自动化控制技术以及利用卫星定位系统（GPS）和遥感系统，对移动设备进行遥控遥测。

第六节　高新技术改造技术装备促进煤炭工业发展

技术改造是优化现有生产要素配置、加快技术进步、调整产业结构、提高经济效益、改善环境质量的重要措施，是实现高效、优质、安全的根本保证，是国家实施可持续发展战略的客观要求，是增强企业市场竞争力的需要。煤炭工业技术改造要走高起点、高效益、高效率、高安全、高质量的路子，运用高新技术改造落后的技术装备，提高煤炭企业的综合经济效益，扭转煤炭工业的被动局面，使煤炭企业重新走向辉煌。

一、技术改造的必要性

1997年以来，大多数煤矿经济困难，没有足够的财力对煤炭技术设备进行更新改造，致使其老化和损坏严重，事故频发，影响生产，新的高效能设备也不能及时装备，严重影响了煤炭生产的发展。可以通过技术改造发挥矿井生产能力，提高其经济效益，但从更深层次的意义上看，技术改造是煤炭工业可持续发展、提高产业集中度、增强市场竞争力和对产业结构调整的必然要求。

（一）技术改造是煤炭工业可持续发展的需要

1.通过技术改造充分保护和利用资源，提高煤质和环境质量

我国煤炭资源总量虽然丰富，但人均占有量仅为世界水平的50%，而且开采条件相对复杂，资源总体条件属于中等偏下，勘探程度低，可供建设矿井储量选择余地较小。通过技术改造，使资源得到合理划分，井型规模得到提高，通过采用先进的开采方法、技术及装备，提高资源回收率，这是实现我国国民经济可持续发展战略的必然要求。

2.基础产业的地位决定了必须加快技术改造，促进煤炭工业的健康持续发展

虽然近年来受国内经济结构调整、节能技术进步等因素影响，煤炭需求持续下降，加之煤炭工业长期低水平重复建设，导致煤炭生产总量过剩，煤炭工业遇到了前所未有的困难。但是，由于国家加大了煤炭工业结构调整和控制总量的

工作力度，近几年采取了“关井压产”等措施，关闭小煤矿6万余处，现市场转旺，供求关系趋于平衡，煤价合理上涨，库存量大幅度下降，煤炭行业在2001年首次实现了扭亏为盈，煤炭工业的形势向好的方面发展。煤炭工业是我国重要的基础产业，担负着为国民经济建设提供能源的重要任务。煤炭工业发展的健康与否一定程度上影响着国民经济的发展。要使煤炭工业彻底走出困境，走上健康持续发展的道路，必须加快技术改造步伐。

3.为相关行业的经济增长创造有利条件

目前，我国81%的电力、近60%的民用商品能源、40%左右的化工原材料都是依靠煤炭提供。煤炭工业的质量和水平，与电力、化工、冶金、建材等工业和农业都有密切的关系。通过技术改造，不仅可以提高煤炭产品质量，增加能源和原材料品种，而且对提高国民经济的增长，都有重要的意义。

（二）技术改造是提高产业集中度、增强市场竞争能力的需求

煤炭行业企业数量多，经营规模小，经济实力不强，产业集中度低，参与市场竞争能力弱。1999年，全国煤炭企业有33573个，从业人员约600万人，总资产3810亿元，平均每个企业的产值为463.71万元。1999年我国共有煤矿4.73万处，生产原煤104363万吨，平均每处2.2万吨。据统计，111家国有重点煤矿企业的原煤产量51270万吨，占全国原煤产量的49%，平均每家企业原煤产量为461.9万吨，2270家国有地方企业原煤生产产量21285万吨，占全国原煤产量的20.4%，平均每家企业原煤产量9.4万吨。在国有重点煤矿企业中，有17家原煤产量超过千万吨，1999年产量26103万吨，占全国原煤产量的25.01%。我国有大中型煤炭企业百家左右，改制为企业集团的仅占1/5左右。近几年，煤炭行业在培育大型企业和企业集团方面取得了一些成绩，现在煤炭行业有34家企业被列入全国510家重点企业，有3家被列入全国120家大型企业集团试点企业，有20多家煤炭企业改制为企业集团，与世界上主要采煤国家相比，规模小、实力不强。提高企业的竞争力，就必须通过加快技术进步的步伐，通过技术改造，充分发挥原有存量资产的效率，提高技术装备，从而实现规模经济效益。

（三）煤炭产业结构调整要求必须进行技术改造

随着经济体制改革的深化，煤炭工业将不再只是一个单纯生产煤炭产品的实

体，而将转化为一个以煤为本、综合开发、规模经营的创造经济效益的真正企业法人。由此，技术改造的目的，将全面着眼于提高企业经济效益，提高企业的盈利水平。主要从三个环节来努力提高各种产品的技术含量和价值含量。一是资源综合开发、综合利用，把煤炭资源和与煤共生、伴生的其他各种资源作为财富，充分利用和发掘；二是生产环节的提效降耗，不仅是各种单项材料、动力物质形态的降耗，而且是综合价值形态的降耗，最大限度地降低成本，提高企业生产各种商品的市场竞争力和市场占有份额；三是加工转化环节，由上游产品（初级产品）向下游产品（高附加值产品）延伸，这是煤炭工业产业结构和产品结构的重大变化，亟须加强技术改造予以支持。

二、技术改造的总体思路及基本原则

（一）总体思路

根据世界煤炭技术装备发展方向，我国煤矿技术改造的总体思路是：以市场为导向，以经济效益为中心，走高效、优质、洁净、安全的发展道路，提高资源利用率，改善生态环境质量，促进原有生产要素的优化配置，提高行业集中度及技术创新能力，促进产业结构的优化和产业升级，实现经济增长方式的根本转变。

（二）基本原则

（1）坚持以市场为导向的原则。技术改造必须以煤炭的需求为导向，根据市场需求及今后消费发展趋势，优先支持市场前景好的企业。

（2）坚持向重点产煤地区和国家重点企业倾斜的原则。对于重点产煤地区和国家重点企业，在技术改造方面应给予倾斜。重点产煤地区以山西省为重点，同时兼顾西部地区。另外，对于曾经为经济增长发挥过重大作用，目前仍有良好市场前景，但装备水平和档次难以适应市场需要的企业，应加大技术改造的力度，促进产品和规模结构的优化和升级。

（3）坚持以高效、优质、安全为重点的原则。合理集中，规模经营，减人提效，降低成本，提高安全水平，提高经济效益。

（4）坚持技术进步的原则。无论是解决目前存在的问题还是寻求新的发展，提高市场竞争力，都必须依靠技术进步。煤炭行业应根据具体情况，分层次地积极采用先进技术、先进工艺和先进装备，提高行业和企业的技术创新能力，使整个煤炭行业走上技术不断创新、结构不断优化的良性循环轨道。

（5）坚持提高资源利用效率和提高环境质量并重的原则。注重资源的保护和合理开采利用，提高资源回收率，注重矿区的生态建设和环境保护，并为提高资源利用效率和提高环境质量创造条件。采用薄煤层机械化开采，不仅可以提高效率，而且有利于环保。

三、技术改造的主要内容

煤炭行业技术改造主要包含以下几个方面的内容：矿井技术改造、煤矿安全技术改造、发展洁净煤技术、煤炭综合利用技术改造、煤机厂技术改造以及加快信息网络化建设等。

（一）矿井技术改造

矿井技术改造的总体方向是：优化开拓布局，实现合理集中生产；发展采掘机械化，提高单产单进水平，减少矿井、采区、工作面的个数，走高效安全、集约化生产的道路。

1.重点发展厚煤层开采机械化，进一步提高工作面单产水平

我国厚煤层储量丰富，可采储量占矿井总储量的45%，厚煤层矿井的产量为全国总产量的45.39%。厚煤层开采主要包括放顶煤和一次采全高等技术。目前，综放队最高年产量已超过500万吨，超过200万吨的也有12个。在条件适宜的地方推广应用综采放顶煤技术具有较大的优势，主要是产量高、掘进率低（比一般综采低20%）、材料及能源消耗低、工作面搬家少、辅助环节人员少、效率高、成本低，因而使用综放技术是实现高产高效、集约化生产，提高经济效益的有效途径。一次采全高对于4.5米以下的煤层，在我国已经取得了成功，并且取得了较好的经济效益，有7个综采队年产200万吨，在条件适宜的地方也应推广。

2.加快机械化装备的更新换代，提高国有大型煤矿机械化装备水平

近年来，由于煤矿维简费提取和投入不足，煤矿技术改造难以实施。目前现有煤矿采掘机械化设备老化，急需更新或新增机械化装备，造成机械化程度和生产效率难以提高。这些单位多数是国有大型煤炭企业，如开滦、平顶山、淮南、

阳泉等，而这些矿务局（集团公司）地位又十分重要，提高这些企业机械化装备水平，是提高国有经济竞争力的重要手段之一。

3.加快西部开发建设，增加对西部煤矿机械化装备的投入

开发西部是中央在21世纪最重要的战略部署之一。煤炭资源在西部开发中将起到非常重要的作用。而西部的煤炭资源又得天独厚，储量丰富、煤质好且赋存条件简单、易于开采。开发西部煤炭资源是有非常好的市场前景的。目前西部机械化装备水平较低，特别是综采、综掘机械化程度更低，有些为零。技改重点应放在西部地区的国有煤炭企业。

4.引进国外技术，提高薄煤层开采机械化水平

我国薄煤层资源比较丰富，分布广泛，不仅储量大，而且煤质好。国有重点煤矿薄煤层可采储量占总可采储量的17%，产量占总产量的6.73%。薄煤层开采的比重远低于其储量比重。当前薄煤层开采工艺大部分采用炮采，与世界先进产煤国家相比，无论在使用机械化方面，还是在单产、效率及经济效益方面，都存在较大差距。而薄煤层机械化开采在我国始终没有得到很好的解决。德国生产的刨煤机，配薄煤层综采液压支架，生产能力达到6000吨/天以上。这套设备已在铁法矿务局小青矿使用，初见成效。可以通过引进国外技术，探索一条薄煤层机械化开采的途径。

5.装备快速巷道掘进，改进支护技术

支持国有重点煤矿在实施采煤机械化装备改造的同时，配套改造综合机械化掘进装备。工作面的快速推进，要求高速掘进采准巷道。由于掘进机掘进比钻爆法掘进工作量少25%～50%，速度高1.5～2倍，所以世界各主要产煤国家都广泛采用掘进机掘进采准巷道。但是我国综掘机械化程度较低，与国际先进国家相比差距很大，因此在技改中，新增综掘机械化装备为主要的技改项目之一。①

6.改造矿井生产的薄弱环节，充分发挥矿井综合生产能力

为实现合理集中、减人减面创造条件，煤矿技术改造的主要内容是：在发展采掘机械化的同时，对井下运输、提升和通风系统以及供电系统进行配套改造。随着高产高效工作面的发展，采煤机、液压支架、运输机、转载机等越来越大型化、重型化，而一井一面的生产模式需要工作面实现快速搬家，减少搬家对产量的影响，所以采用先进的辅助运输机械是实现矿井安全、高效的重要环节。

① 陈冠男.煤炭采掘创新工艺技术与装备[J].技术与市场，2018，25（03）：61.

（二）煤矿安全技术改造

我国煤炭资源赋存条件复杂，开采过程中受自然条件约束大，水、火、瓦斯、煤尘、冒顶时刻威胁着煤矿安全，而且随着开采范围和深度的加大，影响安全生产的各种因素更为突出。目前，我国煤炭生产安全状况没有得到根本的改变，与世界主要产煤国家相比差距很大。必须对煤矿安全技术措施进行改造，完善煤矿安全保障系统，促进煤矿安全生产。

1.改造完善矿井通风系统

多年来，我国煤矿的开采规模、开采深度和产量连续增加，但矿井风量增长幅度不大，以至于不少矿井通风能力失调，采区通风量严重不足，影响安全生产。原因之一，是由于许多矿井增加风量仅靠扩大主通风能力，忽视了井巷的通风能力。改造的重点应在以下几个方面：

一是改造主通风机本身结构、采用高效新型通风机。通过采用改变叶片安置角、调节风机转速改变的叶列系统等方法，或更换高效新型风机。

二是改善矿井通风网络，降低通风阻力。主要采用降低摩擦阻力和局部阻力系数，扩大巷道断面面积，避免断面的突然扩大和缩小，控制漏风。

三是优化矿井通风网络，加强通风设施管理。在保证各用风地点供风量的条件下，使通风机处在合理、高效的工况点运行。

2.矿井瓦斯防治技术改造

1985—1995年的10年间，全国重点煤矿瓦斯涌出量由3100兆立方米/年逐年上升到4480兆立方米/年，每年发生突出300~500次。大量的瓦斯和煤突出，不仅给安全生产带来严重威胁，导致瓦斯事故的发生，造成国家财产损失和人员伤亡，而且还增加了煤矿的工程量和经济负担，降低了经济效益。发生煤与瓦斯突出和瓦斯爆炸的主要原因是：通风系统不完善，通风能力不足，抗灾能力低；瓦斯抽放系统不配套，抽放设备配备不足；安全检测系统不健全，仪器设备更新不够。

改造的主要内容是：加强煤与瓦斯突出的预测，采用先进检测仪器进行煤与瓦斯突出的定期测定和预报；加大瓦斯抽放力度和开采解放层，对高瓦斯矿井，坚持先抽后采，保证抽放效果；加强对瓦斯的检测和监控，应用计算机技术和现代通信技术为基础矿井瓦斯检测技术和装备，对高突出矿井和高瓦斯矿井必须装备安全检测系统，对技术性能差的煤矿安全检测系统要进行必要的技术改造。

3.矿井防灭火技术改造

矿井火灾分为内因火灾和外因火灾。内因火灾主要指煤炭自燃发火。据不完全统计，国有煤矿有煤层自燃发火倾向的矿井约占55%，有自燃发火倾向的煤层约占总煤层的80%。外因火灾主要是指由外援热量引发的火灾。据近年统计，我国煤矿发生的外因火灾多为带式输送机输送带着火引发，引发的直接原因多为操作失误或失职所致，间接原因则为输送机不符合技术要求等。

改造的主要内容是：加强火灾的预测和预报，在煤层有自燃发火倾向的矿井装备火灾检测和报警仪器，要特别重视高产高效的厚煤层放顶煤工作面；进一步完善防灭火系统，对设备老化、技术落后的防灭火灌浆系统要进行技术改造。推广应用新技术、新材料和新设备，采用阻化剂、惰性气体、高倍数泡沫等防灭火技术，使用阻燃性能高的带式输送机。

4.矿井防灭火技术改造

随着机械化水平的不断提高，矿井粉尘的产生量也越来越高，矿井粉尘具有双重危害性，即爆炸性和导致工人患肺病。具有潜煤尘爆炸危险的矿井约占矿井总数的86%，存在自然发火倾向的矿井约占矿井总数55%。在国有地方煤矿中，约38%矿井属高瓦斯矿井，约42%矿井具有煤尘爆炸危险，煤尘爆炸与瓦斯爆炸一样，一旦发生会造成人员伤亡和矿井财产的重大损失。必须对目前的防尘措施和设备进行改造，以控制和降低矿井粉尘的产生量，改善工人的作业环境，保障工人的身体健康。

改造的主要内容是：进一步完善防尘管路和防隔爆措施，对使用年限长、管路老化、设备落后的防尘系统进行改造，对无防尘管路系统的矿井进行新建；加强煤层注水、湿式打眼和内外喷雾，在注水中添加湿润滑剂提高湿润效果，提高水压和采用雾化性能好的喷雾器结构等；加强采掘工作面除尘，改进采煤机和掘进机的滚动结构以及参数，使用高效实用新型的除尘设备和高压喷雾。

（三）发展洁净煤技术

洁净煤技术又称清洁煤技术（CCT），指在煤炭清洁利用过程中旨在减少污染排放与提高利用效率的燃烧、转化合成、污染控制、废物综合利用等先进技术（不包括开采部分）。根据煤炭利用过程，可简要分为前端的煤炭加工与净化技术，中端的煤炭燃烧、转化、污染物控制技术和后端的废弃物处理、碳减排及综合利用技术三大类。

技术是具有生命周期的，其随着时间的推进不断完善和进步，甚至产生突破性或颠覆式的更新换代，因而需要对当前洁净煤技术的先进性开展动态评价，以形成具有时效性的洁净煤技术范畴。

发展洁净煤技术，实现煤炭清洁高效利用一直是全球关注的重点，煤炭是我国长期以来最重要的一次能源。我国公布了《能源技术革命创新行动计划（2016—2030）》，中国工程院、中国科学院等研究机构也已开展了系统的技术预见工作。今后 10~15 年是我国洁净煤技术发展的关键时期。积极发展先进的、颠覆性的煤炭转化与利用技术，大力推进面向 2035 年的洁净煤技术创新，有利于提升我国煤炭企业和行业的科技竞争力，实现我国煤炭工业的高质量发展，形成引领世界的煤炭清洁高效转化与利用的新兴产业，推动我国构建绿色低碳、安全高效的现代能源体系，支撑能源革命和能源强国建设。

第七节　以信息化技术促进煤炭企业发展

随着现代信息技术的发展，煤炭工业信息系统也将逐渐建立起来。煤炭通信信息网的建立，将实现煤炭企业间信息共享，煤炭管理部门与企业之间的联系变得更加方便、快捷。

一、信息化对煤炭企业的作用和价值

随着多数煤炭行业企业信息化建设工作的深入发展，信息化水平的逐步提高，在信息化的过程中积累了大量的成功经验和典型需求，信息化对煤炭企业的作用和价值主要体现在如下几个方面。

（一）信息化对煤炭行业总体发展的作用

（1）行业整合。煤炭企业将以煤炭产业为核心向多元化发展，需要通过产

业链协同，最大化发挥煤炭企业集团经营优势[①]。

（2）资源整合。整合公共资源，特别是信息数据资源，提升服务质量，提高整体效益，是煤炭企业信息化的重点需求。

（3）供应链管理要求提升。产品及服务的多元化，经营区域和规模扩张导致供应链增长。

（4）风险管控要求提升。企业并购、市场剧烈的周期性变动、业务复杂，要求企业强化内部风险及市场风险的控制能力，建立价格管理体系和供应商客户管理体系，是风险监控的重要手段。

（5）资产管理要求提升。随着生产的扩大，设备资产保全运营、物资材料采购和供应过程的管理需求日益凸显。

（6）安全生产意识加强。政策层面对于安全生产的强化和社会责任驱使企业加强健康、安全、环保管理。

（二）信息化对煤炭企业具体发展的作用

从煤炭行业自身角度分析，集团化管控、精细化管理、安全生产要求和提高市场竞争力是煤炭行业信息化投入的主要价值体现。在日益激烈的市场竞争环境下，信息化是煤炭企业提高管理水平，提高生产效率和经济效益，降低成本、加强集团管控、提高关键业务能力、提高核心竞争力的主要手段，主要包括：

（1）战略管控能力。构建以战略规划为基础的，以全面预算管理、绩效管理和信息化管理为核心的管控体系，通过这一体系指导和控制各业务板块，从而实现公司总体的战略目标。

（2）资源配置能力。对资金、人才等关键资源进行配置。资金集中管理，通过财务管理信息化提高资金效率，为公司发展提供集约化金融服务。对公司关键人才进行培养、选拔、调配和激励。

（3）专业服务能力。通过信息化为企业各业务板块和下属企业提供专业型共享服务，如财务分析、集中战略采购、设备管理、集中运销、安全生产等信息技术，为各业务板块和下属企业创造价值。

（4）提高企业绩效。通过内部业务单元协同，供应商和客户等合作伙伴的

① 董振楠.互联网时代下煤矿信息化建设的技术[J].电子技术与软件工程，2020（14）：249-250.

协同，物资设备管理，产供销供应链协同管理，优化人员、成本、资产等的配置和过程，整体提高企业绩效。

（5）生产效率提升。优化生产活动排程，提高生产活动的效率，减少对环境的影响，提高产品质量，持续降低各环节生产成本。

（6）创新业务模式。梳理各产业模块业务模式，建立价值链管理体系，采用先进的业务模式，优化供应链管理。

二、煤炭企业实施信息化的建议

（一）煤炭企业的业务职能与管控模式

随着国家对煤炭行业的整合重组工作的推进，多数煤炭企业正处于企业转型过程中，信息化建设与业务流程改进、组织变革共同推动企业变革。一个企业信息化战略的制定，必须在理解业务战略的基础上进行系统的规划，必须从组织、流程、技术三个方面进行全面的考虑；煤炭企业信息化实施，需要与业务流程、组织结构和管理流程紧密结合，准确、全面、前瞻性地理解业务，才能保证信息化工作最终满足企业战略要求。笔者通过对煤炭企业核心业务职能和管控模式两个维度的分析，推导出煤炭企业信息化的主要需求。

1.煤炭企业核心业务职能信息化需求

煤炭企业的业务通常可以划分为5个业务域：采矿和运营、供应、市场和销售、企业管理、财务管理。根据煤炭企业业务侧重点不同，核心业务的内容和具体流程方面存在差异，在5个业务域下，将业务组件分为规划、管控、执行三个层级，每个业务层级都包括一个或多个相应的业务模块。

（1）采矿运营管理

煤炭生产企业要持续保持其优势和竞争力，必须加强资源的获取和开发能力、工艺技术及装备水平、生产管理能力以及市场及风险管理能力等关键业务能力。传统的煤炭生产型企业和由煤炭贸易型向煤炭产运销一体化转型的企业，都面临着同样的挑战。

采矿和运营领域按照不同规划、管控、执行，分为工程规划管理、生产计划、生产调度与监测、设备管理、QHSE体系规划、QHSE管理与监测、矿工定位等若干业务模块。

第一，工程规划与管理：主要活动包括编制规划、立项、可研、计划及预算、工程项目管理。为了增强企业核心竞争力，煤炭企业近年普遍加大了对煤矿资源的获取和开发力度，在一定时间内煤炭企业将一直处在煤矿建设和煤炭开采并重的时期。这些项目的进度、质量、投资需要进行有效管理合理平衡，其成效不仅影响煤炭企业短期的收入与成本，更关乎煤炭企业长期发展战略的顺利实施。

第二，生产—计划管理：主要活动包括生产计划编制、生产计划平衡与调整、生产计划执行与汇总统计。由于煤炭企业以前对基层煤矿的管理相对松散，多数尚未建立起完整的生产计划体系，与职能部门相关的业务流程需要进一步理顺，缺乏必要的技术手段及时掌握基层煤矿的生产动态信息和基础信息，同时多数煤炭企业生产调度环节与运销部门的业务计划的协同能力较差。

第三，生产调度与监测：主要活动包括信息采集、资源调配、跟踪与监测、平衡与组织、应急处置、统计分析。对于煤炭企业，生产调度与监测的重点工作包括对采区、工作面的实际作业情况的监测和作业实际的采集、归结，完善生产调度管理机制，组织均衡生产，及时协调、反馈，加强对瓦斯、通风、产量、人员定位、通风系统、供电、排水、提升、皮带等与生产相关的各类设备的运转状态的监测。

第四，设备管理：主要活动包括维护计划编制、备品备件管理、设备维修、设备维护、设备状态监测、设备台账管理。设备管理的核心目标是加强机电设备的基础档案及其维护管理，统一数据标准，建立统一的设备编码体系，加强对设备设施维护计划统一制订、执行、检查的管理，加强维修维护成本的预算管理，以及维修、维护成本和费用的核算工作，以降低维修成本，提高维修效率，控制服务、备品备件的采购成本，减少库存占用加强设备设施动态管理，分析掌握设备设施从购入、使用、维修、报废各环节情况，合理调配使用，提高资产利用率。

第五，QHSE体系规划：主要活动包括计划和指标管理、QHSE报告、风险评估、体检计划、合规性管理和审计、环境监测，相关活动包括煤矿采掘、生产调度与监测、人力成本管理、工程规划等。

第六，矿工定位：主要活动包括数据采集、统计分析、定位跟踪。部分煤炭企业已经建立基于RFID技术的井下矿工定位系统，但主要是通过固定在特定巷道段两端确定位置的RFID阅读器获取进出该段特定巷道的矿工安全帽上的电子标签，以记录该段巷道出入的矿工信息，无法准确进行人员空间定位。

（2）供应管理

煤炭企业供应链管理的目标是在满足客户需要的前提下，对从采购、物料管理、生产、配送、营销到消费者的整个供应链的货物流、信息流和资金流的各个环节进行综合管理，力争把物流与库存成本降到最低。随着煤炭企业供应链管理的需求日益提高，煤炭供应链管理不仅是煤炭从坑口向最终客户转移的物流过程管理，更是作为市场和资源的衔接枢纽，有效地满足客户差异化需求。

第一，供应—产销平衡（需求预测）：产销平衡是煤炭企业整个供应链协调优化的基础，在产销平衡的指导下，使后续生产、货源组织、运输、销售基于公司统一的计划运转，从而实现公司整体效益的提升。主要活动包括收集市场信息、需求预测、需求计划、产销平衡。对于煤炭企业，需要加强需求预测工作，设置专业人员负责需求、货源组织、生产、运输计划的平衡，细分客户市场，需求预测更准确，收集及共享国家宏观经济信息、煤炭供应信息、煤炭市场信息、大客户所处行业以及大客户信息等，帮助需求预测。

第二，供应—货源管理—煤炭采购计划：对于生产型的煤炭企业，物资和设备的采购是企业主要的成本支出，对于贸易型煤炭企业，外采煤销售将占据煤炭销售的大部分，良好货源管理一方面能保证供应的持续稳定性，另一方面可以实现采购成本、采购风险的下降，增加煤炭收益。货源管理中包含煤炭采购计划、煤炭供应商管理、煤炭采购管理。

第三，供应—货源管理—煤炭采购管理：贸易型煤炭企业通过煤炭采购获取煤炭资源，主要活动包括采购订单管理、采购结算、进口管理，相关活动包括应付会计、库存管理、质量检测等。目前，多数煤炭企业没有统一的采购管理和采购价格管理机制，采购价格随行就市，由具体的货源组织人员每次采购时与供应商协商，缺乏统一的采购订单跟踪机制，采购结算价格与煤质关联不够紧密。

第四，供应—物流管理：煤炭运输严重依赖铁路运力，在煤炭资源、铁路运力资源相对紧张的情形下，煤炭企业需要通过分配以及加工活动，来实现将合适的资源提供给合适的客户，提升客户服务水平，同时增强企业的获利能力。合理的运输计划分配、加工配煤业务的大力开展，是煤炭企业物流运输管理的关键。主要活动包括运输计划管理、配煤业务、车船调度等。

第五，供应—煤炭库存管理：煤炭企业的煤炭库存存在多形态、多实体的特点，决定了其库存管理的复杂性，其中煤炭的质量指标是决定煤炭价格的主要因素。库存信息全程可视化，准确、精细、及时核算库存，在途库存管理，防止库存的重复分配，将煤炭质量指标纳入库存成本计算是煤炭企业库存管理的关键。主要活动包括煤炭出入库、移库、库存盘点、库存调整。

（3）市场和销售管理

完整的煤炭市场与销售管理，不仅是企业与客户之间煤炭供需行为的管理，更是基于对客户差异化需求的理解，为客户提供适应的产品以及服务，提升客户满意度，提高企业收益的全过程管理。主要业务活动包括市场研究分析与市场策略、客户关系管理策略、信用和风险管理、销售计划管理、煤炭价格管理、销售合同管理、销售订单跟踪、销售应收结算和销售团队管理等。

第一，市场研究分析与市场策略：市场研究分析与市场策略是企业经营活动的重点，煤炭企业需要市场信息分析工具、统一制定客户分类分级策略、明确的销售渠道策略和完整的信息获取途径，来汇总分析市场策略的执行结果以及策略本身的待改进之处。主要活动包括收集市场与客户信息、分析市场与客户信息、制定客户管理策略、制定渠道策略、汇总分析。

第二，客户关系管理策略：目前，多数煤炭企业已经通过系统管理客户基本信息，但是缺乏客户主数据管理，客户基本信息存在重复、不完整的问题；没有对客户进行分类、分级的细分管理，没有实现为细分客户提供差异化的服务和产品；没有潜在客户的开发管理；没有市场活动的计划、执行、评估的相关管理；缺乏客户统计分析。主要活动包括客户信息管理、客户联系与服务、客户统计分析、开发客户、市场活动管理。

第三，信用和风险管理：主要活动包括客户信用政策制定、客户信用检查、客户信用申请、客户授信、信用超额管理、贸易风险管理。信用和风险管理方面，煤炭企业多数没有建立统一的客户信用管理组织、流程、制度，没有信息化手段支持客户信用管理机制，客户信用靠人工管理；没有明确的贸易风险管理机制，由个人收集信息并加上经验进行判断。

第四，销售计划：主要活动包括销售计划编制、销售计划执行监控、销售计划调整、汇总统计。煤炭企业目前存在销售计划性不强，销售计划大多按照年初拟订的铁路运输计划和生产计划拟订，与市场需求存在较大的脱节，并且没有销售计划执行监控机制。

第五，价格管理：主要活动包括收集价格信息、价格相关信息分析、制定价格策略、定价、价格执行监督。煤炭企业一般缺乏统一的销售价格管理组织、流程、制度，没有信息化手段支持销售价格管理，销售价格多采取“随行就市”的方式。

第六，销售合同和订单管理：主要活动包括购煤需求获取、销售合同拟定、销售合同审批、销售合同履行监控、合同变更、销售订单创建、销售订单跟踪。目前煤炭企业缺失销售订单跟踪管理机制，来实现对销售合同执行情况的跟踪。

第七，销售结算：主要活动包括数、质量差异处理、对账、催缴、结算、销售发票处理。煤炭企业的结算管理需要管理各种销售方式的结算，实现按质记价，与财务系统联动等功能。多数煤炭企业没有独立的结算组织，结算工作以业务人员和财务人员人工核对为主。

第八，销售团队管理：主要活动包括销售组织定义、销售人员管理、销售人员绩效统计、销售人员工作管理。

2.煤炭企业管控模式信息化需求

随着煤炭企业向集团化发展，研究煤炭企业信息化发展方向，规划煤炭企业信息战略，首先需要理解煤炭企业对下属公司的管控模式。通常煤炭企业对下属公司的管控有财务、战略、运营管控三种模式。从财务管控、战略管控到运营管控，管控力度逐渐增强，受业务特点、参股模式因素影响，煤炭企业往往对于不同产业模式的下属企业采取的管控方式也不尽相同。

（1）战略管理。

对于煤炭企业，集团董事会和经理层作为“司令部”，承担着战略、决策、投资和管理的职能，为下属公司制定相应的发展战略，是其首要任务。现阶段，煤炭企业多数面临由单一煤炭经营向煤炭产运销一体化转变，由传统产业向“高新尖”转变，由传统的管理模式向现代化管理模式转变，由产品经营向资本经营转变，企业的战略管理体系正在逐步建立，并将在业务发展和经营管理中发挥越来越重要的作用。

企业战略管理体系包括战略规划、战略执行与监控、战略评估、战略改进四个环节，多数煤炭企业正在逐步建立战略规划体系，高层领导已经明确了发展思路，战略规划环节的工作重点应放在战略目标分解和业务策略制定等方面，需要改进和加强的内容主要包括以下方面。

第一，收集相关的信息并进行分析，为领导决策提供数据支持，分析战略的具体实施策略，考虑应该使用什么手段、什么措施、什么方法才能实现各业务板块的发展目标。

第二，在战略执行与监控环节，煤炭企业多数已经建立了经营计划与预算编制的体系，但各部门的重视程度有限，尤其是月度计划往往不能很好地指导具体业务的实施，使得业务不能按照计划的步骤有序地开展，给战略规划的落地带来一定的障碍，影响了对战略目标的执行力。计划编制部门需要系统的有效支持，及时获得往年的经营数据，作为计划编制的数据支持，建立合理的模型来辅助计划的编制。

第三，煤炭企业战略质询、绩效辅导的手段和能力有待建立，尚未将战略执行效果与绩效考核建立有效的联系，由于信息不对称，多数煤炭企业总部与下属业务单元的统计口径和数据源不一致，阻碍了战略评估的落实。如何将战略目标分解到每一个员工的实际工作目标，并建立绩效考核体系，有效跟踪战略目标的执行情况是战略绩效考核环节信息化的关键工作。

第四，煤炭企业战略改进环节普遍缺乏相对准确的行业数据来支持战略的制定及改进，缺乏更为充分、准确的运营分析、管理决策数据，以支持战略改进。通过信息系统提供企业运行分析和管理决策的相关数据，将绩效考核的目标准确量化，才能有效地支持战略改进，以及下一步战略的制定。

（2）投资管理。

伴随着煤炭企业从“产品经营”向“资本经营”转变趋势，投资业务将占据越来越大的比重，投资管理日益成为煤炭企业的关键职能之一。一方面在国家煤炭产业政策的指导下，煤炭企业参与到积极探索煤炭工业可持续发展的实践中；另一方面也积极寻求和发展新的经济增长点。在当前煤炭行业整体发展的战略范畴中，投资管理发挥出越来越重要的作用。

煤炭企业目前在投资管理的过程中，信息发挥的作用还比较有限，缺乏一个有效的信息系统，能够将投资管理所需要的行业内外部信息、投资项目涉及的相关信息以及企业内投资需要调用的资源信息（如资金信息、预算信息等）进行整合和分析，难以对投资决策及实施提供有效的支持。此外，还缺乏投资后评估的具体操作细则，一方面没有设定合理的量化指标，有效地评估投资对煤炭企业经营的贡献或损失；另一方面尚未将投资后评估的结果与决策者的绩效考核挂钩，不能有效促进投资决策者提高决策的水平。

（3）财务管理。

财务管理是企业最基础的管控职能，煤炭企业的战略转型对财务管理提出更高的要求，除基本的会计核算外，要求提供更多的决策支持服务。在传统的财务管理体系中，财务部门更多的是关注对于会计交易的处理，这项工作占据了财务人员大部分的工作时间，而在报告、控制和战略支持方面，为企业提供的服务十分有限，不能发挥财务管理对于企业资源合理配置的重要作用。对于一个先进的企业集团，应当有效地实现业务与财务的一体化，减少财务人员用于处理会计交易的“记账”时间，而将更多的精力关注于为领导的决策提供支持、财务控制、财务分析和报告方面，提供更多的增值服务，为企业创造更大的价值。对于煤炭企业财务管理的核心业务包括会计核算、财务报告分析、预算管理和资金管理四个部分。

（4）人力资源管理。

人力资源作为企业关键资源之一，需要对其进行统一优化配置。随着行业企业管理能力的发展，煤炭企业人力资源管理体系正在从以事务性为主的人事管理向业务驱动人力资源管理转变。从组织管理、招聘录用、薪酬福利考核激励、员工发展与培训、员工聘用与异动几个角度来看，煤炭企业人力资源管理需要通过信息化建立具有预见性的人力资源计划体系，梳理相关业务流程，建立后备人力资源库，完善人力资源管理功能。

（5）安全生产管理。

煤矿的安全生产管理一直受到煤炭企业的高度重视。针对目前煤炭资源整合和企业转型的关键时期，多数煤炭企业专门成立了煤炭安全生产部门以加强在产煤矿的安全生产管理工作，以及基建煤矿的工程建设的安全管理等方面的监督和管理工作。但对照安全管理领域的最佳实践，目前煤炭企业在生产安全管理的几个主要领域，存在明显不足。主要表现在质量计划、质量控制、质量认证以及计量、职业健康、安全、环保的规划与管控领域。

（二）煤炭企业信息化规划建议

1.煤炭企业信息化规划的作用

企业的经营战略可分解出下级各个相关领域的战略，战略规划是其中的一个，目的是保证企业取得正确有效的信息，支持财务运营，进而辅助决策。以信息化带动工业化，需要企业的信息能够集成，并形成整体效应，煤炭企业的信息化工作，需要有明确的结合业务战略的信息化规划来实现，以成功应对市场环境和业务的挑战。煤炭企业通过信息化战略规划，将在以下三个方面对信息化工作起到重要促进作用。

（1）通过确定信息化规划，确定企业信息化战略目标，支持业务战略，推动业务发展，保障信息化目标与企业经营战略目标紧密耦合。

（2）通过全局性研究和分析，明确整个煤炭企业在未来时期内的综合信息技术能力。煤炭企业信息技术战略规划描绘了煤炭企业未来信息化的蓝图，并探究了如何获取与整合这些信息技术。

（3）通过信息技术战略规划工作，将信息化与煤炭企业的其他关键成功因素紧密结合，包括业务策略、组织结构、业务流程、管理体系等。

2.信息化规划工作方法建议

（1）确定信息化规划工作的具体目标。

煤炭企业信息化规划的总体目标是根据企业的发展战略、管控模式，重点分析煤炭产业，总结集团对下属公司管控的信息化需求，煤炭业务的信息化需求，同时兼顾电力、化工、冶金、煤机制造等企业内相关产业通用业务信息化需求，制定总体信息技术战略、信息架构、应用功能架构，明确信息化规划时间范围内信息化项目的实施规划，为企业信息化投资提供统一的建设框架，充分发挥IT基础设施及IT先进技术的作用，提高生产效率、促进企业范围的信息共享和资源的有效管理，提高信息化建设的投资成效，通过有效的信息化建设促进煤炭企业战略目标的实现。具体规划要求一般包括如下几个方面：

第一，煤炭企业现状分析，包括集团战略、管控模式、集团管控核心流程分析、煤炭板块核心流程分析以及其他产业板块通用流程分析，如财务管理、人力资源管理、生产与安全管理、运销管理、资产设备管理、供应链管理、投资项目管理等。

第二，国内外同行业领先信息化实践对比分析，通过对比分析，找出目标煤炭企业在信息化方面存在的差距和不足，确定信息化建设的重点方向。

第三，根据现状调研成果和访谈结果，经系统的分析论证，确定煤炭企业信息化需求。

第四，根据企业信息化需求，制定IT建设远景、目标和原则。

第五，制定煤炭企业信息化的业务架构，应用系统架构和信息架构以及应用间信息流转关系。

第六，定义企业未来信息化建设的应用系统项目，根据煤炭企业现状，制订上述应用系统的实施计划，估算各应用系统的投资。

第七，系统阐述项目实施的成功要素和风险对策分析。

（2）明确信息化规划工作的具体范围。

根据煤炭企业自身业务范围不同，以及对信息化规划工作的定位不同，导致信息化规划工作的具体范围差距。一般需要从组织范围、业务范围和技术范围三个维度明确具体工作范围。

第一，组织范围：煤炭企业信息化规划一般从煤炭企业总部的角度出发，进行信息战略规划，横向上重点关注煤炭产业，兼顾企业内其他相关产业，纵向上包含集团总部、各职能部门和下属参控股企业。

第二，业务范围：煤炭企业信息化规划，重点需要梳理企业业务现状以及对信息化需求进行分析，具体业务范围一般包含煤炭企业对下属公司的管控流程、煤炭产业和其他相关产业的核心业务流程，如财务管理、人力资源管理、生产与安全管理、运销管理、资产设备管理、供应链管理、投资项目管理等，各下属公司独立的业务运营层面的业务操作将不进行分析。

第三，技术范围：信息化总体规划的技术范围，根据具体需求可以进行适当的增加和裁剪，一般包含煤炭企业战略理解、集团对下属公司的管控模式理解、核心流程分析、企业IT现状分析、领先实践研究、集团信息化需求确定、集团应用架构规划、集团信息架构规划、项目实施计划。

3.煤炭企业信息化规划重点注意事项

煤炭企业信息化整体应用水平较低的一个重要症结是多数企业在信息化之初没有进行总体规划。而进行信息化规划的企业也有很多存在规划定位偏离整体战略，与企业实际业务脱节，落地实施困难等问题，最终沦为纸上谈兵。做好煤炭企业信息化规划工作，除了需要依照成熟的方法论指导之外，还应注意以下几个方面。

（1）选择适当的信息化规划时机。

信息化总体规划是企业信息化建设的重要组成部分，必须进行总体规划。根据诺兰阶段假设理论，在引入阶段企业首先利用信息化解决一些局部但非常关键的管理问题，如财务会计系统、仓库管理系统、办公自动化等，该阶段采取急用为先的原则，通过建立基本应用系统，快速改善企业的基础管理。当企业信息化发展到扩展阶段时，企业的信息化目标是通过集成的业务处理系统，进一步降低管理成本，提高企业效益，该阶段是企业信息化建设的快速膨胀期，如果在该阶段，未进行系统的信息化规划，仍采取头痛医头、脚痛医脚的建设方式，将给未来信息化工作埋下信息分散、应用难以集成、重复建设等重大隐患。

信息化规划时机选择的另一个重要因素是企业的自身经营发展状况。信息化服务于企业经营，具体需求主要来自核心业务，对于煤炭企业，一般当企业面临大规模并购重组、企业转制、产业调整或者阶段性经营战略规划完成等重要时期时，往往是信息化规划的良好契机。

（2）明确信息化规划定位，统一信息化思路。

煤炭企业信息化应本着“经营为本，管理为纲，信息化为手段”的原则，并用这一原则来统一企业领导和全体员工的认识。现阶段，多数煤炭企业属于大型国有企业，以粗放式管理为主，对于信息化的认识仍然不够深入。而企业信息化工作，需要首先明确信息化规划定位，企业上下高度统一信息化思路，煤炭企业信息化规划之前，需要企业内部的高层领导对信息化的重要性具有足够的重视。同时，企业的信息化存在于技术、生产、销售、财务、物控等方面，需要主管业务部门全力配合推进。如果陷入信息化规划可有可无，或者信息化规划单纯属于技术部门工作的误区，将使信息化规划很难达到预先设定的目标，甚至最终流于形式。

明确信息化是为企业经营服务，企业信息化规划需要与企业经营和管理紧密契合，并随着经营和管理的调整而动态调整，因此企业信息化规划不是简单的办公自动化或者业务软件化，片面追求通过信息系统准确、快速获取信息，而忽视了信息化是为企业经营管理服务的工具这一本质特征，是多数企业信息化存在的一个典型误区。

（3）站在全局角度，侧重价值分析，避免盲目投入。

总体规划信息系统，集约建设，避免重复投资是企业信息化规划的一项重要职责，要求企业站在全局考虑信息化整体的规划，打破机构部门之间的限制，从企业整体的发展战略、市场定位、业务目标出发，勾画出企业的未来发展蓝图、关键成功要素和核心业务流程。很多企业在信息化规划阶段，认识到了信息系统集成性和整体性的重要性，但是对于企业自身现状缺乏充分分析，忽视企业的管理基础及所处的环境，盲目追求信息化规模和技术先进性，期望目标值与企业实际相去甚远，从而使项目在未来实施过程中受阻于预算投入，或者投入产出比过低，影响企业信息化建设信心，导致信息化工作的最终失败。

企业信息化存在实施的成本高、影响范围广的特点，要求企业在信息化规划阶段，应对实施项目进行成本测算，首先需要对企业信息化进行准确定位，基于定位对信息化战略价值、竞争价值进行分析，通过分析来明确信息化为企业创造的价值，并进一步测算具体项目的投入产出效率，以及实现的项目计划、组织、培训工作、投资预算，进行投资效益分析，提出风险及防范措施等。如果投入产出效率不明显，或者不能在预期的经营期间实现收回投资、产生预期的社会效益或者经济效益，那么就不应全面地实施信息化系统，应根据企业的经营需要分阶段实施，先评估并在最需要并能实现其最佳效益的部门推行。

（4）注重信息化规划时效性，持续优化。

企业信息化是一个长期性的系统工程，所以它需要企业资源、经营环境、人才、企业文化等许多方面条件的保证。同时，企业信息化受国家政策、宏观经济、行业发展、IT技术发展、企业自身状态等因素的制约和影响，需要根据客观环境的变化及时调整，持续优化。企业信息化规划的时间跨度一般是三年到五年，在规划制定后的每年都要根据形势的变化、面临的新环境、企业的新发展和信息技术上的新趋势等因素对其做出相应调整和完善。

（5）选择合适的服务提供商和解决方案。

煤炭企业信息化咨询服务属于业务技术整合咨询服务，不同于普通业务咨询服务，也有别于应用系统建设实施服务。服务提供商的选择，要求熟悉煤炭行业业务，具备高端IT咨询服务能力，同时还可以提供与之相适应的软件产品和实施服务。好的服务提供商必须有一个多元化的管理咨询团队，咨询顾问熟悉企业管理模式及国内外先进的管理思想，深入了解中国企业在信息化建设中经常出现的问题和解决方法。实践证明，煤炭企业通常选择具有煤炭或者相关行业信息化实践经验的国际领先IT咨询服务提供商，这些熟悉中国国情和煤炭企业现状的服务提供商，能够为企业提供从信息化建设的规划、信息化建设技术和产品的选择到信息化建设实施过程的全方位服务。

（三）煤炭企业信息化实施建议

1.煤炭企业信息化重点应用系统

企业信息化建设的核心是业务应用系统的规划和建设。通过搭建满足煤炭企业未来发展需要、具有高度系统灵活性和业务可扩展性的应用系统架构，为煤炭企业打造一个管控一体化的信息管理和共享平台，提高企业的竞争能力和对外部不断变化市场的快速响应能力，提升主营业务的科技进步和管理创新水平，最终实现建设具有强大竞争力的发展战略目标。随着煤炭企业逐步向集团经营化发展，需要从集团层面统一信息化规划，在统一规划指导下，整合安全生产、供销、物资、财务、人力资源管理等企业应用，达到煤炭产供销一体化的目标。煤炭企业在信息化建设实施过程中，需要整合建设以下四个方面的应用。

整合安全生产管理应用：建设统一的生产管理系统，管理生产主计划，实现煤矿安全生产的远程监控；建设生产执行系统，实时监控井下人员、设备、安全、生产信息，并负责具体生产调度和现场指挥；建设统一的QHSE平台，负责企业各层级的质量、健康、安全、环保管理。

整合供销管理应用：建设企业级的供销管理平台，整合煤炭供应商、客户信息；实现煤炭库存信息的全程可视化；实现煤炭资源、运输资源在企业内的优化配置；实现供销与煤炭生产的协同。

整合物资设备管理应用：整合企业的物资管理，实现物资采购、仓储物流的逐步集中管理；优化物资库存水平，在提高物资供应的连续性的同时，减少库存积压；通过集中采购、集中结算，改善供应商的关系，降低物资供应风险和成本，加强集团对下属公司的管控。

整合财务、人力资源管理应用：实现资金、人员等核心资源在企业的优化配置，整合财务系统，实现财务管理一体化；整合人力资源管理系统，实现人力资源管理一体化；整合业务系统、财务系统，实现业务财务一体化。

（1）煤炭生产安全类系统。

煤炭生产安全类系统是煤炭行业信息化发展历程中系统建设的投资重点。对于煤炭企业，煤炭生产安全类系统是企业信息化解决方案的核心组成部分，包括面向集团安全生产管理人员的生产管理系统和面向煤矿的安全生产管理人员的生产执行系统。煤炭行业经过多年的建设积累，煤炭生产安全类系统相对其他领域应用，体系架构更加成熟。由于需要与煤炭生产的自控系统衔接，煤炭生产安全类系统一般集成了地理信息系统、实时数据库和OPC（OLE for Process Control）等数据存储和集成技术，通过与矿井安全监测系统和其他自控系统集成，及时获取煤矿安全生产、设备工况等实时信息，方便煤炭企业安全生产管理人员及时获取生产现场信息，有效决策，最终实现在企业范围内综合平衡资源、协调统筹，从而实现煤炭企业产、运、销一体化的战略目标。

（2）煤炭供销综合管理系统。

作为煤炭行业一个全新供销理念的支持，供销综合管理系统需要以煤炭供销业务为基础，能够很好地完成煤炭供销存、进出口贸易业务的管理，支持“统一营销、统一结算”以及配煤业务的发展，帮助实现煤炭资源、运输资源的有效组织和分配。解决煤炭货源组织、运输、销售、结算业务相互脱节的问题，加强了煤炭站存、运输、销售业务的统一协调和控制；解决了煤炭企业各级库存数量不准确的问题，实现了煤炭库存的全程可视化。

（3）物资和设备管理类应用。

生产型煤炭企业属于资产密集型企业，煤炭生产物资和设备的管理是应用于煤炭领域的物资和设备等资产管理解决方案，为煤炭企业提供物资在线采购、合同管理、采购管理、库存管理、资产信息管理、维修维护管理等资产的全寿命周期管理。物资和设备管理系统需要以煤炭企业资产为核心，以企业物资、设备生命周期管理为主线，结合物资、人员及仓储信息安排物资采购和资产管理活动，将设备管理、物资管理、工作管理、库存管理、采购管理、资源管理、成本管理等集成在一个数据充分共享的信息系统中，支持多法人机构、多部门物资设备的统一管理。物资和设备管理类系统一般由物资综合采购平台和企业内部的物资设备管理系统两大部分组成，通过提高物资设备利用率和运行效率，实现煤炭企业最佳运营目标，降低生产成本，最大化企业净利润。

（4）企业内部管控类应用。

煤炭企业内部控制类的系统包括内控管理系统、财务管理系统、人力资源管理系统、预算管理系统和企业绩效管理系统等。

第一，内控管理系统：煤炭企业建设内控管理系统的主要目标是采用信息化手段来支持内控体系的建设，降低企业经营风险和决策风险；加强对业务活动的各风险点的风险识别与控制，推动风险减缓或规避措施的执行；加强审计管理和审计后续整改工作的跟踪；通过信息化手段提高内控工作的工作效率。建设内控管理系统的重点考虑因素包括：首先从重点业务入手，逐步建立覆盖所有业务活动的内控管理体系；有效的内部控制与工作效率的平衡；内控体系建设是一个逐步发展完善的过程。

第二，财务管理系统：财务管理系统是企业内部控制管理的重要系统，也是企业信息化起步最早的应用系统。对于煤炭企业，财务管理系统需要实现会计核算与预算管理、资金管理以及业务管理系统的集成，使财务人员减少处理会计交易的时间，将精力转移到报告、控制等规划和管控层面的工作中，为企业决策提供支持；实现对财务数据的多维度分析，合理进行收入的确认和费用的分摊，支持财务分析、经营分析和获利能力分析，为企业决策和绩效考核提供支持；实现资金存量管理、资金流量预测和资金预算控制，加速资金运转，降低资金风险、提高资金盈利能力。

第三，人力资源管理系统：对于煤炭企业，人力资源管理系统建设的目标是构建从基础人事管理到人力资源管理，最终实现人力资本管理。具体包括：实现人事管理的标准化、信息化，建立人事管理信息采集体系；通过信息化手段，实现人事管控、考核、后备干部管理、人力资源发展等方面的提升，从而提高人力资源管理水平；实现人力资源在集团范围内的协同共享以及有效分配，实现领导层对人力资源管理的决策支持，使人力资源体系能满足业务价值提升的要求。

第四，预算管理系统：全面预算管理是目前企业信息化的重点方向。对于煤炭企业，通过制订企业级全面预算管理解决方案，为企业经营预算整体规划和动态控制管理提供信息化支撑，管理公司整体经营活动的一系列量化计划安排。通过预算管理系统，细化公司整体战略发展目标和年度经营计划，确定各分支公司和部门具体可行的经营目标。通过预算管理系统，对预算执行过程进行事前、事中、事后有效控制，强化企业在年度经营过程中控制和监督业务执行能力，及时发现执行中存在的偏差。预算编制是执行过程中进行管理监控的基准和参照，预算执行效果分析是企业各分公司和部门绩效考核的重要基础。

第五，企业绩效管理系统：煤炭企业实施企业绩效管理系统的目标是建立统一的战略管理与绩效考核体系，提升企业的管理决策水平，保证的集团战略目标得到良好的贯彻执行。具体包括：通过系统提供的规划模板、指标定义、流程管理等工具，统一规划编制内容和流程，提高规划编制效率；同时能够帮助决策者模拟、分析、监视、优化及交流企业战略方面的决策；及时了解企业业务经营运行状态，汇集业务经营管理数据；选择平衡的、全方位的评测指标，对这些评测指标的进展情况进行合理的评估和分析，并根据评估结果制订工作计划，纠正偏差，提高战略决策分析水平，使企业始终朝着正确的方向发展；通过与预算管理系统相结合，保证业务决策与预算编制的统一协调，并实现闭环监控与管理。

（5）基础服务类应用。

煤炭企业基础服务类的系统主要包括主数据管理系统、企业服务总线、统一支付平台、统一信息平台等。基础服务类应用是煤炭企业诸多管理、业务类应用系统的基础和信息系统战略（如实现企业架构SOA模式等）的基础和必要前提。

2.煤炭企业信息化实施策略要点

煤炭企业信息化建设的实施，需要结合企业信息化建设现有成果，与煤炭企业业务的发展目标和趋势相适应，项目建设成果既能满足业务的阶段性发展要求，又能实现煤炭企业信息管理的最终目标。

（1）煤炭企业在信息化工程建设中需要遵循的主要原则。

第一，强化业务规范，推进相关部门职能梳理和业务优化。信息化建设的最终目标是服务于业务管理工作，同时基于信息化工作的业务流程梳理对业务管理流程的进一步规范和统一有着重要的推动作用。针对煤炭企业目前业务系统建设较为零散的现状，一方面与企业自身信息化发展水平相关，另一方面与目前多数煤炭企业业务分散粗放管理模式密不可分。要提高煤炭企业业务的管理和服务水平，特别是经过统一信息化规划后的煤炭企业，需要梳理符合企业业务要求的业务管理规范；同时建设集中式的信息系统是确保煤炭企业业务管理规范得以严格执行的关键措施之一。通过信息化实施，推行统一业务管理办法和流程，实现煤炭企业安全生产、煤炭供销、物资设备以及内部管控等方面的规范化管理，全面提升业务经办能力和信息化水平。

第二，加强工程统一领导，建立多层次的工程管理体系。煤炭企业的信息化涉及组织内多个部门和下属单位，工程边界范围大，实施地域广泛，需要项目的建设单位及承建单位要有强有力的组织保障体系方可保证大型工程项目的成功。煤炭企业信息化的成功推进，需要明确项目主管领导，成立统一的信息化工作领导小组，建立适应工程建设客观需要、分工合理、职责明确的工程管理体制，加强工程重大事项的决策统筹和协调工作，加大重点工程的执行和推进力度。

第三，充分利用现有信息系统资源，避免重复建设和资源浪费。正确处理本期工程系统与前期已建信息系统建设项目的关系，充分利用各地现有业务信息系统和基础设施资源，现有计算机设备、数据中心设备、网络系统和部分应用软件等，在经过改造和调整后纳入本期工程。

第四，正确处理统一和分散的关系，合理协调企业总部和下属公司信息化建设。对于煤炭企业，多数在信息化规划过程中，将集中统一作为系统建设的总体目标。在具体实施过程中，需要适当考虑煤炭企业的特殊情况。在系统建设中要坚持高度集中统一核心系统部署，坚持基本业务系统的统一和数据标准的统一。在此前提下正确处理目前各下属企业业务发展现状和业务发展不平衡的矛盾，针对特殊情况适度进行必要的差异化处理，同时差异化功能的设计和开发，必须在企业集团总部的统一管理和组织下进行，尽可能将本地化功能控制在最小范围内。

第五，统一规划，突出重点，分步实施。煤炭企业信息化的建设周期一般持续时间较长，为了充分发挥工程建设的效用，信息化建设必须分清轻重缓急，逐步进行。总体安排上，在工程实施前期，通过IT战略规划和应用架构设计，统一规划业务流程、确定工程统一应用架构；在工程实施上，考虑不同业务系统推行的难易程度，先易后难，分步实施，以减少推行难度，加快工程最终目标的实现；在系统后期推广和运营维护阶段，充分考虑各类应用系统的差异、煤炭企业现有信息化基础的差异、业务模式统一程度的差异等因素，重点关注核心业务系统的实施推广和后期运营服务工作。

（2）煤炭企业信息化实施的具体策略。

第一，统一应用架构设计，从现实和愿景的分析出发，设计的业务架构、应用架构、数据架构、基础技术架构四个层次的应用架构。设计未来系统的业务模型、应用模型、数据模型和软硬件环境等。从企业内统一应用系统建设的高度出发，对业务、应用、数据、技术等内容进行架构设计，充分考虑系统的整合性、可扩展性、高能性等客观要求。

第二，引入PMO项目群管理机制作为项目的整体管控机制，降低工程实施管控风险，保障项目顺利实施。从煤炭企业组织机构自身来看，信息化实施工作可能面临高层领导支持力度不够、业务部门参与度不高、部门间协调困难、系统建设由IT驱动而不是业务驱动等问题；从信息系统承建单位的角度看，可能面临参与方多、甲方的管理失控、承建商过度承诺无法兑现、承建商得不到应得的利益、实施团队缺少大项目管控经验等问题；从工程管理角度看，可能面临进度压力巨大、预算不足但期望过高、项目质量难以保证等问题；从煤炭企业信息化自身特点看，下属煤矿的系统实施，建设后期运营规划等运营管理工作，通常超出煤炭企业自身项目管控能力。对于上述问题，在整体项目进行的过程中，引入项目群管理办公室机制，通过项目群管理办公室整个信息化实施，向上替领导层掌握项目进度，向下监督各子项目的实施状态，并为各级业务部门提供沟通协调、运营组织与专题咨询的服务，是降低工程实施管控风险，保障项目顺利实施的重要手段。

（四）煤炭企业信息化管控建议

信息化管控的目的是企业通过管理IT投资以创造价值的一种业务能力。IT管控的目标是如何帮助业务部门充分利用IT能力提升业务价值，而不是管理IT技术部门。IT管控作为控制IT投资产生业务价值的方法，是信息化建设的基础，对应用系统架构、基础设施以及数据管控提供了在决策和执行上的有效保障。对于煤炭企业信息化，尤其对于企业级信息系统的建设，IT管控架构切实保障了其全生命周期的有效协作、管理和控制，保证了IT投资可以有效产生业务价值，促成煤炭企业向经营管理型企业的转型。

良好的IT管控可以将煤炭企业的信息化建设推向价值链的更高端，从“服务提供者”向“价值创造者”逐步迈进，同时也可以帮助煤炭企业更好地控制IT投资与运营风险，确保信息化建设的稳定执行和建设后的有效运作。

1.煤炭企业对IT管控的需求

归纳出煤炭企业对IT管控的需求，主要包括下列四个方面：

规划：规划需求是指在总体上对信息化管控进行控制，从IT管控上保证IT战略与企业战略的一致性，同时确保信息化建设具有一定的前瞻性和可行性。煤炭企业在IT管控的整体规划方面的具体需求为：对企业信息化进行有效一致的规划和控制；企业信息化可以有效支持企业业务发展的需求；保证企业信息化的执行力。

组织：组织需求包括进行IT管控的实际职能与执行部门。煤炭企业在IT管控组织方面的具体需求为：明确IT管控组织和有效推进信息化进程。

绩效：绩效需求是对信息化投资的衡量。在煤炭企业的一个完整信息化周期过程中，需要制定一套合理的方法以对信息化投资的投入和产出进行控制。煤炭企业在IT管控所实现的绩效方面的具体需求为：明确IT投资目标和优先级；对IT投资制定有效的考核指标和指标制定方式。

流程：流程需求是实现IT管控行为和IT管控职责的一系列操作步骤。通过IT管控组织对IT管控流程的执行，才可以实现IT管控的效果。煤炭企业在IT管控所实现的绩效方面的具体需求为：统一明确的IT管控规范和职责分配；制定明确的IT管控角色和IT管控流程，有效协调业务部门与IT部门的合作关系。

2.煤炭企业IT管控模式

IT管控能力成熟度描述了企业在IT管控的各个能力上所运作的成熟程度，也体现了企业通过信息化来实现其业务能力和业务价值的具体能力。

IT管控模式是企业在IT管控上采取的一种角色职责分置的状态，也是企业IT战略传达和执行的一种模式，它同时也描述了企业对于IT投资的控制方式。IT管控模式的体现形式就是IT管控组织的构建。而IT管控流程是具体实现IT管控能力的措施。通过对IT管控流程的设计、执行和维护，可以有效加强IT管控、提升IT管控能力。煤炭企业的IT管控可以分为两个阶段：建设期和运维期。针对不同时期，IT管控模式的设计方针有不同的侧重点。

建设期侧重于加强领导力：在信息化建设期，煤炭企业将有大量的信息化项目需要展开，需要强大的领导力来推动信息化建设；信息化建设涉及多个业务部门，信息化的建设不是某个部门牵头能够完成的。只有通过加强领导力，在多个部门之间协调，才能保证企业信息化建设的顺利进行。

运维期侧重于加强支持能力：建设期高峰过后，IT管控的重心将转向运维。在维护期，将有大量新建设的系统需要维护，这时需要的是强有力的支撑能力，煤炭企业可通过拥有各项专业技能的人员所建立的专家模式团队来提供系统的运维支撑。

信息化管控模式一般包括集中管控模式、联邦制管控模式和分散管控模式三种。集中式管控模式由IT部门统一管控和发起所有项目的投资、建设和运维；联邦制管控模式由IT部门与业务部门联合进行IT管控，各自负有明确的职责；分散式管控有业务部门独立负责IT项目的投资、建设和运行，IT部门负责提供技术支持。对于煤炭企业，尤其是大型煤炭企业采用联邦制的IT管控模式可以较好地协调企业内部的信息化需求，通过IT管控模式的变革，可以促进煤炭企业IT组织由此“职能型组织架构”向“价值型组织架构”转变和优化。在联邦制IT管控模式下，煤炭企业可以得到更好的IT管控效果：

（1）有助于实现企业级的信息化建设，建设企业高层参与的IT管控组织对于推动企业级的信息化建设具有重大意义。

（2）实现跨部门的协作，通过IT管控组织的协调，可以对人力资源进行更好的管理和协调，同时建设强有力的协商机制。

（3）通过IT管控组织对企业的标准化和架构进行有效控制，确保未来系统的可集成性。

（4）信息化实施小组直接对信息化建设项目负责，可以更好地保障信息化建设项目的质量。

（5）有效利用资源和IT资产进行信息化建设，提高利用率，降低信息化成本。

3.煤炭企业IT管控组织建设

煤炭企业IT管控组织建设包括整体IT管控组织架构和信息化实体部门组织架构两部分。整体IT管控组织架构是在宏观上进行企业级信息化建设以及相关协调工作所组建的组织架构。整体IT管控组织架构的设计出发点包括充分保证信息化战略与企业战略的匹配，以及信息化战略在煤炭企业的执行；加强信息化建设的领导力，统一管理与协调企业级信息化建设；保障信息化建设中的协调沟通和部门间的业务衔接；保障信息化从系统建设顺畅转入运维；加强信息化项目建设。信息化实体部门组织架构是信息化部门内部分工、共同承担企业信息化职责的架构和模式，信息化实体部门组织架构设计的出发点包括确定信息化部门的组织架构；明确信息化部门的组织组成和相应职责；对企业的整体IT管控行为提供支撑；保障对信息化的管理和运维，落实关键岗位相关职责并明确其能力需求。

煤炭企业尤其是大型煤炭企业，在信息化建设和运维工作中有大量协调和统筹工作，因而建议煤炭企业为企业级信息化建设设立专职的CIO，成立信息化指导委员会及其办公室、项目管理办公室和项目实施小组来有效解决这些实际已发生的问题。CIO作为企业整体信息化的负责人，至少处于企业业务分管领导级别，将会专职、全面负责企业信息化，对信息化进行总体的协调和统筹；信息化指导委员会作为企业信息化的最高决策层，直接向董事会负责，由董事长直接领导，结合业务和信息化的领导对企业的整体信息化进行决策和统筹；信息化指导委员会下设的指导委员会办公室作为执行机构，监督和保障企业信息化指导委员会所确立的信息化战略和信息化建设的执行；项目管理办公室的主要职能是对项目进行整体管理、监控和支持，目标是项目管理行为的有效实施和最大限度地达到信息化投资目标；在项目的实施过程中，项目实施小组的设立可以让信息化运维部门和相关的业务部门/二级单位更好地参与到项目建设过程当中，积累必要的技术和知识，建设和强化煤炭企业的内部信息化团队。

4.煤炭企业IT管控流程建设

对于煤炭企业IT管控，其核心流程在于如何帮助企业做出、发起并且执行正确的IT决策，从而帮助业务部门充分利用IT能力提升业务价值。IT管控组织对IT管控流程执行的效果，决定和体现了IT管控的业务价值。企业信息化管控流程一般包括信息化规划、信息化项目审批、信息化项目建设、衡量投资绩效、建立和管理标准五大流程组（见表3–1）。

表3–1　IT管控流程组

流程	定义
信息化规划	拟定信息化整体规划并管理信息化整体规划使之与企业业务方向匹配。信息化整体规划的制定需要考虑企业战略和业务需求。
信息化项目审批	制订投资计划并管理投资计划使之与企业业务方向匹配。投资计划的制订需要符合企业战略目标。
信息化项目建设	按照计划的时间和费用来实施项目。 确保项目质量，根据既定的目标衡量业务收益。

续表

流程	定义
衡量投资绩效	针对既定的业务目标，衡量IT投资绩效。 开发和维护IT投资绩效衡量的方法。 通过衡量和激励机制管理并不断促进信息化投资绩效。
建立和管理标准	管理IT投资，确保其与定义好的标准一致。 建立与管理系统实施和维护的相应标准。

第四章　中国煤炭工业市场秩序的规范

建立规范的煤炭市场秩序，是保障煤炭经济正常运行的必要条件，也是政府对煤炭工业进行宏观调控的重要手段。规范我国煤炭市场的运行要按照社会主义市场经济发展的要求，充分发挥市场配置资源的基础性作用和政府调控市场的作用，通过维持煤炭供需总量基本平衡、建立健全有序的煤炭流通体制及完善煤炭市场的宏观管理体系等，构建规范煤炭市场的保障体制。

第一节　保持煤炭供需总量基本平衡

一、国家对煤炭供需总量调控的演变

新中国成立以来，国家对煤炭供需总量的调控主要依靠政策和行政手段。国家的方针政策和行政手段总的来说可分为保障煤炭供应和限制煤炭盲目生产两类。在计划经济时期，由于煤炭供不应求，国家所采取的政策基本上都是鼓励增产，保障煤炭供应。改革开放以来，特别是向市场经济体制转变以来，煤炭供应由紧张转向缓和，进而转为生产过剩，供大于求。国家进行结构调整，实施关井压产和扩大出口的政策和措施，对煤炭生产总量采取宏观调控措施，实行限产压库。

在20世纪80年代以前的煤炭短缺时期，为了改善煤炭供不应求的紧张局面，党中央提出“以钢为纲，以煤保钢”“煤炭工业是国家工业化的先行工业”的方针。根据这个方针，国家对煤炭工业采取了多项促进煤炭增产和节约的政策措施，如投资向煤炭工业倾斜、开发五大露天煤矿、对统配煤矿实行投入产出总承包、逐步调整和放开煤炭价格，以及大力发展乡镇煤矿等。这些政策措施，对促进煤炭工业的高速发展和煤炭产量的急剧增长，都起到了重大作用。

20世纪80年代中期以来，乡镇煤矿发展迅速，煤炭产量过剩，社会库存急剧增加；煤炭市场疲软，市场无序竞争，煤炭价格过低；煤款的拖欠更趋严重。此外，环保法和节能法的深入贯彻，也使煤炭市场需求减少。特别是非法开采的乡镇煤矿的违法经营，进一步加剧了国有煤矿的困难，也侵犯了合法经营的其他煤矿的正当权益。煤炭工业面临危机，国家不得不采取强制措施，限制煤炭产量盲目增长。

已经采取的强制限产的政策主要是从年度计划下达限产指标，国有重点煤矿下放和整顿乡镇煤矿，直至采取“关井压产”的强硬措施，限制煤炭产量的盲目增长。

改革开放以来，国家对煤炭市场的宏观调控，从总的方向来说，对促进煤炭生产发展，满足市场需求，以及煤炭供需由计划经济体制向市场经济体制平稳、有序过渡等方面，都起了关键性的作用，基本上是成功的。但其中也有某些失误和值得吸取的经验教训。比如在20世纪80年代，就采取了大力鼓励煤炭增产的政策，提出“有水快流”的口号，特别是在放手发展乡镇煤矿的同时，相应的管理、监督机制和配套的政策法规没有及时跟上，造成了乡镇煤矿发展的严重失控。虽然当时对满足煤炭需求发挥了重要作用，有利于整个国民经济的发展，但是其消极影响是很大的。进入20世纪90年代后，在煤炭市场疲软的形势下，这种消极影响更加明显，不仅冲击了煤炭市场，安全生产事故增加，而且对煤炭资源的开发利用以及国有煤矿的生产经营都造成了严重后果。在这种情况下，国家采取了限产和整顿乡镇煤矿，直至“关井压产”的措施，以恢复煤炭市场的平衡。

二、国家对煤炭供需总量的调控要坚持“两手”

今后继续调整结构，对浪费资源、质量低劣、技术落后和污染环境的乡镇煤矿，要整顿和关闭。小煤矿数量及产量占的比例还须减少。今后煤炭需求呈稳步上升的趋势，煤炭供应增加。为此，今后煤炭供需总量的调控应主要加强以下方面的工作：

（1）按照产业政策、技术政策等继续压减小煤矿数量，控制其产量，按照国家“关闭破产”政策，要发展大矿，关闭小矿，淘汰落后的矿，继续关闭一批破产、资源枯竭、成本畸高、扭亏无望的国有煤炭企业，从2000年开始，用3年的时间逐步淘汰落后的生产能力。淘汰标准为：晋陕蒙地区单井生产能力9万吨/年以下，新甘宁青、京津冀豫和东北以及华北地区单井生产能力6万吨/年以下，其他地区单井生产能力3万吨/年以下的煤矿，以及采用非正规采煤方法的煤矿、环境污染严重的高灰高硫煤矿和安全状况不好的煤矿。根据国家经贸委公布的重复建设项目目录，停止建设以下四类煤矿：第一类是单井井型低于以下规模的煤矿项目：山西、陕西和内蒙古地区15万吨/年，新疆、甘肃、宁夏、青海、北京、天津、河北、东北以及华东地区9万吨/年，西南和中南地区6万吨/年，开采极薄煤层及不稳定煤层3万吨/年。第二类是采用手工开采和穿洞式巷采等落后开采方法的煤矿开采项目。第三类是商品煤达不到国家环保法规要求的各类高硫煤矿。第四类是资源回收率低于50%的新建煤矿项目。

（2）形成合理的煤炭企业组织结构，使大型企业集团逐步增多，全国还有近2.5万个煤矿，规模普遍太小，乡镇煤矿有2.2万个，占90%左右，产业集中度太低，自身缺乏调控市场、调控供需平衡的能力。按照《煤炭工业“十五”计划和2015年发展规划（草案）》制定的企业组织结构调整目标，“十五”期末形成1~2个生产能力1亿吨、5～6个生产能力在5000万吨以上的特大型煤炭集团。到2010年，形成2～3个煤炭生产能力在1亿吨以上、7～8个5000万吨以上的以煤炭产品为基础的煤电路港航综合经营的特大型企业集团。这些企业集团的煤炭市场占有率占国内市场的50%以上，基本形成比较合理的企业组织结构。煤炭企业集团及联合体，将逐步具备调控供需平衡的能力。

（3）要加强煤炭市场供求预测，及时发布准确信息，指导煤炭生产、建设。在计划经济体制下，煤炭主管部门和煤炭企业重视煤炭生产，对煤炭市场的研究重视不够。在煤炭主管部门的组织下，一些研究机构进行过多次煤炭中长期供需预测和产需平衡研究。20世纪80年代末期、90年代初期和中期，国家及部委所属研究机构取得的研究结果是：2000年国内煤炭需求量在14亿吨以上。按照当时的经济发展状况看，预测结果是有科学依据的，由于后来对预测结论没有根据市场的变化及时调整，以前的结论失去了意义。市场调查研究工作需要专门机构进行，每年对市场供需状况进行调查，并滚动预测未来煤炭需求，不断修正和调整以前的预测结果。以前由于缺乏这样的专门机构和相应的经常性预测，也是导致90年代以来煤炭产量严重供过于求的一个因素。

近年来，各级政府、煤炭主管部门、煤炭企业及中介机构都开始重视煤炭市场的调查研究工作，特别是国家计委、原煤炭工业部和国家煤炭工业局非常重视这项工作。从1997年以来，组织有关咨询机构，每年开展煤炭市场调查研究工作，对电力、冶金、化工和民用煤炭需求和发展规划以及铁路建设和规划都进行了研究和预测，得出了符合实际的煤炭供需信息，为近年来国家一系列关于煤炭工业改革与发展的重大举措的出台，为制定“煤炭工业‘十五’规划”提供了科学的依据。煤炭主管部门要继续加强煤炭市场调查与预测工作，使这项工作经常化和制度化。定期进行国内总体、出口、分区域、分煤种的煤炭供需状况及需求滚动预测结果等市场信息发布，为政府宏观决策提供准确及时的基础资料，为煤炭企业生产和建设提供信息，指导其生产建设。

（4）政府部门要继续使用宏观调控措施，调控煤炭供应能力。各级政府煤炭主管部门要通过新建煤矿项目的立项审批，国家通过投资和贷款等措施调控煤炭新增能力。①

第二节　建立健全有序的煤炭流通体制

一、煤炭市场流通体制的确立

1949年10月至1993年煤炭价格基本放开，煤炭流通体制属于计划管理体制阶段。1994年7月1日，国家取消了全国统一的煤炭计划价格，煤炭的流通就开始由计划流通体制逐步过渡到市场流通体制，国家煤炭运销计划的约束逐渐减弱，原有的计划流通渠道逐步被市场取代，购销双方更进一步依赖市场。但是，由于煤炭经营秩序尚不完善，流通渠道也还不够通畅，出现了产销脱节和中间空间增大的现象。再加上20世纪90年代以来煤炭生产总量过剩，煤炭市场疲软，生产企业之间竞争加剧。在这种形势下，一批煤炭中间经营者应运而生。由于煤炭经营法规尚未健全，煤炭市场出现了混乱现象，主要表现在一些地方煤炭经营秩序混乱，经营主体和中间环节过多且乱；一些煤炭运输企业凭借手中掌握的运力参与煤炭经营；煤炭购销、运输缺乏法制规范，煤炭购销、运输合同兑现率低，纷争不断；有的企业低价倾销，不正当竞争严重，特别是非法的和布局不合理的小煤矿生产的煤炭大量涌入煤炭市场，既造成煤炭供应总量严重过剩，也扰乱了煤炭市场秩序。到1999年上半年，仅北京市就有各种性质的煤炭经营企业2000多家，上海市煤炭经营单位有1000多家，其中存在着许多无证经营、经营产品质量低劣、场地设施差等现象，影响着煤炭市场的有序竞争和城市环保。如北京市1998年计划使用低硫煤200万吨，但实际上仅落实了100多万吨。

针对上述情况，国家煤炭管理部门和各省市不断加强煤炭市场法制建设，规范和整顿煤炭经营秩序，加强对煤炭市场的宏观调控。首先是国家煤炭管理部门

① 刘原奇.2020年前9月我国煤炭市场分析及第四季度预测[J].煤炭经济研究，2020，40（09）：19-23.

对煤炭企业进行了结构性调整，对一批资源枯竭、成本畸高、长期亏损、扭亏无望的国有煤炭企业和开采高硫煤的煤矿，实施了关闭破产的政策，特别是对非法开采和布局不合理的小煤矿坚决采取了关闭和取缔的重大措施，同时又扩大煤炭出口，减缓了煤炭生产总量过剩的压力，基本上堵住了非法生产的煤炭涌入煤炭市场的源头，为整顿煤炭经营市场创造了条件。其次是积极推进建立煤炭经营资格审批制度的工作，依法规范煤炭经营秩序。1999年6月22日，国家经贸委发布了《煤炭经营管理办法》。在此前后，有些省市也制定了一些有关煤炭经营的管理办法，如北京市经济委员会发布了《北京市煤炭经营许可证管理办法》，上海市自1999年第二季度起对煤炭经营企业实行了许可证制度。这些办法和制度对规范煤炭经营秩序发挥了重要作用。

《煤炭经营管理办法》是《中华人民共和国煤炭法》的重要配套立法，是整顿煤炭经营市场、规范煤炭经营秩序的重要法律依据。管理办法明确了煤炭市场的主体及其应具备的条件，规范了煤炭的经营方式，确定了各级煤炭行政管理部门的权力和责任。《煤炭经营管理办法》的发布和实施，把煤炭的经营活动逐步纳入法制轨道，标志着煤炭流通的市场体制正式确立。①

二、建立有序的煤炭流通体制

在煤炭市场的宏观管理方面，国家煤炭管理部门和工商、质量技术监督等有关部门，以及各省、自治区、直辖市的煤炭管理部门，应依据《中华人民共和国煤炭法》和《煤炭经营管理办法》以及各部门、各地区的实际，制定相应的实施细则，以保证《中华人民共和国煤炭法》和《煤炭经营管理办法》能落到实处。

《煤炭经营管理办法》规定，煤炭经营应取消不合理的中间环节。国家提倡有条件的煤矿企业直销，鼓励大型煤矿企业与耗煤量大的企业签订中长期直销合同；国家提倡有条件的煤炭经营企业实行代理配送。这一规定从法律上规范了大型煤矿企业与用煤大户通过中长期合同直销煤炭的流通渠道，使得这种直销方式和代理配送方式成为煤炭流通的重要方式和渠道。

在煤炭营销方式方面，主要有大型煤炭企业和耗煤量大的企业按照中长期直销合同实行产需直销，这将成为主要的销售方式和渠道之一。另外，全国或煤炭

① 王丛.浅谈市场形势下煤炭流通模式的创新[J].内蒙古煤炭经济，2019（17）：104-105.

主要产地和主要集散地形成不同层次的煤炭市场，定期或不定期地召开全国或分地区的煤炭订货交易会。这种交易会一般范围较广，参加单位较多，交易量也比较大，各级政府进行宏观指导。还有一些常设的煤炭市场，如煤炭交易所等，这些交易市场实行会员制，由煤炭生产单位和经营单位参加。它凭借资金、场地、质量计量检测设备及相应设施的优势，在一定程度上调节产需双方的某些矛盾，为购销双方服务。另一种煤炭营销方式就是代理配送制。由于代理商一般都具有一定的资金实力，并且处在第三者的地位，可以在一定程度上缓解供需双方的资金矛盾，处理在煤炭交易中的其他矛盾。此外，由于代理商熟悉煤炭流通环节和供需双方的情况和需要，同时自身要承担一定的经济责任，这就使代理商有条件并关心改善经营，以降低煤炭流通费用和供需双方的购销费用。各级煤炭管理部门应继续在煤炭营销方面加强宏观指导和协调。

今后，煤炭经营方式还会不断有新的发展和变化，但是煤炭流通体制总的发展趋势是日益市场化、法治化和规范化，这是大的方向。

三、搞好煤炭企业的市场营销

根据《煤炭经营管理办法》的规定，煤炭市场的主体是煤炭生产企业和煤炭经营企业。依法取得煤炭生产许可证的煤矿企业可以直接进入市场，销售本企业生产、加工的煤炭产品，但要经营非本企业生产、加工的煤炭产品时，则须经过煤炭经营资格审查部门审查批准，取得煤炭经营资格。煤炭经营企业则必须经煤炭经营资格审查部门审查批准，取得经营资格，才能进入煤炭市场经营煤炭。根据《煤炭经营管理办法》的规定，设立煤炭经营企业应当具备下列条件：

（1）有与其经营规模相适应的注册资本。

（2）有固定的经营场所。

（3）有与其经营规模相适应的设施和储煤场地。

（4）有符合标准的煤炭计量和质量检验设备。

（5）符合国家对煤炭经营企业合理布局及环境保护的要求。

（6）法律法规规定的其他条件。

《煤炭经营管理办法》规定，禁止行政机关设立煤炭供应的中间环节，禁止行政机关开办煤炭经营企业或者从事、参与煤炭经营活动。从事煤炭运输的车站、港口及其他运输企业，也不得利用其掌握的运力参与煤炭经营。禁止经营无煤炭生产许可证的煤矿生产加工的煤炭产品；禁止经营无煤炭经营资格的煤炭经营企业的煤炭产品。同时，煤矿企业、煤炭经营企业应当依法经营，公平竞争，禁止各种非法经营和不正当的竞争行为。

煤炭经营企业按照其经营规模和范围，既有全国（跨地区）性的，如晋陕蒙煤炭销售联合体等，也有地区性的。全国性的，由国家工商行政管理局登记注册的煤炭经营企业，须由国家煤炭管理部门，会同国家商品流通管理部门，对其经营资格进行审查批准；地区性的煤炭经营企业须经省、市、区人民政府指定的煤炭经营资格审查部门审查批准，方可从事煤炭经营活动。

煤炭的经营方式也由过去的计划分配，转为购销合同制。依照合同法的规定，由买卖双方签订煤炭买卖合同，凡不履行合同的由违约方承担违约责任。需要由运输企业承运的煤炭，煤矿企业、煤炭经营企业或煤炭用户依照合同法与运输企业签订煤炭运输合同。煤矿企业或煤炭经营企业应当按照合同约定发运质量合格、计量准确的煤炭；运输企业应当按照合同承运，并将承运的不同质量的煤炭分装、分堆；煤炭用户应当按照合同约定接卸煤炭。不履行合同的应当承担违约责任。

四、改革铁路运输体制

我国煤炭资源的分布、生产和消费格局，决定了煤炭运输自北向南、自西向东的特点。随着东部煤炭资源的消耗和煤炭生产建设重点的西移，煤炭运输任务也越来越繁重。

我国煤炭运输有铁路、水运、公路三种运输方式。由于铁路运输具有运力大、速度快、成本低、能耗小等优点，所以一直是我国煤炭的主要运输方式。而煤炭也是铁路运量最大的货种，历年在铁路货运量中的比重均在57%~60%。煤炭在铁路主要干线的货流密度中也占很大比重，在“三西”（即山西、陕西和内蒙古西部）主要外运通路上高达89%~90%，大秦线为100%，京沪、京广线为57%左右，一般也在30%以上。铁路运输是影响煤炭市场的主要因素之一。

经过多年的发展，除局部地区铁路运输紧张外，总体上铁路运输紧张的局面基本缓解。目前存在的问题主要有：

（1）铁路建设基金造成煤炭行业的经济效益大量转移。铁路建设基金是计划经济的产物，基金的征收对铁路建设发挥了积极的作用，但由于该项政策是在计划经济体制下制定的，当时是向煤炭用户征收的，煤炭价格放开，特别是煤炭买方市场形成后，煤炭用户不再承担这项费用，铁路部门开始向煤炭生产企业征收。国家每年征收铁路建设基金340亿~350亿元，其中，三分之一以上是向煤矿征收的，1998年国家仅从煤炭运输中征收的铁路建设基金就高达117亿元，是造成煤炭工业效益低下、亏损严重的重要原因之一。1994年煤价放开后，煤炭企业就已经进入市场，而且多年来煤炭行业利润率很低，重点煤矿依靠国家亏损补贴维持生产经营。煤矿企业不应承担国家建设铁路所需要的资金。

（2）有些铁路运输单位利用垄断地位，违规经营，主要表现在计划内煤炭运输合同兑现率低，而计划外煤炭运输加收各种不合理费用，增加了煤炭企业销售费用。

（3）由于管理体制存在的问题，导致运输设备紧张，运输环节不配套，协调不好，使得有些地区煤炭不能按时发送到用户手中，造成煤炭供应紧张。

打破行业垄断是经济体制改革的重要任务。应该说，煤炭行业市场化程度已经比较高，但受铁路运输高度垄断的严重制约，煤炭行业利益发生转移，长期如此，煤炭工业难以健康发展。一方面，国家要加快铁路运输管理体制改革，打破垄断，为煤炭运输提供较好的运输环境；另一方面，煤炭行业自身要调整企业组织结构，提高产业集中度，组建若干个大型煤炭企业集团，特别是煤炭、铁路及港口可以联合组建企业集团，对运输垄断起到一定的制约作用，也符合煤炭工业结构调整的方向。

第三节　完善煤炭市场的宏观管理体系

一、加强煤炭主管部门的管理工作

在市场经济条件下，政府的作用就在于采取法律和政策手段进行宏观调控，有效地解决市场缺陷问题，维护公平竞争。对煤炭工业来说，政府主管部门的作用主要体现在以下六个方面。

（一）维护公平竞争

20世纪90年代初煤炭价格放开后，煤炭企业逐步走向市场，但由于市场规则不完善，使得煤炭行业各类煤矿之间、不同地区煤矿之间的不平等竞争问题曾一度很突出。近年来，随着社会主义市场经济体制的建立和市场规则的不断完善，这一问题有所缓解。当前不平等竞争主要表现在：

（1）煤炭资源资产化管理体系尚未建立起来，煤炭资源还不是真正意义上的资产，现行的煤炭资源税起不到调节级差的作用，煤炭资源补偿费也难以使煤炭生产企业节约资源，造成占有资源程度不同、地理位置不同的企业之间不平等竞争，造成部分小煤矿依靠吃肥丢瘦、浪费资源换取的低成本与国有大矿进行不平等竞争。

（2）多数小煤矿以简陋技术装备和安全设施投入，以高伤亡和高安全隐患为代价换取低成本，与国有大矿竞争。

（3）在计划经济时期形成的国有煤炭企业办社会以及债务等负担仍然是制约国有煤炭企业同乡镇煤矿公平竞争的重要因素。此外，煤炭企业受铁路运输部门的制约，造成行业之间不平等竞争。近年来，国家和各级煤炭主管部门为创造良好的竞争环境，出台了一系列法规及采取了一些重大举措，如1999年6月22日发布了《煤炭经营管理办法》，1998年2月国务院颁布了《矿产资源勘察区块登记管理办法》《矿产资源开采登记管理办法》《探矿权、采矿权转让管理办法》，以及“关井压产”、“关闭破产”、“债转股”及“养老保险统筹的补贴”等政策措施的实施，对改善煤炭市场竞争环境起到了重要作用。今后，维护公平竞争仍然是煤炭主管部门的重要职责。

（二）控制总量平衡

政府主要通过经济、法律及行政手段进行总量平衡，此外，煤炭企业之间也应在总量平衡方面发挥作用。

（三）保护生态环境

保护环境是一项利国利民的长远性、公益性事业，在社会主义市场经济条件下更需要政府的扶持，建立与社会主义市场经济相适应的资源环境生态管理机制。煤炭的基础地位和环保工作的公益性，决定了煤炭环保应当由国家、煤矿所在地方政府和煤炭企业共同承担，形成多元化的行业环保投资渠道；制定有利于推广洁净煤技术应用的引导型环保法规；加快环境、生态、资源保护的相关法律法规立法进程；加大监督执法力度，坚持依法保护生态环境；借鉴国内外先进经验，积极推进企业环境管理体系建设，并保持其正常有效运行。

（四）提供社会保障

政府主要通过财政支持，提供社会保障，振兴衰老矿区，为矿区建设、生产和生活建设构建必要的基础设施。1999年9月22日，中共十五届四中全会通过的《中共中央关于国有企业改革与发展若干重大问题的决定》，提出“改善国有企业资产负债结构和减轻企业社会负担”。近年来，煤炭行业主要通过关井压产、“关闭破产”、“债转股”及“养老保险统筹”等政策措施和财政支持提供社会保障，为煤炭企业的改革和发展起到了重要作用。今后，除继续实施关井压产、“关闭破产”“债转股”等政策措施外，煤炭企业急需政府提供社会保障的主要内容有：一是分离企业办社会职能，切实减轻国有煤炭企业社会负担。近年来，这项工作已开始启动，但进度缓慢，因为国有大型煤炭企业一部分远离城市，属于独立矿区；另一部分位于城市或靠近城市，但这些城市中的多数是靠煤炭产业发展起来的，煤炭是城市的主导产业，受煤炭行业长期利润率低、经济困难的影响，地区经济普遍比较落后，地方财政困难。鉴于这种情况，国家和煤炭主管部门应专门研究煤炭企业的情况，动用中央财政的力量，加快分离国有大型煤炭企业办的社会职能，切实减轻企业负担。二是加快产业结构调整，振兴衰老矿区。1949年10月以来，我国建设了上百个大型煤炭矿区，目前已有一部分进入衰老期，国家没有建立转产基金，使得企业自身难以实现转产。国家和煤炭主管部门应借鉴国外主要产煤国家的经验，研究制定衰老报废矿区和煤炭城市的转产配套政策。通过政府财政转移的方式或从电费收取基金的办法，建立衰老报废矿区和煤炭城市的转产基金。

（五）支持科研开发

科技的发展离不开资金的支持。近年来，煤炭行业的科技投入主要依靠原煤炭部和企业投入，国家的投入大幅减少，这对于长期亏损严重的行业来讲，力不从心。国家仍需对煤炭行业的科技发展给予资金上的支持。对涉及煤炭工业发展的重大关键技术，优先列入国家科技攻关计划和高新技术产业化计划，并在贷款、贴息上予以支持。

积极争取建立行业科技发展基金，对行业应用基础研究、高新技术研究、公益性研究、关键技术攻关、重点推广项目，予以扶持。行业科技发展基金可由多家大型煤炭企业共同出资组成，由出资企业和有关高层次专家共同组建基金管理委员会，由委员会按照“公开招标，择优支持”的原则安排每年的科技项目。基金的使用采取拨款与贷款相结合，对于一批可产生较大经济效益的技术开发和推广项目实行无息或贴息贷款。

积极引导企业增加科技投入，使企业逐步成为科技投入的主体。“十五”期间，企业的研究开发经费要达到企业销售额的1%～2%，高新技术企业达到5%以上，并不断加大力度。企业要在非经营性投资、基本建设、技术改造经费中，安排一定比例的资金用于技术开发、新技术推广和科研基础工作；在新建项目中安排一定数量的科研资金，用于解决相应的科技问题和科研基础设施；在技术引进项目经费中安排适当资金，用于消化、吸收和技术创新。

此外，要拓宽科技融资渠道，争取多种形式吸纳国内外资金，发展煤炭科技事业，推动高新技术产业化，并利用资本市场募集资金。

（六）开展信息服务

开展信息服务是政府部门的重要工作，及时发布信息对煤炭市场生产经营活动有序进行至关重要。根据先进市场经济国家的情况，结合我国的实际，政府部门应开展下列信息服务：一是及时发布煤炭工业政策法规；二是发布煤炭行业规划、产业政策、技术政策等；三是提供世界能源及煤炭方面的供需现状、经济和技术现状及发展趋势等信息；四是发布或提供国内煤炭市场动态及发展趋势等信息；五是发布和提供煤炭科技动态等信息。政府部门开展信息服务，需要建立相应的机构，提供必要的财力，使提供的信息高质量、全面、及时。美国是能源生产大国，其煤炭产量仅次于中国，排在世界第二位。美国能源部设有能源信息署，是世界上规模最大、技术最先进、服务领域最广的政府能源信息机构，人员编制为486人，1996年度经费7230万美元。我国主管煤炭的政府部门机构中管理煤炭的人员很少，信息服务必然落在行业协会等中介机构上，但需要有足够的经费保障，以满足信息服务的需要。

二、发挥中介组织作用

随着经济体制改革和政府机构改革，行业协会等中介组织在煤炭市场中所起的作用越来越大。近年来，煤炭工业管理体制发生了很大变化，原国家煤炭工业局撤销，行业管理职能上交国家经贸委，国有重点煤炭企业及相关的事业单位下放地方管理，政企分开，企业逐步成为独立参与市场竞争的主体。政府职能的转移为煤炭行业协会等中介组织提供了活动空间。要充分发挥煤炭行业协会等中介组织在行业统计、技术服务、市场咨询和开发、信息咨询服务等方面的作用，为政府制定法规、政策提供依据，为企业提供优质服务。发挥协会在行业自律方面的作用，规范企业的市场行为，维护市场公平竞争秩序。今后，煤炭行业协会等中介组织，要围绕煤炭行业主管部门的中心任务，积极配合，完成政府部门委托的工作；加强对煤炭企业的服务，反映煤炭企业的呼声，为企业排忧解难；以市场为导向，加强企业管理，壮大煤炭企业家队伍，调动一切积极因素，使煤炭行业结构调整、扭亏脱困工作取得新的进展；大力推进技术进步，实施技术创新工程，加快煤炭企业信息化建设，探索和建立煤炭信息网络服务系统；进一步加强协会等中介组织的自身建设。

三、建立健全政策法规体系

适应社会主义市场经济发展的要求，充分发挥市场配置资源的基础性作用，建立健全适应市场经济要求的，促进煤炭工业健康发展的政策、法律及规定。当前及今后一个时期的重点工作是要健全和完善以下政策和规定：一是完善资源资产化管理政策和规定，进一步培育矿业权市场，尽快完善矿业权转让的管理办法，加速出台矿业权出让、转让的实施细则；二是尽快完善煤炭工业产业政策、技术政策，修订和制定煤炭工业行业规范、规章和技术标准；三是研究制定有关经济政策，如衰老矿区转产政策、煤炭工业税赋政策、鼓励洁净煤技术发展的政策等，促进煤炭行业从根本上摆脱困境；四是适应我国加入WTO后国际煤炭工业发展的形势，研究出台有关政策，推进国有煤炭企业战略重组，培育一批特大型煤炭企业集团，增强国际竞争力。

第四节　对煤炭资源资产化管理的思考

规范煤炭市场秩序，不能不考虑煤炭资源这个因素。这些年，不论是煤炭生产领域的乱采滥挖，还是煤炭流通领域的无序竞争，都与煤炭资源有关。因为资源无偿使用，谁挖到就是谁的，所以造成大量的非法违法开采。因为资源使用不计入成本，所以造成资源的极大浪费。对煤炭资源实行有偿开发利用、有偿使用制度，将开发利用权逐步推向市场，将其收益再投入煤炭资源事业；建立起煤炭资源的核算制度、规划制度、补偿制度和监督制度，最后形成以资源养资源、发展资源业的良性循环，为社会提供更好的经济效益和良好的生态环境。[①]

一、煤炭资源价值构成

煤炭资源是大自然最重要的资源之一，也是自然界中生态系统的重要组成部分。人类后代应当与我们当代人一样，拥有同等享用自然资源的权利，开发利用煤炭资源可能会严重污染或破坏诸如土地、水质、大气等其他资源，也可能侵犯其他相邻个体的环境权益，需要我们重新审视煤炭资源的价值。首先，作为自然界生态系统的组成部分而存在的煤炭资源，它与其他自然资源共同构成了地球上

① 孙乐为.煤炭企业尾矿资源资产化困境与发展对策[J].中国人口·资源与环境，2010，20（07）：170-174.

最为广义的生命支持系统。传统价值理论研究对象仅限于经济产品本身诸如煤炭资源等，从而忽视人与自然之间的联系与价值。只有人们对经济的关注视角从经济增长、经济发展转到可持续发展，人们才能从人与自然和谐统一的高度来重新审视价值，并转而从可持续发展的价值观来探究自然资源（尤其是煤炭资源）的自然价值、经济价值和生态环境价值等。其次，后代人与当代人应当拥有同等享用自然资源的权利，不能因当代人类活动而对后辈子孙的资源获得权有所削弱。我们应该实行自然资源代际共享制度，自然资源与生态环境不仅是当代人赖以生存和发展的物质基础，也是子孙后代赖以持续生存和健康发展的物质基础和生存保障。例如，煤炭产品生产所创造的价值不仅包括使用者获得的福利，还应包括利用煤炭资源时所产生的负价值存量。即我们要抛弃单纯从狭隘的生产和消费来看待经济活动的效率和价值生产问题，而是要从再生产全过程来考察，要看它能否带来社会整体利益最大化。例如，对于那些暂时能够增加当代人福利，但可能会大大损害后代人福利的行为活动，那就意味着它不是价值生产活动。最后，虽然煤炭资源给人类经济社会活动提供了便利的原料和商品，但与此同时，其开发利用却又导致了诸如土地、水质、大气等其他资源的严重污染和破坏。煤炭资源作为构成自然界环境的要素之一，与其他要素共同构成了一个有机整体。这种整体性也决定了需要补偿煤炭资源价值，具体来说，它不仅需要补偿煤炭资源开发过程中的有形损耗，而且需要补偿因煤炭资源的开发和使用受影响的生态功能恢复和重建的损失。过去对于煤炭资源价值补偿的不足问题，正是传统经济增长模式的产物，其实质就在于严重忽略了煤炭资源的投入和消耗，致使煤炭资源长期处于无价或低价状态，从而造成价值构成的不完整，使经过产品交换所获得的货币量不足以补偿其物质消耗和功能损失。生态环境的各部分应该通过参与价值分配而得到有效补偿，这样才能促进可持续发展。反之，不仅难以维持经济的持续增长，而且可能会危及人类的生存发展。上述认识不同程度地体现了人们在煤炭资源价值认识上突破了传统观念的束缚，倡导煤炭资源价值从传统单一价值型逐渐转变为多价值型结构。煤炭资源除具有经济价值外，还具有诸如环境价值、生态价值、存在价值和社会价值等内容。这些价值因其功能、作用对象、影响因素和表现形式的不同，在具体的管理内容方面呈现出多样化的特点，因此，本文认为煤炭资源价值构成一般包括五部分内容，即煤炭资源自然价值、煤炭资源权益价值、煤炭资源勘察开发的劳动价值、煤炭资源环境价值以及煤炭资源折耗价值。

（一）煤炭资源自然价值

煤炭资源被认为是我们人类生产、生活资料的重要基本来源之一，是我们人类社会发展的前提和重要推动力，同时也为国家或地区的经济建设和社会发展打下了坚实的物质基础。煤炭资源是经历了漫长的地质变化和不断的演化而形成的，由于形成条件的复杂性，使得煤炭的埋藏深度、地理位置、开采条件、矿区环境等都有很大的不同，存在明显的差异性和可耗竭性，这就使得煤炭资源的相对稀缺性更为显著。在市场经济条件下，煤炭资源不论是否被开发、开采或交易，根据效用价值论，煤炭资源资产的有用性和稀缺性就决定了煤炭资源的自然价值属性。一方面，有用性是煤炭资源具有价值的基础；另一方面，稀缺性是煤炭资源具有价值的重要条件。煤炭资源自然价值集中体现在自然生产力方面，并受煤炭资源资产的丰裕度、质量和区位等因素影响。

（二）煤炭资源权益价值

所谓煤炭资源权益价值，是指在经济上体现煤炭资源同主体相依附的权利的价值。它主要包括煤炭资源所有权价值、发现权价值和使用权价值的经济利益。

1.煤炭资源所有权价值

所谓煤炭资源所有权价值，是指煤炭资源所有者通过让渡使用权而获得收益的那部分价值。当发生煤炭资源所有权和使用权相分离的情况，依据产权和地租理论，为了获取煤炭资源使用权，矿业权人需要向煤炭资源所有者交纳一定的煤炭资源地租。

煤炭资源地租，主要包括煤炭资源绝对地租、级差地租和垄断地租三部分。煤炭资源所有权价值实际上就是煤炭资源所获得的超额利润，也就是煤炭资源勘察与开发所获得的现值，它的大小等于煤炭资源利润中扣除勘察、开采矿产资本的应得利润后的剩余利润。若所有者拥有煤炭资源垄断权，那么超额利润就可能完全转化为煤炭资源地租。

2.煤炭资源发现权价值

煤炭探矿权人通过发现煤炭资源来取得其发现权，获得相应的价值。由于煤炭资源分布的时空不确定性和差异性，从而导致需要投入大量的高知识密集劳动者来从事勘察开发工作，这样才能充分体现其使用价值。通过上文的分析来看，与专利权相似，煤炭探矿权人具有排他性的权利。煤炭采矿权人使用其勘察成果来开发利用煤炭资源，也就占有了煤炭发现权。他们应当补偿探矿权人，那么这时煤炭资源发现权的价值就等于转让收入扣除勘探成本及转让税费后的净收益。

（三）煤炭勘察开发的劳动价值

煤炭资源是埋藏在地下或赋存于地表的自然物，人们只有通过勘察来探明其规模、品质和储量，在当前适宜科技条件下进行有效利用，并能够进入社会生产及消费领域，这样才能更好地体现煤炭资源价值。由于煤炭资源因为各自所生成的时间、条件及地质环境的差异，从而使其形态、厚度、埋藏深度、空间分布形状、储量的丰裕、品位的高低等特征都会有所不同，再加之人们自身的认识水平、判断能力及技术应用能力等所限，都决定了煤炭资源勘察开发工作有较大难度，需要投入大量劳动力和运用多种勘察开发技术方法。

（四）煤炭资源环境价值

煤炭资源是人类环境的重要组成部分，它的开发过程可能会污染或者破坏当地的生态环境，如煤炭资源开发可能造成土地隐伏着滑坡、水土流失、地面沉降及其他地质灾害等问题。煤炭资源开发所产生的尾矿、矸石等废弃物对该区域的大气、土壤、水体等产生污染，同时也造成地表水利设施的破坏和生态环境恶化等。这不仅损害原有的生态环境价值，而且也直接危害周边群众的生活质量和切身利益，甚至损害后代子孙的权益，必须进行及时修复和治理。只有我们充分认识煤炭资源的环境价值，才能从源头上解决好煤炭资源开发和生态环境保护相互协调的问题，以便更好地实现煤炭资源的价值。

（五）煤炭资源折耗价值

煤炭资源是不可再生资源，人们在生产领域或者消费领域大量使用，加速了煤炭资源的枯竭速度，其总量必然是时间的非增函数。根据可持续发展理论，煤炭资源的开发会产生两个严重后果：一是影响煤炭资源开发所在地经济与社会的综合发展，二是影响到子孙后代煤炭资源的占有使用量。为了避免或者减少煤炭资源开发所造成的损害，营造一个良好宽松的煤炭资源使用环境，煤炭资源使用者必须积极采取有效措施，在煤炭资源数量和质量发生急剧变化的情况下，通过功能恢复、功能替代来实现原有煤炭资源的功能。例如，按照国际流行做法，建立煤炭资源折耗机制，把有限的煤炭资源看作递耗资产来提取折耗，即对煤炭资源实行折耗补偿，以提高煤炭资源利用率，从而避免煤炭资源在开发与利用过程中的流失和消耗。从可持续发展的角度来看，煤炭资源的价值还应包括煤炭资源的折耗价值。

二、煤炭资源价值特征

煤炭资源的价值特征主要表现在煤炭资源价值的多样性、煤炭资源使用价值的多元性、煤炭资源价值的负效益性、煤炭资源价值的延展性和煤炭资源价值的时间地域性五方面内容。

（一）煤炭资源价值的多样性

尽管煤炭资源产品具有明显的商品属性，但却不能简单地直接套用一般的价值理论。原因在于煤炭资源作为特殊商品，除经济价值外，其多样性功能和用途也决定了它还具有生态价值、环境价值和社会价值等。而这些价值难以进行交换，且不具有商品的一般属性，仅表现在信息和服务功能等方面的公共物品属性。具体来看，煤炭资源价值可归纳为两方面：一是“商品价值”，主要体现的是物质价值，这可以简单计算并易于用货币来计量；二是“服务价值”，如生态价值、社会价值等，主要体现的是精神价值，不能用简单的方法进行计算。

（二）煤炭资源使用价值的多元性

煤炭资源是人类大规模使用的化石能源之一，自18世纪“第一次工业革命”开始，就成为人类社会发展所不可或缺的重要能量来源。同时也宣告人类告别依靠水能、风能等自然动力做功的历史，不仅使人类劳动生产力得到很大的提升，而且使人类的生存质量也得到了很好的改善。第一，煤炭资源给人类生产生活提供了必要的热能来源。在现代社会中，不论是从大规模工业生产中的冶金炼钢，还是到城乡居民日常生活中的供热供暖，煤炭资源处处扮演着相当重要的角色，即便石油、天然气曾一段时间对煤炭资源的利用有过强劲冲击，但还是不能够替代煤炭资源在人类社会中的地位。伴随这种刚性需求的不断固化，如果煤炭资源的供给出现一些问题，那么现代人类的生产、生活可能将遭受重大影响。第二，煤炭资源为人类现代机器大生产提供了重要的动力源。18世纪中叶以“瓦特蒸汽机的发明与应用”为标志的第一次工业革命率先在英国爆发，人类社会也正式进入了现代文明的行列。随着科学技术水平的不断提高，虽然人类所依赖的“动力源”受到第二次和第三次工业革命的巨大冲击，但煤炭资源这种基础性地位在短期内可能难以发生较大的变化。第三，煤炭资源为人类提供了重要电力源。自从电力被人类广泛利用之后，由于其可以规避水能受苛刻的自然条件的限制，也可以规避核能难以掌控的困局，所以煤炭资源就成为人类最可靠的电力来源。尽管伴随着日臻成熟的核能技术的不断应用发展，大量商业开发利用太阳能、风能以及潮汐能等新能源现象不断涌现，使得电力来源正逐渐走向多元化，但煤炭热能发电因其固有的稳定与安全属性，使它成为人类最为依赖的电力来源。总之，伴随着不断提高煤炭资源综合利用水平，其用途正日趋广泛，它的使用价值也将更加趋于多样化。

（三）煤炭资源价值的负效益性

尽管煤炭资源对于逐渐改善人类生产生活条件、推进人类经济社会发展有着巨大的影响，但随着煤炭资源开发程度的不断加深，煤炭资源在生产和消费两端均表现出了较为显著的环境负外部性，极大破坏和污染了人类赖以生存的生态环境。一方面，煤炭资源作为一种矿产资源，在生产开采过程中具有显著的负外部性。煤炭资源在开采过程中可能严重破坏土地资源，这种破坏具有不可逆性或者在短期内很难恢复。例如，伴随大量煤炭资源开发，矿区土地频发“沉陷事件”，不仅使土地丧失耕作能力，同时也给人们的日常生活带来了巨大的安全隐患。此外，在煤炭资源开采过程中出现的诸如煤矸石等大量伴生物质，不仅破坏大量土地资源、占用有限空间，而且会造成部分区域空气及水体污染。另一方面，作为一种特殊的化石能源，煤炭资源在消费使用过程中也具有较强的负外部性。构成煤炭有机质主要有碳、氧、氮和硫等化学元素，其中碳元素大量燃烧所产生的二氧化碳气体是造成全球温室效应的主要来源之一，这已逐渐成为全球范围内各个国家和地区共同关注的环境问题。除去碳元素外，煤炭资源中还含有砷、磷、氟、氯、硫等有毒物质，其中以硫元素危害最大。煤炭在燃烧时产生二氧化硫气体，进入大气之后将危害动植物的生长发育及人类的生命健康；若二氧化硫气体经过一系列的化学、物理变化合成酸雨降落，则会对地表的土壤、水资源及金属设备造成严重危害。这些不仅影响人类及动植物的生存，而且可能加剧当地生态环境的不断恶化。

（四）煤炭资源价值内容的延展性

煤炭资源是人类满足自身需求、提高生活质量、建设精神文明和生态文明的强大物质基础。随着人类文明进程不断加快，需要大力更新对煤炭资源的认识，要从完全经济意义上的价值取向逐渐拓展到集经济、文化、伦理、社会、生态及可持续发展等方面于一体的价值新取向，使人类努力构建煤炭资源的整体综合价值体系。

首先，为了保证人类代际公平的享用资源，人类必须充分考虑资源的可持续利用问题。由于在煤炭资源交易市场中，受益者仅为交易行为的主体，而不是作为商品的煤炭资源本身，所以煤炭资源就不可能利用“经济逐利性”的竞争市场规则来保护和追求自身存在价值的最大化。其次，随着矿井开采深度的扩大，开采条件的复杂性不断加大，需求量的逐渐增大，更加剧了煤炭的稀缺性，使得供求冲突更为明显。由于煤炭资源受到赋存条件、丰裕程度和开采条件等限制，这就造成了煤炭资源投资风险大，且进入和退出门槛高。特别是部分已经接近资源开发末期的生产矿井，它们面临着资源枯竭而存在转产和人员安置等问题，由于在以前并没有考虑到相关的补偿问题，它们所遇到的困难就显得特别突出。最后，传统观点把煤炭资源仅看作生产要素和商品，认为通过市场调节就可以很好地配置生产效率和经济效益。但如果考虑到因经济活动所引起的环境问题，这种资源配置方式就遇到了现实的挑战。这种经济资源配置只能是一种以牺牲资源环境为代价和非持续发展型的配置方式。为了实现煤炭资源的可持续利用和多元价值，应努力实现“经济—环境二元配置”或者“经济—环境—社会三元配置”。

由以上分析可知，在市场机制中能够充分地体现煤炭资源的经济价值，却不能很好地实现它的社会价值和生态价值。由于煤炭资源是构成环境的重要因素之一，它们之间的关系不是机械的、一成不变的，而是在一定条件下可以实现有效的转化。煤炭资源所具有的经济价值、生态价值和社会价值等内容是统一的、不可分割的整体，不断开发其经济价值必然引起社会价值和生态价值的流失和缺损。例如，大量开采煤炭尽管可以获得巨大的经济效益，但同时也可能给当地的自然、土壤、生态及社会等方面带来巨大的损失，这反过来又可能制约当地经济的发展。研究煤炭资源价值应该将其“多元价值”放在一个大的整体环境中予以考虑，运用系统论的思想来研究如何使煤炭资源的开发在保持生态平衡方面起到更积极的作用。

（五）煤炭资源价值的时间地域性

随着高速发展的现代科学技术不断应用普及以及人们强劲的煤炭资源需求，不断地增强单位煤炭资源的价值。这也充分体现了煤炭资源价值在时间分配及其可用性的特征。例如，由于煤炭资源的稀缺性，它在地下埋藏的时间越长其具有的价值可能就越高。煤炭资源是由大量植物的残骸经过千百万年乃至数亿年的高温高压及不同的地形、地貌和地质特征等适宜地质条件中逐渐形成的。煤炭资源在地区分布表上现出的空间差异性，致使其在不同地区具有不同的丰裕程度，因此不同地区对同一资源的消耗在损失补偿上具有很大的差异性，即便拥有相同品质的煤炭资源在不同区域因为具有不同特性，因而其价值也可能不尽相同。

三、影响煤炭价值的因素

影响煤炭价值的因素可以从自然因素和经济社会因素两方面来分析，它们从不同角度以不同程度来影响煤炭价值。

（一）自然因素分析

煤炭资源作为重要的不可再生资源，具有显著的稀缺性，它的丰裕程度和质量优劣，与其价值有着相当密切的关系。

1.煤炭资源的丰裕程度

煤炭资源非均衡的空间分布，导致了煤炭资源的供求在煤炭资源丰富地区和短缺地区的边际价值也有很大差异。一是易受地区间和季节差价的影响。煤炭资源在时空分布的不均衡性直接导致了煤炭资源时空上的变化，这也就在很大程度上影响到煤炭资源的供求关系，进而体现在煤炭的边际价值上。二是受到资源费用的影响较大。随着煤炭资源的稀缺性日益增强，开发利用煤炭资源的机会成本也会相应增加，煤炭资源转化为资产，从而使煤炭资源的稀缺价值可以通过产权支付方式来实现，这就需要探索如何节省交易费用。

2.煤炭资源质量

煤炭资源是一种特殊的商品，自然应该按照质量或者品质的好坏论价，对于品质好的煤炭资源，价格自然会更高。例如，在现实生产生活中，各类煤炭需求对煤质的要求会有所不同，居民生活用煤、企业动力用煤、电力用煤、建材化工用煤、冶金用煤对煤质的要求依次变高，这种煤炭品质和用途差异的相互关系也在一定程度上影响着价格的变动。

（二）经济社会因素分析

影响煤炭资源价格水平的社会经济因素，主要包括经济发展水平、煤炭开采洗选及区位因素、煤炭用户承受能力、政策因素、其他能源的价格变化因素、煤炭国际因素和环保与生态因素等，这些因素从不同的侧面对煤炭销售价格产生着影响。

1.经济发展水平

煤炭资源与经济发展间存在着密切的相关性，经济发展需要消耗大量的煤炭资源，只有煤炭资源在经济活动中进行有效配置，才能使有限的煤炭资源产生最大效益，并为经济增长和发展提供强大的动力支持。尤其是对于煤炭资源短缺地区来说，要充分发挥价值杠杆作用来更好地体现煤炭资源的稀缺性。

2.煤炭开采洗选及区位因素

由于煤炭资源的埋藏深度、内部组织结构、矿体形态的复杂程度、矿体的厚度、地质构造的复杂程度、工程地质水文地质状况等因素都不同程度地影响开采条件，同时也对其洗选条件产生一定影响。煤炭资源价格也受区位条件影响，除自然地理区位外，经济地理区位和交通地理区位对其价格影响也较为明显。例如，水、电、劳动力供应状况、矿区及周边区域的经济文化发达程度、交通状况等都可能会影响煤炭资源开发洗选的成本及其收益。

3.煤炭用户承受能力

这部分主要包括经济承受能力和心理承受能力两个方面的内容，它们对于煤炭的销售价格会产生极其重要的影响。煤炭需求主体一般包括电力、冶金、建材化工、居民生活及其他用煤群体，它们在煤炭价格的承受能力方面表现出很大的差异性。究其原因，就在于国家对国民经济各部门实施差别化的政策，从而引起效益的巨大差异。面对不断变化的煤炭供求市场和众多具有不同承受能力的消费者，我们只能根据需求结构差异积极构建煤炭价值体系。即区别不同用途、少量需求和大量需求，高峰需求和非高峰需求，对不同用户实行不同煤炭价格标准。

4.政策因素

各个国家和地方政府对煤炭的开采开发及其销售价格实施诸如限价和补贴、资源税征收种类的调整和差异性税率制度等一系列调控措施，这将直接或间接地影响煤炭销售价格水平。例如，政策因素一般对煤炭资源供求关系呈间接相关性。当政策因素导致煤炭销售价格较低时，因价格弹性发挥作用导致煤炭资源需求会相应增加，从而打破原有的供需平衡状态，需要增加供给。在现阶段我国煤炭交易中，煤炭自由交易和流通的主要障碍就是煤炭物流能力，这也在很大程度上限制了进一步提高煤炭资源利用效率的空间。

5.其他能源的价格变化因素

煤炭和石油是最基本、最普通的不可再生能源。石油价格的变化对煤炭市场的影响呈现出正相关性。主要表现在：一是石油与煤价的比价关系促使煤价上涨；二是通过直接或间接的需求转换促使煤价上涨。在油价高企的大背景下，煤炭作为目前石油的替代能源，其替代作用和替代优势将会日益突出。如果世界范围内的石油价格在一段时间内大幅上涨，无疑将对煤炭价格产生很强的刺激作用。

6.煤炭的国际因素

煤炭资源价格易受国际经济状况、军事冲突、国际垄断与竞争以及自然灾害等影响。煤炭进出口贸易量的高低将可能直接影响到煤炭市场的供求，进而影响到煤炭价格。从国际煤炭市场价格水平看，在制定国内煤炭价格时，应参考国际煤炭市场价格。从国际煤炭市场供需状况看，若出现市场现货煤价高于长期合同煤价的情况，这就表明市场总体是趋好的，反之亦然。

7.环保与生态因素

煤炭资源作为一种不可再生资源，其开采开发对自然生态环境产生了一些外部性。随着全球变暖的环境问题日益受到社会各界的密切关注，煤炭资源的生产与利用面临多重因素的约束，尤其是以可持续发展理论为指导的“经济资源环境”要协调发展的理念，使我们在考察分析煤炭资源的价值时需要考虑的不仅是经济价值，更要考虑到生态价值、社会价值等。环境保护因素是影响煤炭资源价值的一个重要考虑因素。总之，煤炭资源作为一种能影响国民经济平稳运行的重要能源，它的价值受多种因素的影响，除以上所列的因素外，还应当考虑到煤炭生产企业成本的回收和煤炭生产企业的合理利润，不仅要充分考虑煤炭开采开发和利用过程中各行业、各部门的公平性与效益性、用户承受能力的强弱，也要考虑区域差异性和煤炭资源稀缺性，还要综合考虑有效开采利用煤炭资源对环境破坏程度差异的现实考量。

四、煤炭资源的资产化管理是我国煤炭行业科学发展的必要性

（一）煤炭资源的资产化管理是社会主义市场经济建设的要求

社会经济的发展，要求各产业之间相配套、相协调地发展。煤炭行业作为基础能源产业，也必须符合社会经济发展的要求。我国传统的资源管理体制，对国有资源的保护和利用缺乏有效的综合管理，否认自然资源的经济价值，未能纳入国民经济核算体系，把经济发展建立在对资源的“取之不竭”、无偿占有的观念上，国家所有权得不到维护，所有者权益在经济上得不到实现，严重地削弱了资源基础，破坏了资源的优化配置，资源产业投入不足，处于日益萎缩和危困的境地，已经成为制约我国经济与社会发展的重要因素。随着我国市场经济体制的建立和完善，市场将逐步成为煤炭资源配置的主体。现代市场经济的主要特征是产品、生产资料、企业产权等能作为商品在市场作用下合理流动。煤炭资源的资产化管理体制，将煤炭资源品位、储藏特征等自然属性同经济属性相结合起来，为煤炭资源确定出合理的价格。有了客观的价格，煤炭企业就能真正按资产的属性去经营煤炭资源，最重要的是煤炭资源作为重要的生产要素在市场机制作用下合理流动，实现煤炭资源的优化配置。煤炭资源的资产化管理，建立了煤炭资源同市场经济的接口，将煤炭资源同市场经济联系起来，采用符合市场经济规则的经济手段，形成强有力的约束机制和激励机制，提高资源的利用效率和配置效率，是与我国市场经济相适应的，也是建设市场经济的必然要求。

（二）煤炭资源的资产化管理是落实科学发展观的客观要求

实现经济社会全面、协调、可持续发展，这是科学发展观的实质。我国人口众多，资源相对不足，生态环境承载力有限，这是基本国情。科学发展观要建立

在我国基本国情的基础之上，任何脱离基本国情的发展，只会造成发展的后劲不足，导致经济陷于停滞状态。

我国是以煤为主要能源的国家，煤炭资源在国民经济发展中的作用举足轻重。实现煤炭资源的可持续发展是落实科学发展观的重要内容。煤炭资源是不可再生资源，在存量一定的情况下，开采一点就少一点，最终将不可避免地导致资源的枯竭。煤炭资源的可持续利用，不仅指煤炭本身的可持续利用，也可以是替补资源的开发和利用，从根本上讲是指维持煤炭功能的恒定，包括以具有相同功用的新能源来替代煤炭资源。

煤炭资源的资产化管理，明确了资源的产权关系，建立与其他资产类似的产权管理制度，彻底改变了煤炭资源资产无偿占有和无偿使用制度，将“谁开发、谁保护”“谁破坏、谁养护”等制度落到实处，这就从根本上保证煤炭资源的持续利用和有效增值，抑制资源掠夺式开发、肆意浪费和人为破坏。煤炭资源的资产化管理，为煤炭行业的可持续发展奠定了制度基础，是落实科学发展观的客观要求。

（三）煤炭资源的资产化管理是防止煤炭资源资产流失的有效途径

根据我国《宪法》第九条、第十条以及《矿产资源法》的规定，煤炭资源资产的产权属于国家所有，属于国有资源资产，所以煤炭行业也存在着国有资源资产流失问题。在我国的经济管理体制中，谁代表国家统一行使煤炭资源资产所有者职权没有进一步明确，致使所有者的权、利无人监督落实，资源资产所有者的权益，被开发利用者侵吞，所有权管理事实上被淡化了。煤炭资源资产的流失主要表现在以下三个方面：资源被无价或低价使用，资源所有者没有因资产的付出获得足够的收益；生产的外部不经济性使资产在数量上或在质量上的下降；资源资产恢复，没有“折旧”。煤炭资源资产的流失，最终导致资源所有者所有权的损害和资产的低效利用。煤炭资源的资产化管理，明确资产产权的所有者、经营者和管理者，使得资产价值运动的每一环节都有承担者和责任者。这样就对资产价值运动过程中的违法行为有了法律监督、约束和进行制裁的依据，是防止煤炭资源资产流失的有效途径。

五、煤炭资源资产化管理的可持续发展

煤炭资源是我国的主要能源，占我国一次能源生产和消费的70%以上。虽然我国煤炭资源总量丰富，但由于人口众多，按可供开采的煤炭资源计算，人均占有量仅达到世界平均水平的一半，因此我国又是一个煤炭资源十分紧缺的国家。

在我国的市场经济体制下，煤炭行业如何运作，才能持续稳定地发展下去？这是煤炭行业改革的重大课题。针对当前煤炭行业的状况和存在的问题，笔者认为煤炭资源的资产化管理，是科学利用煤炭资源，实现煤炭行业可持续发展的理想选择。

（一）煤炭资源资产化管理的内涵和目标

资源资产是具有明确的所有权，且在一定的技术经济条件下能够给所有者带来效益的自然资源。资源资产并不是资源的别称，二者存在本质的区别。资源转化为资源资产是有一定条件的，具有稀缺性、能够产生效益并且具有明确产权的自然资源才能称为资源资产。毫无疑问，煤炭资源具备上述三个条件，是一种资源资产。既然是一种资产，那么就应该按照资产的经营模式来管理。煤炭资源资产化管理，就是要通过对煤炭资源的人、财、物等社会投入，保护、恢复、再生、更新、增值和积累煤炭资源资产，实现以资源养资源，发展煤炭产业的良性循环，使煤炭资源的功能持续恒定下去，为社会提供更多的经济效益和良好的生态环境。在社会主义市场经济条件下，煤炭资源的资产化管理的目标主要有四个：实现所有权和经营权适当分离，使国家对煤炭资源的所有权在经济上得到实现；培育、保护和发展煤炭行业，使之走上良性循环、可持续发展的道路，实现经济效益、生态效益和社会效益同步发展；把煤炭资源纳入国民经济核算体系，使资源的价值得到反映和补偿；使煤炭资源资产产权流转变为现实，将煤炭资源参与到商品交换过程中去，进而融入正常的市场经济运行中去。

（二）对煤炭资源资产化管理的几点政策建议

1.健全国有资产管理法律法规

市场经济首先要是法制经济，依法治国的关键就是要健全法制。通过健全法制，使煤炭资源的管理、保护、开发与利用有法可依，有法必依。通过健全法

制，明确界定煤炭资源产权，理顺产权关系，使煤炭资源的经营、使用过程中的权、责、利关系明确化，并健全所有权主体人格化机构——国家国有资产管理机构及地方国有资产管理机构的产权管理职能，结束长期以来煤炭资产所有者主体长期缺位的局面。

2.建立完善的煤炭资源产权出让和交易市场

对煤炭资源的产权实行有偿转让，让渡使用，推行使用权的部分和完全有偿转让，建立切合实际的资源价格体系。煤炭资源市场分为一级市场和二级市场。一级是煤炭资源的出让市场，国家或国有资产管理部门把煤炭资源在一定年限内的使用权或开发利用权出让或出租给大型的国有公司或企业，收取地租或出让费，煤炭资源使用权在经济上得到实现。二级市场是取得煤炭资源使用权或开发权的公司或企业将使用权转让给别的企业。

3.建立煤炭资源资产评估体系

资产评估是依据一定的标准，以客观数据为基础，用科学的方法，合理反映企业各类资产现时价值或价格的过程，是一种动态化和模拟市场的社会经济活动，是强化资产管理和进行产权转让、资产重组所必需的一项基础工作。建立煤炭资源资产评估体系，可以充分保障煤炭资源所有者和经营者的合法权益，为考评资产的保值、增值工作提供客观依据。

同时对于加强煤炭资源资产的管理，防止流失，并为资产的有偿使用制度的建立奠定一个较为科学的价格基础具有十分重要的意义。

第五章　中国煤炭工业改革与发展的多元化思路

第一节 中国煤炭需求预测

一、我国煤炭需求历史及环境影响

（一）煤炭消费历史变化情况

由煤炭与GDP历史变化情况可见（图5-1），我国煤炭消费历史主要可划分为三个不同的发展阶段。第一阶段为1985年到2000年左右，这一阶段煤炭消费量大致以固定的增长率缓慢增长，与此时的国民经济发展趋势保持一致。这一时期我国属于社会主义市场初期发展的阶段，我国经济发展活力正处在全面激发阶段[①]。这一阶段，我国社会主义经济处在爆发性增长的前夕，由于煤炭在我国GDP增长中的重要作用，此时期的煤炭消费量也随GDP线性增长。

第二阶段为2000年左右至2015年左右，在这一阶段我国GDP增长趋势为指数型，这一时期我国属于社会主义市场全面发展的阶段，在前一阶段的发展过后，我国已经建立了基本的社会主义市场经济制度，国民经济也已经积累了一定的水平，2001年我国加入世贸组织之后，建立了统一开放、竞争有序的社会主义市场经济体系，我国GDP进入爆发式增长阶段。这一时期我国GDP的大幅增长，我国的煤炭消费量也由缓慢的线性增长转变成为高速的指数增长模式[②]。

从2015年至今为煤炭消费量和经济发展变化的第三阶段，我国开始全面深化社会各方面改革。我国经济也进入增速放缓、结构优化的新阶段。由于能源结构优化、环境质量恶化等多方面压力，2016年国务院提出煤炭行业要逐步化解过剩产能，我国煤炭行业开始逐年提高生产集中度，持续优化生产布局。在多种原因综合作用下，我国煤炭消费量在这一阶段达到峰值，并开始逐渐下降。

---

① 旷爱梅，宋勇刚.我国改革开放四十年经济发展的历史回顾与新时代经济高质量发展的建议[J].广西科技师范学院学报，2019，34（02）：68-72+11.

② 丁跃潮，陈黎震，孙扬.中国经济发展阶段的划分与人均GDP的预测[J].统计与决策，2008（22）：100-102.

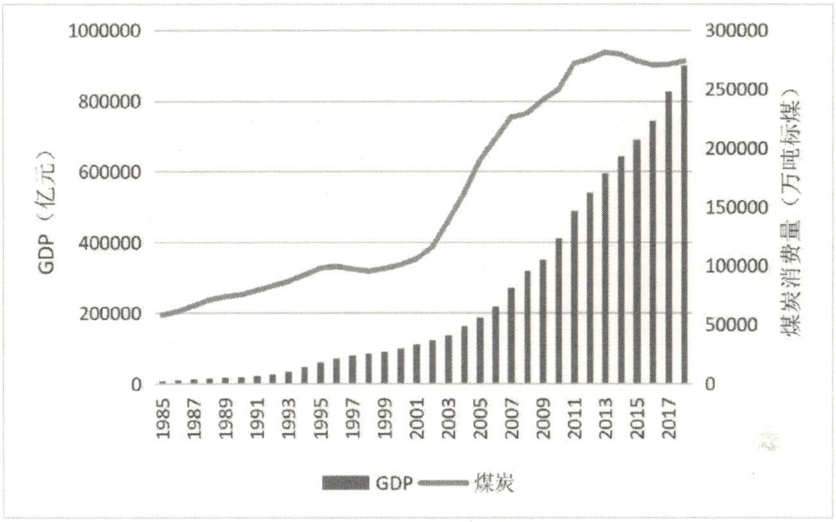

图5-1　煤炭与GDP历史变化情况

（数据来源：国家统计局）

（二）煤炭需求现状

如图5-2所示，我国煤炭消费行业中，只有热电行业和化工行业耗煤保持缓慢增长的趋势，建材行业耗煤由于我国总体经济增速的转变，房地产行业的降温，处于逐年下滑的状态。由于环保压力的增大，煤电行业逐渐追求将大气污染的排放降到最低，并逐步减少煤炭的单位能耗，同时我国大力推进可再生能源电力替代政策，因此热电行业煤炭消费量也逐年下滑。我国钢铁行业近年来处于产业结构优化，消减高能耗、低效率产能的攻坚阶段。由于钢铁行业产量的整体下滑，导致其煤炭消费量在近些年持续减少。并且可以预见，在未来，我国钢铁行业煤炭消费将持续保持减少趋势①。

如图5-3所示2017年我国煤炭消费行业中，热电行业耗煤量居首位，约占总量的51%，建材、钢铁、化工行业耗煤分别占12%、11%、5%。以上四个主要行业合计占2017年我国煤炭消费的79%。可见，这四个行业尤其是热电行业煤炭消耗量的变化，将主导我国煤炭消费总量的变化。

① 李全战.未来中长期全国钢铁行业煤炭需求预测[J].中国煤炭，2015，41（02）：5-7.

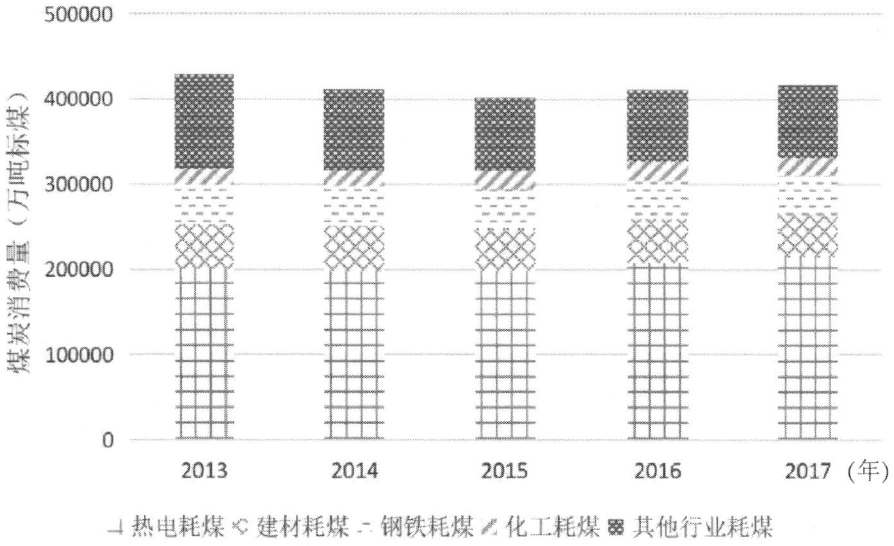

图5-2　煤炭消费结构变化情况

（数据来源：国家统计局）

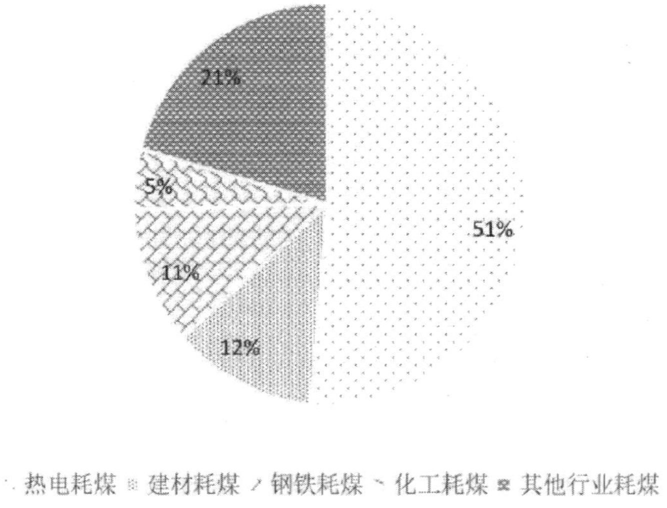

图5-3　2017年我国煤炭消费结构

（数据来源：国家统计局）

（三）环境影响

煤炭在开采过程中会污染开采矿区的水质、土壤成分、造成土壤结构改变、破坏当地生态环境，煤炭开采过程中矿区容易发生地面沉降、塌陷等地貌破坏现象。煤炭开采过程中，巷道的开挖会对当地地表水产生巨大影响，比如湖泊干涸、河流改道，同时煤炭的开采会破坏开采煤层附近的含水层。矸石山在堆积过程中，其中大量的重金属等有毒、有害物质随着降水析出并流入当地地表、地下径流，对当地水质造成严重破坏。大量的煤矸石在长期的堆积过程中由于氧化还原反应发生自燃，会产生大量的大气污染物。

煤炭在开采过程中，矿区的开挖、煤矸石的不当处理、废水的不规范排放会降低土地养分、改变土地物质结构。从而导致开采区土壤质量和植被结构退化，煤矸石以及废水中的重金属等大量有毒有害物质在排放到地下、地表水之后，会对当地湖泊、河流中的生态环境造成巨大破坏。

根据国家统计局数据，2015年我国煤炭开采和洗选业一般工业固废产生量约为3. 9亿吨，占一般工业固废排放总量的12.55%。而工业废水的排放量约为14.8亿吨，约占排放总量的8.16%。煤炭开采和洗选业的大气排放量占比较低，工业废气排放量约占排放总量的0.28%左右。由此可见，煤炭开采和洗选过程中，固废和液废的排放量较多，对生态的影响较大，而大气污染物的排放量无论从绝对数量还是从占比来看都比较小，对大气环境的影响比较低。

煤炭在直接燃烧的过程中会产生SO_2、NOx、烟（粉）尘等多种大气污染物。这些污染物的大量排放是造成我国雾霾现象多发的主要原因。这些污染物在大气中发生氧化反应，其中的二氧化硫和氮氧化物最终会形成含有硫酸和硝酸的酸雨，对建筑、农作物等地表环境造成严重损害。煤炭燃烧时释放出大量的烟雾，会对人体的鼻、气管、肺等呼吸系统造成严重损害，直接引发肺部系统疾病，人体在吸入煤烟中的有害物质之后，会造成有害物质的堆积，长此以往会大幅降低人体的预期寿命。煤炭燃烧之后产生的煤灰如果没有妥善处理，其中所含的大量有毒有害物质进入当地水环境中，会对水环境和水生态造成严重破坏。

根据BP公司的《2018全球能源统计》中的数据，近年来我国碳排放量逐年增加，2017年我国碳排放增加量占全球总增量的30%，推动了全球二氧化碳排放量的增加。但是，由于我国近年来的供给侧改革和对高耗能产业的限制，我国二氧化碳排放占全球比例处于逐渐下跌状态，碳排放实际量的增加也近乎停止。

二氧化碳的大量释放是推动全球气候变化和平均气温上升的罪魁祸首，2015年巴黎气候协定要求世界各国共同努力将21世纪全球平均气温上升幅度控制在2摄氏度以内，我国也在2018年提前实现了在2020年碳排放强度比2005年下降40%至45%的承诺，但要实现巴黎气候协定要求的目标，我国依然需要坚持绿色发展，降低碳排放。而根据IEA数据，我国煤炭消费相关碳排放约占能源消费碳排放占比的80%，远远高于全球能源消费相关碳排放20%的占比，所以我国煤炭消费相关碳排放是碳排放总量的重要组成部分。根据彭旭等人的计算，煤炭的碳强度分解量远远大于石油和天然气的碳强度分解量，即煤炭对我国碳排放量的贡献远大于石油和天然气，此外煤炭与另外两种主要一次能源相比，在产生相同热量的情况下，煤炭排放出的二氧化硫（SO_2）、氮氧化物（NOx）、（烟）粉尘等大气污染物要多得多。我国碳排放量及占全球总排放量比例见图5–4。

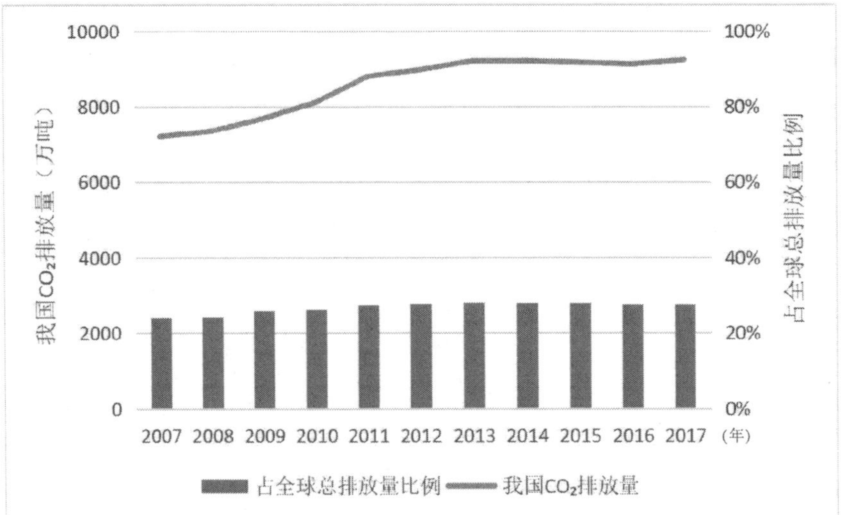

图5–4　中国CO_2排放量（万吨）

（数据来源：国家统计局）

二、煤炭需求量的总体情况

从2020年到2050年，我国煤炭消费量处于分阶段下跌的状态，由2020年的27亿吨标煤下降到2035年的21亿吨标煤左右，最终下降到2050年的16亿吨标煤左右，相较于2020年煤炭需求量分别下降了30%、40%左右。其中2025年至2045年属于煤炭消耗量下降速度最大的阶段，这一阶段煤炭需求量年平均下降速度约2%左右，在2045年之后煤炭需求量减少速度下降到年均1.5%左右。

根据预测结果和模型未来预测参数，2035年高环境压力下SO_2、烟（粉）尘排放量较2020年排放量分别低约494万吨、71万吨，占比分别为60.5%、9.9%。2050年分别低约637万吨、102万吨，占比分别为78%、14.2%。碳排放强度在2035年、2050年相较低环境压力下分别降低了65.3%、88.4%。

为了实现我国第一、第二个十五年目标、第二个百年目标中制定的经济和生态环境发展目标，我国必须参考资源环境压力下煤炭需求量预测值对煤炭的消费结构和消费状态进行全方位的提升和多方面的改造。

根据前文所述，生活部门散煤燃烧占据煤炭消费大气污染物排放的重要地位，具有消费量占比低、污染排放量占比高的特点。一方面，我国要尽快完全禁止散煤消费，另一方面要加强民用清洁煤炭及其制品的推广工作，开发并推广新兴清洁、高效民用燃煤炉具。

针对化工、钢铁等主要耗煤工业部门，我国应发展高效燃煤技术，淘汰技术落后的燃煤锅炉和炉窑，并对现有燃煤锅炉和炉窑进行升级改造，以提高燃煤利用效率，减少污染物排放。

针对占据我国煤炭消费主导性地位的电热部门，我国应大力推进煤电机组技术改造，推广CO_2捕捉、燃煤机组废气净化，大气污染物捕捉技术，并淘汰落后、低效煤电机组；另外大力发展光伏、核能等非化石能源，以提高新兴能源在我国能源消费总量的占比，从而减轻我国一次能源消费对煤炭的依赖。此外，我国应大力发展煤炭高效气化技术，鼓励煤炭清洁化工，如定向热解、加氢热解的研究，提高清洁煤化工在煤炭消费结构中的比重，以减缓煤炭供给侧削减的压力。

第二节 中国煤炭工业发展的新取向

中国煤炭储量位居全球第三，约占世界储量的13.3%，中国是世界能源生产和消费大国，其中，煤炭产量位居全球第一，超过世界煤炭产量前十中其余九国煤炭产量之和。2018年煤炭产量为36.8亿吨，约占全球产量的46.5%，消费约38.6亿吨，约占全球的52.1%。中国煤炭体量如此之大，现在及未来中国煤炭市场及煤炭工业如何变革发展？这是值得关注的新命题，为此，笔者从国际到国内、从市场到企业的视角提出新时代须关注的8个战略新取向。①

一、全球煤炭产业发展变化的新取向

全球煤炭产业发展变化在10年左右主要体现为减少与增长两个方面的新取向。

（一）煤炭消费减少取向

北美和欧洲地区等发达经济体对高能耗的重工业经济依赖正逐步减少，由此造成该地区逐步脱离和淘汰煤炭，有的大型能源公司加快剥离或退出煤炭业务。煤炭在西方发达国家能源结构中的比例逐渐下降：一是欧盟28个国家逐步淘汰煤炭；二是德国宣布将在2038年关闭所有煤炭发电厂；三是法国打算2021年年底关闭燃煤电厂；四是英国决定2025年之前关闭燃煤电厂；五是西班牙决定2020年关闭所有燃煤电厂；六是芬兰和荷兰决定2030年之前完全禁止燃煤电厂。同时，这些国家也在加快可再生能源的发展。

（二）煤炭消费增长取向

亚太地区新兴经济体保持煤炭需求兴旺的势头。由于世界新兴经济体处于快速高耗能重工业化的发展阶段，其经济发展离不开煤炭廉价能源的支撑，因此对煤炭保持着强劲的需求势头。新兴经济体的煤炭产业政策导向是大力发展煤炭产

① 牛克洪.新时代煤炭工业发展八大新取向研究[J].煤炭经济研究，2019，39（05）：61-64.

业，积极建设燃煤电厂，如印尼、越南、印度的煤炭产量和煤炭消费量均增长，印度打算到2020年煤炭产量将增加一倍，提升至15亿吨。在中国，煤炭在能源结构中的比例基本不会上升，反而会逐步下降，但煤炭生产及消费总量基数在全球仍是最大的。所以说，世界煤炭格局正在改变，各区域升降不同。

二、中国煤炭供与需区块化逆向格局的新取向

中国煤炭的供应与需求格局正在发展演变，将从过去的分布式向区块化或集中区转变，这种格局已经基本形成，将来还会越来越突出。

（一）中国煤炭供应地大体可划分为三大区块

第一区块为山西、陕西、内蒙古、宁夏、新疆，产量26.14亿吨，占全国的71%，但是新疆受到运输瓶颈制约。

第二区块为山东、河南、河北、安徽、江苏、东北三省，产量5.3亿吨，占全国的14.27 %。大多面临着资源枯竭问题。

第三区块为四川、重庆、云南、贵州、甘肃、湖南、湖北、福建、广西、江西、青海等地，产量3.05亿吨，占全国的8.3 %。煤炭开采条件差，行业发展潜力小。

山东、河北、河南、安徽都是原产煤大省，虽然与陕西、山西5亿吨、8亿吨的产能差距较大，但是过去河南、山东有接近2亿吨的产量，安徽、河北、东北三省产量也较多。东部作为经济发达区域，依靠这几个省的煤炭供应基本达到供需平衡，但是东部这几个省的煤炭产能都在迅速萎缩。过去山西、陕西、内蒙古煤炭是战略储备区，现在变为了煤炭主要生产区，成为煤炭供应的最前线。煤炭供给区块化逆向格局趋势明显，煤炭供应区越来越集中到山西、陕西和内蒙古。东部产能在弱化，但是消费依然保持，煤炭需求的缺口越来越大。虽然从国外进口一些煤炭，但主要还是依靠国内调节，由此西部产煤区的重要作用和战略地位越来越凸显。此时要实现产煤地和消费地之间的对接，就要靠物流、靠铁路，中国煤炭供需区块化和逆向布局，为铁路煤炭运输及煤炭物流贸易提供了一个战略性的发展机遇。

（二）煤炭区域性、时段性供需矛盾仍将存在

2019年煤炭去产能工作重心将由“去劣”转为“增优”，随着国家优化产业结构、淘汰落后产能、加强生态环保等政策的强力实施，中国东部和中部地区正在不断关井减产，如山东省正在大力推动新旧动能转换高质量发展，拟对生态脆弱的微山湖周边地区实施有效保护，计划将微山湖周边地区关掉15个煤矿。原来中国东部、中部产煤大省如河南、安徽、河北、山东等省的煤炭产量将会持续降低，由此华东、华中地区煤炭消费需求缺口将会不断增加。尤其是在冬、夏耗煤高峰季节，将需要大量增加外来输煤量，以缓解本区域供应紧张的问题。

三、中国煤炭公铁运输方式政策变革的新取向

为保护生态环境和降低实体经济的物流成本，国家出台煤炭运输方式“公转铁”政策，给铁路运输以政策保护和支持，大力增加铁路煤炭运输量，降低公路煤炭运输量。在过去中短途煤炭运输中，铁路网络跟不上，成为制约煤炭运输的“瓶颈”，造成公路抢抓煤炭运量，挤压铁路煤炭运量，如果压减公路运输将会影响整体煤炭有效供给，需要有汽运做补充。现在随着蒙冀线、大秦线、瓦日线、朔黄线、蒙华线等煤炭铁路运输专线增加，铁路基础设施网络建设已经跟上，煤炭铁运“瓶颈”制约问题将得到有效缓解，这就为国家“公转铁”政策顺利实施创造了基础条件。

煤炭行业在“十年黄金期”竞争的重点是抢占煤炭资源，未来竞争的重点则是对铁路干道和市场空间的控制。当今煤炭企业的市场竞争策略也必须随之调整，将过去以抢占控制煤炭资源开发建设新项目为主，转向谋划抢占煤炭市场空间和控制煤炭运输干道，如果没有煤炭市场空间布局和对运输干道的控制，就很难取得大发展。原神华集团之所以具有抗风险能力，原因之一就是其掌握了自营铁路运输。在煤炭市场低迷最困难的时候，煤炭板块陷入困境，而自营铁路却还在盈利。

四、煤炭清洁化供给及消费的新取向

新时代，煤炭供给侧结构性改革的主要任务是煤炭清洁高效利用，未来煤炭绿色化、清洁化、低碳化发展方向是不可逆转的趋势，尤其煤炭行业肩负更重的

责任，应予高度关注。为此，煤炭企业要从管理创新和技术创新两个方面着手，在生产环保、加工环节和消费环节上施策，大力推动煤炭“脱胎换骨”转化升级，寻找和开拓煤炭清洁化利用的新路径。

（1）我国煤炭绿色开采和清洁化生产上升到新水平。采用先进环保理念和技术装备，减轻对生态环境影响；推行煤炭洗选加工，提高原煤入洗比重；推行矿区生态环境治理工作，加快矿区损毁土地复垦和植被恢复。

（2）我国煤炭清洁化燃烧利用技术实现新突破。国家出台了更加严格的煤炭商品煤质量标准，煤炭中的硫分、灰分、磷有害元素等指标将受到严格管控，高效脱硝、脱硫、除尘先进技术在煤炭燃烧中已得到广泛应用，中国燃煤电厂超低排放技术创新及应用成效显著，散煤治理方式及洁净煤利用技术也有了重大进展。

（3）我国煤炭当作原料转化技术取得新进展。煤制天然气、煤制油、低阶煤炭分质利用、精细煤化工等转化利用新技术在大批项目中得以实施，实现产业化新突破，煤炭作为原料的功能得到新释放①。

五、中国煤炭企业向“两商模式”转型的新取向

我国煤炭企业的经营业态和商业模式正在创新重塑。从原神华集团、中煤能源集团、克矿集团、山能集团等大型煤炭企业集团的发展战略来看，主要特点就是“两商”。原神华集团的战略是“创建世界一流清洁能源供应商和清洁能源技术方案提供商”；中煤能源集团的战略是“两商一低”，“两商”就是清洁能源服务商和技术方案解决商，“一低”就是低成本战略；克矿集团的战略是“建设全球一流矿业集团和绿色能源服务商”；山东能源集团的战略是“着力打造能源综合解决方案供应商”，具体细划为“能源供应方案服务商”“生产技术解决方案服务商”“城市清洁能源服务商”“能源金融服务供应商”的四商发展方向。煤炭企业从过去单纯的煤炭生产供给者向“两商”转变是转型升级发展的大趋势。

新时代，煤炭企业要转变传统生产煤炭才能生存的旧观念。现在最重要的资源已经不是煤炭资源，而是客户资源。例如，山东全省每年煤炭消费近4亿吨，而全省的煤炭产能只有1.3亿吨左右，下一步还会继续下降，山东省每年将有2亿

① 于学华.清洁利用技术引领让“乌金”变“绿能”[N].中国电力报，2019-03-16.

多吨的缺口，需要从外部调入。

六、煤炭企业管控方式变革的新取向

新时代，我国大型煤炭集团兼并重组活动风起云涌，而且其规模会越来越大。一个集团资产规模达到几百亿元、几千亿元甚至上万亿元，涉及多个产业方向；大型煤炭集团管理层级多；业务布局省内多地、跨省或跨国多处；员工人数达到万人、几万人，甚至几十万人。这种多层次、多法人、多产业、跨地（跨国）的大型煤炭集团怎样进行科学管控和高效有序运作？如何解决“集而不团”和“大而不强”的问题？这是每个大型煤炭集团公司所要面对和关注解决的大问题。

经过多年各煤炭集团的实践探索，现在业界形成了战略型管控、财务（资本）型管控、运营型管控（操作型）等多样性的企业管控模式，实践中许多煤炭集团公司结合自身企业情况，有的采用战略管控型与投资管控型相结合的管控模式，还有的采用财务管控型与运营管控型相结合的管控模式等。但需要指出的是，目前企业管控的做法，实际上有3个不同管控内容上的侧重点：一是企业战略管控，主要解决战略不能落地的问题，围绕战略方向、目标、路径及重要举措，实现战略落地目标化和执行责任化。二是管理体系管控，主要解决执行力不强的问题，围绕集团化管控、专业化管理和市场化运营，实现企业层级管理功能定位清晰、执行责任明确及管理顺畅高效。三是风险管控，主要解决企业发展及经营中风险预控的问题，围绕管理制度化、制度流化和流程信息化，实现要素资源在决策、建设、经营各环节中的风险及时发现、有效防控的责任化[①]。

七、煤炭企业管理创新与升级的新取向

在高质量发展新时代，煤炭企业需要关注和破解面临着新情况、新技术、新矛盾、新变革、新挑战的考验，也面临着发展新机遇的选择。必须改变过去“粗放经营”状况，着眼市场需求，在原有企业管理的基础上，不断创新企业高质量发展管理新模式，着力谋划企业管理创新与升级的“三精”一体化治企方略，即精准化决策、精细化管理、精益化运营。

① 牛克洪.煤炭企业转型高质量发展的着力点研究[J].煤炭经济研究，2017，37（12）：57-62.

（一）实施精准化决策

决策的科学与否对一个企业生存发展关系重大，在一个大转型、大重组、大变革、大洗牌、大升级的高质量发展时代，企业有待决策的重要事项很多，如及时正确地决策，应是一个亟待关注的大问题。决策功能是每个企业家应负有的首项重要使命。所谓精准化决策，就是在企业发展中能够及时发现问题和看到机遇，适时准确做出决策，要按照“细调研、慎决策、快实施”的要求，运用互联网、大数据和云计算等新思维、新工具实施科学决策、精准决策和及时决策。

（二）实施精细化管理

遵循细节决定成败的道理，在企业各项工作、各种活动、各类事情中实施精细化管理，按照工作量化、细化和责任化的总要求，全面和全员注重做好做细每一件事、每一项工作、每一项标准、每一个产品，培育全体员工的“工匠”职业情操。

八、全国煤矿智慧化建设的新取向

煤矿是煤炭企业最基础的生产经营单元，做好智慧煤矿建设对实现煤炭企业整体转型升级意义重大。矿山技术发展大体经历了原始阶段、机械化阶段、数字化信息化阶段后，正快速迈向智慧化时代。智慧化煤矿建设是一个体系化、系统化、技术与管理融汇一体的工程，也是煤矿机械化、自动化、智能化、智慧化的不断升级工程。

（1）弄清智慧矿山的基本内涵。2008年美国IBM提出“智慧地球”的概念后，煤矿行业许多学者根据自己的观点对“智慧矿山”进行定义。中国智慧矿山联盟2012年提出的定义被多数人认可：一是对生产、职业健康与安全、技术和后勤保障等进行主动感知、自动分析、快速处理的无人矿山；二是智慧矿山的本质是安全矿山、高效矿山、清洁矿山；三是矿山的数字化、信息化是智慧矿山建设的前提和基础；四是智慧矿山的建设是逐步实现的，具有明显的阶段性。

同时，智慧矿山将物联网、云计算、大数据、人工智能、自动控制、移动互联网、机器人化装备等与现代矿山开发技术融合，形成矿山感知、互联、分析、自学习、预测、决策、控制的完整智能系统，实现矿井开拓、采掘、运通、洗选、安全保障、生态保护、生产管理等全过程智能化运行①。

（2）了解智慧煤矿建设的重要节点。智慧矿山建设是一项较繁杂的系统工程，要统筹规划，抓住重点，包括智慧矿山建设中侧重抓好网络化传输、规范化集成、可视化展现、自动化操作、智能化服务和数字化基础的各个节点②。

（3）明确建设智慧矿山的价值作用。智慧矿山建设可推进信息化与煤矿深度融合，实现煤矿管理信息化和云控高效化，其价值作用主要体现在：一是可将煤矿过去的少数人管理转变为全员全面参与管理；二是可将煤矿过去的传递滞后式管理转变为直通即时式管理；三是可将煤矿过去的现场管理转变为远程云控管理；四是可将煤矿过去的人工管理转变为智能管理；五是可将煤矿由过去分散的、各自独立的安全生产等管理系统转变为高度融合的一个管理平台上进行互融互通。

第三节　中国煤炭工业发展的政策导向

一、改革开放以来煤炭政策演变引导下的煤炭工业改革发展（1978—2015年）

煤炭工业经过改革开放后40多年的发展，在生产能力、生产方式和产品供给等方面都发生了巨大变化。煤炭产量从1978年的6.18亿吨，上升到2017年的35.2亿吨；单井规模从平均1.52万吨/年，提高到150万吨/年。以上开采方式由人工开采、机械化开采到智能化开采，煤炭工业由最初的单一资源开采利用发展成为煤基多元协同、多产业链融合、信息化、智能化集成的综合开发利用产业体系；产品也从只提供原煤到洗精煤、煤电、煤制油、煤制天然气、煤制甲醇、煤制烯烃等众多产品③，为我国经济社会发展提供了70%以上的能源供给，满足了人们生

① 田会，白润才，赵浩.中国露天采矿的成就及发展趋势[J].露天采矿技术，2019（1）：1−9.

② 刘镇.智慧煤矿2025情景目标和发展路径[J].冶金管理，2020（19）：19−20.

③ 郭建利，张鹏.我国煤炭行业体制机制制约因素及改革方向分析[J].煤炭经济研究，2017，37（11）：44−50.

产和生活对煤炭的需求，取得了举世瞩目的成就。回顾这些变化，与我国改革开放历程和不同阶段的政策导向是分不开的，透过改革开放的宏伟进程，看到不同阶段煤炭工业的发展历程。

（一）改革开放以来经济发展历程

1978年党的十一届三中全会确定了改革开放道路以来，我国经济发展经历了5个阶段[①]：第一阶段（1978—1984年），国民经济恢复期，各行各业开始整顿恢复生产。第二阶段（1985—1992年），以承包经济责任制为特征，发展有计划的商品经济阶段。国家破冰计划经济，引入承包经营，培育市场萌芽。第三阶段（1993—2001年），确立和全面实施社会主义市场经济体制阶段，解决非公有制经济市场地位问题，完善市场体制。第四阶段（2001—2011年），全面建成小康社会新阶段。抓住加入世贸组织契机，全面对外开放，发展民营经济，释放改革动力。第五阶段（2012年至今），新时代高质量发展阶段，以全面建成小康和全面深化改革开放为目标，以供给侧结构性改革为突破口，推进经济由高速增长转向高质量发展。

（二）政策引导下煤炭工业发展轨迹

伴随宏观经济发展5个阶段，煤炭工业发展也走过了这5个阶段，显示了不同阶段的特点。

第一阶段（1978—1984年）：煤炭工业整顿恢复阶段。1978年以前，我国煤炭工业已陷入停产、半停产状态，许多煤矿不能正常生产，党的十一届三中全会后，党和国家把工作重心转移到经济建设上来，煤炭工业实施全面整顿恢复，各地煤矿逐渐恢复正常生产。20世纪80年代初，为迅速增强能源供应保障能力，中央号召“发挥中央和地方两个积极性，大中小一起上”，1983年4月，国务院颁布了《关于加快发展乡镇煤矿的八项措施》，鼓励加快乡镇煤矿建设，大力发展煤炭生产，缓解了煤炭供应紧张局面。

第二阶段（1985—1992年）：承包经营阶段，跟随全国改革开放的步伐，煤炭行业实施安全生产经营承包责任制，引入竞争机制。这个阶段主要推进三大任务。一是完成国有统配煤矿的上收工作。针对煤矿生产能力低、安全不稳定问

① 武靖国.我国社会主要矛盾新判断与税收使命[J].税收经济研究，2017（6）：15-19.

题，国家上收了一批骨干煤炭企业作为统配煤矿，以提高安全保障，增加煤炭生产调配供给能力，满足供应需求。二是为减少煤矿亏损，激发管理者积极性，提高煤矿产量和效益，在全行业实施安全生产经营承包制，把安全生产计划任务作为承包条件，实施盈亏包干指标，让承包者的收入与经营业绩挂钩，奖优罚劣。自1985年起，全行业实施6年投入产出总承包和两年延续承包，在此阶段国家赋予煤炭企业部分自主经营权。1987年，原煤炭部制定了《统配煤矿和其他骨干企业深化改革的几点补充办法》，进一步落实了后三年承包任务和责任。三是国家在煤炭计划调控方面开始破冰改革，实行指令性计划和指导性计划相结合，煤炭价格实行“双轨制”，分为计划内价格和计划外价格。1992年取消了计划外煤炭价格的限制，放开指导性计划煤及定向煤、超产煤的限制，出口煤、协作煤等全部实行市场调节，市场煤占比接近50%。市场煤以及计划外煤炭价格的放开，激发了煤炭企业经营自主权的活力，使得煤炭企业经营效益得到较大提升。

第三阶段（1993—2001年）：进入市场化改革阶段，煤炭工业取消计划经济，进入完全市场化。这一阶段，围绕着社会主义市场经济体制的建立，国家改革了税收、投资、外贸、价格体制，确立了企业市场经济主体地位，推行现代企业制度，实施政企分开，企业成为真正的市场主体。1994年国家取消了统一的煤炭计划价格，除电煤仍实行政府指导价格外，其他煤炭价格全部放开，由煤炭企业根据市场需要自主制定价格。煤价进一步放开，使得煤炭企业参与市场化程度更深。此后，煤炭工业跟随国家改革开放进程，开始进行建立现代企业制度探索，1995年全行业推行企业改制试点，兖州、邢台、郑州、盘江、平顶山矿务局及平朔煤矿等100家骨干企业列入改制试点单位，将这些骨干煤炭企业改制成（集团）有限责任公司，建立符合市场主体要求的自主经营、自负盈亏、自我发展的现代企业法人主体，为煤炭企业更好地参与市场化经营创造了条件。此间，宏观经济形势发展向好，煤炭需求旺盛，供应严重短缺，在此情形下，煤矿开始持续加班加点“促高产”，各地大干快上，小煤矿遍地开花，推动了煤炭工业超常快速发展，煤炭产量直线上升，1996年煤炭产量达到13.74亿吨，出现了供大于求、效益下滑、安全状况恶化的局面。为规范煤炭行业发展，合理开发利用和保护煤炭资源，1996年国家颁布了《中华人民共和国煤炭法》，禁止滥采乱挖。1997年亚洲金融危机席卷全球，我国宏观经济也深受影响，煤炭行业进入了5年的低迷期。为促使煤炭企业走出困境，配合宏观经济体制变革，国家对煤炭工业开始简政放权。1998年国务院改革了煤炭工业管理体制，撤销煤炭部，成立国家煤炭工业局，下放原煤炭部直属的统配煤矿，归属地方管理，推进政企分开和市场化改革，煤炭工业从计划经济体制转为市场经济体制。同时，为制止小煤矿安全恶性事故的不断发生，行业效益大幅下滑的严重局面，国家加快煤炭行业改革和结构调整，相继实施关井压产、减人提效、改革改制，全面开展了瓦斯治理和整顿关闭非法小煤矿的攻坚工作，一方面加大煤矿安全投入，补还安全欠账，提高安全保障程度；另一方面关闭不符合安全生产条件的非法小煤矿，并逐步对全国众多的小煤矿进行整合。经过3年的整治，全国小煤矿数量由1998年的8万多个减少到2001年的2.2万个左右，煤矿安全生产状况逐步好转，生产集中度较大提升，煤炭企业渡过特殊困难时期。2000年1月国家成立了国家煤矿安全监督管理局，2000年3月撤销了国家煤炭工业局，有关职能并入国家经贸委[①]。由此可见，在国家宏观经济管理体制改革下，进一步弱化了政府管理行业职能，减少对煤炭企业的干预。

第四阶段（2001—2011年）：煤炭工业健康快速发展阶段，也可称为煤炭10年黄金期。这段时期，煤炭工业从四个方面推进发展，一是抓住扩大开放良好契机，实现快速增长。以2001年中国加入世贸组织为开端，我国对外开放的大门彻底打开，国际贸易迅速增长，加之国内基础设施和房地产投资加快，我国经济出现了两位数的快速增长，2002年GDP首次突破10万亿元大关，拉动了煤炭的需求快速增长，煤炭市场持续向好，各产煤大省加快煤矿建设和煤炭生产，推动了煤炭产量的迅速提升。二是进一步加快推进市场化改革，完善市场机制。2002年国家进一步放开市场煤价格，除国家控制的计划内供发电用煤仍执行国家指导价格外，其他用煤实现了市场定价。2003年国家能源局出台了《我国煤炭工业中长期发展政策》。2003年10月党的十六届三中全会通过了《中共中央关于完善社会主义市场经济体制若干问题的决定》，在肯定社会主义市场经济发展方向的同时，进一步完善市场机制建设。按照该文件精神，2004年国家能源局改革煤炭订货会制度，建立煤电价格联动机制，形成电煤价格“双轨制”。2007年又取消了延续50多年由政府主导的煤炭订货制度，将每年的年度“全国煤炭订货交易会”改为“全国重点煤炭产运需衔接会”，突出了企业的市场主体地位。三是全面加强煤

① 牛克洪.煤炭企业转型高质量发展的着力点研究[J].煤炭经济研究，2017，37（12）：57-62.

炭资源规范管理，规范资源开发秩序，推进矿业权制度改革，推行资源有偿使用制度，实施矿业权市场化交易，煤矿审批制改为核准制等。四是推进构建新型煤炭工业体系，加快推进煤炭企业重组改制。2005年国务院颁布《关于促进煤炭工业健康发展的若干意见》，着重构建新型煤炭工业体系，加快资源整合步伐，推进大型煤炭基地和大型煤炭企业集团建设，推动煤炭企业实施了上市融资和资产重组；在企业改制方面，实施主辅分离、辅业改制，人员分流、发展多种经营，完善法人治理结构和自我约束机制，加强企业管理。

第五阶段（2012年至今）：煤炭工业转型发展阶段。2012年下半年宏观经济进入新常态，煤炭工业也从高速增长急速转入低速增长，进入了转型发展期。从2012年下半年开始，煤炭行业跌入低谷，产能严重过剩，库存积压、债务沉重、效益断崖式下滑，很多企业陷入了经营困难，欠发职工工资。煤炭工业面临两大问题，一是煤炭企业保生存问题，二是煤炭工业和企业转型发展问题。在保生存问题上，一方面，按照中央精神，在国家能源局、中国煤炭工业协会政策指导下，煤炭企业全面落实中央要求的“去产能、去库存、去杠杆、降成本、补短板”五大任务；另一方面，进一步推进煤炭市场化改革，把煤炭企业推向市场中成长。2012年国务院办公厅发布《关于深化电煤市场化改革的指导意见》，取消电煤重点合同，实现电煤价格与市场煤价格并轨，全面放开煤炭市场，给煤炭企业腾出利益空间，让市场信息直接传导给煤炭企业和下游电力企业。并在2013年5月和9月分别让炼焦煤、动力煤期货成功上市；2014年国家发改委下发《关于深入推进煤炭交易市场体系建设的指导意见》，进一步推进煤炭市场化改革，完善市场调节机制。在转型发展问题上，2016年2月国务院下发了《关于煤炭行业化解过剩产能实现脱困发展的意见》，提出从2016年开始，用3~5年的时间，再退出产能5亿吨左右，减量重组5亿吨左右，较大幅度压缩煤炭产能，适度减少煤矿数量，煤炭行业过剩产能得到有效化解，市场供需基本平衡，产业结构得到优化，转型升级取得实质性进展[①]。其后，为贯彻落实文件精神，优化产能结构，化解过剩产能，促进企业转型，国家发改委、能源局、煤监局联合出台了《关于实施减量置换严控煤炭新增产能有关事项的通知》，就新建煤矿与关闭退出煤矿实施产能减量置换，通过一定比例的减量置换，淘汰落后产能，化解过剩产能。

① 王显政.深化煤炭供给侧结构性改革．建设现代化煤炭经济体系[J].中国煤炭工业，2017（12）：4−8.

通过近3年的实施，已经化解了超过8亿吨的过剩产能，煤炭行业效益实现了恢复性增长，煤炭企业已摆脱困境、效益得到稳步提升，煤炭企业正在探索绿色、高效、低碳可持续发展道路，向着产业链的中下游、产业价值链的中高端实现转型发展，以实现未来高质量发展。

（三）煤炭工业发展巨变

（1）从经济形态看，随着我国社会主义市场经济体制的逐步建立与发展，煤炭工业经历了从完全计划经济，到以计划为主、市场为辅，再逐步转变到完全市场化进程，煤炭企业逐渐成为真正的具有完全市场地位的主体。

（2）从生产规模和总产量看，我国煤矿改革开放初期基本上都是几十万吨以下的中小型矿井，经过多年的建设和改革重组，如今年产500万吨特大型矿井和1000万吨以上的超大型矿井不断涌现，千万吨矿井群也已在晋陕蒙多地出现。一大批产能落后的中小型煤矿被淘汰关闭。全国煤炭产量从1978年的6.18亿吨，到2017年的35.2亿吨。煤矿数量也从1998年最多时的8万处，减少到2017年年底的7662处，我国煤矿生产规模和总产量实现了飞跃发展。

（3）从集中度看，全国煤矿由分布各地小散乱，向大基地、大集团集中，煤炭集中度大幅提升。进入21世纪，我国煤炭开发向14个大型煤炭基地集中，煤炭工业开始实施兼并重组，组建大集团，建设大基地，建成了许多大型、特大型煤矿，主要产煤大省组建了大集团，出现了如陕煤集团、山西焦煤集团、山东能源集团、河南能源集团等大型煤炭企业集团。14个大型煤炭基地产量占全国产量的94.3%，前8家煤炭企业产量占全国总产量的39%，煤炭稳定供应保障能力增强[①]。

（4）从生产方式看，煤炭生产方式也发生了根本性的变化。改革开放初期，煤矿井下开采主要采用的是手工机械、打眼炮采、坑木支护的方式，工作环境艰苦，劳动强度大，安全性差，经过40余年的发展，煤炭开采技术大幅提升，已从简单粗放式手工机械开采到大规模高效智能化开采，生产条件、安全作业环境、劳动效率大幅提升。

（5）从生产技术和工艺看，煤炭开采技术和开采工艺发生了深刻的变化。改革开放，我国引进了先进的综采设备和矿井液压支架，通过引进消化吸收创

① 冯守东.新时代中国税收发展战略研究[J].税收经济研究，2017（6）：6-10.

新，开发出了综采放顶煤技术、自动化开采技术、远程遥控井下无人开采技术等先进开采技术，煤炭生产也从手工作业、半机械化转变为机械化、自动化，再到信息化和智能化。

（6）从产业链看，煤炭工业已从单一煤炭开采洗选加工，向煤炭下游多条产业链延伸，以及煤电一体化、煤化电一体化、煤基多元产业链耦合发展、资源高效综合利用等多产业链方向发展，煤炭电子商务新型产业发展模式已经形成，正在不断扩大区域范围。

（7）从煤炭企业产权结构看，煤炭企业已从最初单一的国有体制发展到国有、集体、个人、合资等多元产权结构并存形式，企业市场主体多元化，丰富和活跃了市场氛围，激发了社会各群体参与市场积极性，有利于调动各类资源，增强市场竞争的有效性。

（8）从煤炭工业发展布局看，煤炭工业发展的重点正在从东中部转移到西部，新产业布局重点集中到了西部，新增产能在西部，晋陕蒙宁是煤炭开发的重点区域。煤炭运输大通道蒙华铁路横贯南北，将打通陕蒙煤炭由北向南的外运通道。

（9）从能源结构变化趋势看，我国能源结构在快速转型，能源生产和消费进入清洁化和多元化时代，以新能源为代表的非化石能源、清洁能源的需求越来越大，新增光伏、风电等新能源装机总量超过了煤炭新增装机总量，按照《能源发展“十三五”规划》，到2020年非化石能源消费比重要提高到15%以上，天然气消费比重力争达到10%，煤炭消费比重降低到58%以下。预计到21世纪中叶，煤炭消费比重将下降到40%左右①，但煤炭到21世纪中叶仍将是我国的主要能源。

（10）从煤炭作为基础工业看，煤炭支撑着我国从经济社会一路成长，特别是改革开放以来，煤炭是我国经济社会发展所需能源的主要提供者，支撑着我国从工业化初期发展到现在工业化后期，煤炭的作用已从单一的作为燃料转变为燃料和原料。不仅承担满足发电和工业民用燃料需求，也作为工业化工原料部分替代石油、天然气，弥补石油、天然气的不足。

改革开放以来，随着宏观经济5个不同发展阶段，煤炭工业也经历了调整整顿、承包经营、市场化改革、高速发展以及转型高质量发展5个阶段，在政策引领下，煤炭工业通过5个阶段的不同发展，已由初期的恢复生产、承包经营，到

① 方平.新发展理念推进现代化经济体系建设[J].企业经济，2017（12）：13-14.

计划经济的破除，市场经济体系逐步建立，到最终完善市场机制，让市场对资源配置发挥决定性作用，每一阶段都有明确的政策引导，都在不断地推进解放和发展生产力，加快技术进步。展望未来煤炭工业发展，将以低碳、高效、安全、环保的高标准，保护好蓝天、碧水、青山，为人民提供优质、清洁、高效的能源产品和服务，实现可持续的高质量发展。

二、“十三五”规划关于煤炭工业、煤炭深加工产业发展的政策导向

“十三五”规划的全称是《中华人民共和国国民经济和社会发展第十三个五年规划纲要》（以下简称《规划纲要》），起止时间为2016—2020年。以《规划纲要》为总纲，2016年下半年到2017年上半年，相关行业与产业的具体规划陆续密集出台，其中涉及能源与煤化工的规划主要有：2016年12月发布《能源发展“十三五”规划》（发改能源〔2016〕2744号），2016年12月发布《煤炭工业发展“十三五”规划》（发改能源〔2016〕2714号）；2017年1月发布《能源技术创新“十三五”规划》（国能科技〔2016〕397号），2017年3月最新发布《煤炭深加工产业示范“十三五”规划》（国能科技〔2017〕43号）。

笔者对上述有关规划进行了整理、分析及粗浅解读，以供业界同行参考；主要阐述生产、消费、结构方面的问题，体制、机制方面的问题不在讨论范围之内。

（一）“十三五”规划关于煤炭工业发展的政策导向

1.煤炭工业“十三五”发展面临的形势

（1）国际形势。

能源格局发生重大调整。总体来讲，能源供需宽松，价格低位运行；能源供给多极化，逐步形成中东、中亚—俄罗斯、非洲、美洲多极格局；能源结构调整步伐加快，清洁化、低碳化趋势明显，煤炭在一次能源消费中的比重呈下降趋势。

煤炭消费重心加速向亚洲转移。受环保、应对气候变化、廉价天然气替代等因素影响，美国和欧洲等发达地区煤炭消费持续下降；印度和东南亚地区经济较快增长，电力需求旺盛，煤炭消费保持较高增速。

煤炭生产向规模化、集约化高效方向发展。世界煤炭生产结构进一步优化，煤矿数量持续减少，煤矿平均规模不断扩大，生产效率快速提升，煤炭生产规模化、集约化趋势明显。

（2）国内形势。

煤炭的主体能源地位不会变化。煤炭占我国化石能源资源的90%以上，是稳定、经济、自主保障程度最高的能源。煤炭在一次能源消费中的比重将逐步降低，但在相当长时期内，主体能源地位不会变化，不能分散对煤炭的注意力。

能源需求增速放缓。“十三五”期间，预计我国经济年均实际增长6.5%以上，第三产业比重年均提高1个百分点，钢铁、有色、建材等主要耗能行业产品需求增长空间有限，能源消费年均增长3%左右，增速明显放缓。

清洁能源替代步伐加快。天然气、核能、可再生能源快速发展，对煤炭等传统能源替代作用增强，预计到2020年，非化石能源消费比重达15%左右，天然气消费比重达10%左右，煤炭消费比重下降到58%左右。

生态环保和应对气候变化压力增加，煤炭发展的生态环境约束日益强化。

2.煤炭工业“十三五”发展的主要目标

根据《煤炭工业发展“十三五”规划》，“十三五”时期，我国煤炭工业发展主要目标见表5–1。

表5–1 “十三五”时期煤炭工业发展主要目标

指标	单位	2015年	2020年	年均增速（累计）
集约发展目标				
新增煤炭查明资源储量	亿吨	2000		—
煤炭产量	亿吨	37.5	39	0.8%
煤炭消费量	亿吨	39.6	41	0.7%
化解淘汰过剩落后产能规模	亿吨	8		—
通过减量置换和优化布局增加先进产能规模	亿吨	5		—
大型煤炭基地产量比重	%	93	95	（↑2）
大型煤矿产量比重	%	73	80	（↑7）
煤矿数量	处	9700	6000	（39%）
企业数量	家	6000	<3000	（–50%）
5000万吨级以上大型煤炭企业产量比重	%	55	60	（↑5）

由表5–1可见，“十三五”期间，煤炭工业将进一步夯实供应基础，新增煤炭查明资源储量2000亿吨；同时，煤炭生产结构将得到进一步优化：煤矿数量控制在6000处左右，120万吨/年及以上大型煤矿产量占80%以上，30万吨/年及以

下小型煤矿产量占10%以下；煤炭生产开发进一步向大型煤炭基地集中，大型煤炭基地产量占95%以上；产业集中度进一步提高，煤炭企业数量控制在3000家以内，5000万吨级以上大型企业产量占60%以上；化解淘汰过剩落后产能8亿吨左右，通过减量置换和优化布局，增加先进产能5亿吨左右，到2020年，煤炭产量39亿吨。

3.煤炭工业将进一步优化生产开发布局

全国煤炭开发总体布局是压缩东部、限制中部和东北、优化西部。

（1）加快大型煤炭基地外煤矿关闭退出

北京、吉林、江苏三地煤炭资源枯竭，产量下降，将逐步关闭退出现有煤矿；福建、江西、湖北、湖南、广西、重庆、四川煤炭资源零星分布，开采条件差，加快煤矿关闭退出；青海地区加快矿区环境恢复治理，从严控制煤矿建设生产。到2020年，大型煤炭基地外煤炭产量控制在2亿吨以内。

（2）14个煤炭基地的产能分布

综合考虑资源储量、分布集中度、水文地质条件、开采条件、煤层埋藏深度、基地内人口密度、煤质、水资源和生态环境承载力等因素，规划14个煤炭基地的产能分布。

第一，降低鲁西、冀中、河南、两淮大型煤炭基地生产规模。到2020年，鲁西基地产量控制在1亿吨以内、冀中基地0.6亿吨、河南基地1.35亿吨、两淮基地1.3亿吨。

第二，控制蒙东（东北）、晋北、晋中、晋东、云贵、宁东大型煤炭基地生产规模。到2020年，蒙东（东北）基地产量4亿吨，晋北基地产量3.5亿吨、晋中基地3.1亿吨、晋东基地3.4亿吨，云贵基地产量2.6亿吨，宁东基地产量0.9亿吨。

第三，有序推进陕北、神东、黄陇、新疆大型煤炭基地建设。到2020年，陕北基地产量2.6亿吨，神东基地9亿吨，黄陇基地1. 6亿吨，新疆基地2.5亿吨。

到2020年，煤炭生产开发进一步向大型煤炭基地集中，14个大型煤炭基地产量37.4亿吨，占全国煤炭产量的95%以上。

3.生产开发规模

按照减量置换原则，严格控制煤炭新增规模。东部地区原则上不再新建煤矿。中部和东北地区从严控制接续煤矿，中部地区新开工规模约占全国的12%，东北地区新开工规模约占全国的1%。西部地区结合煤电和煤炭深加工项目用煤需要，配套建设一体化煤矿，新开工规模约占全国的87%，其中，内蒙古、陕西、新疆为重点建设省（区），新开工规模约占全国的80%。

4.煤炭跨区域调运平衡

预计2020年，煤炭调出省区净调出量16.6亿吨，其中晋陕蒙地区15.85亿吨，主要调往华东、京津冀、中南、东北地区及四川、重庆；新疆0.2亿吨，主要供应甘肃西部，少量供应四川、重庆；贵州0.55亿吨，主要调往云南、湖南、广东、广西、四川、重庆。煤炭调入省区净调入19亿吨，主要由晋陕蒙、贵州、新疆供应，沿海、沿江地区进口部分煤炭。

（二）煤炭深加工产业“十三五”发展目标及有关政策导向

本章节内容主要根据《煤炭深加工产业示范“十三五”规划》（国能科技〔2017〕43号）、《能源技术创新“十三五”规划》（国能科技〔2016〕397号）、《现代煤化工产业创新发展布局方案》（发改产业〔2017〕553号）等分析整理。

《煤炭深加工产业示范“十三五”规划》中关于“煤炭深加工产业”给出了最新的界定：煤炭深加工是指以煤为主要原料，生产多种清洁燃料和基础化工原料的煤炭加工转化产业，具体包括煤制油、煤制天然气、低阶煤分质利用、煤制化学品以及多种产品联产等领域，不包括传统煤化工产业。

1.“十三五”煤炭深加工产业发展面临的形势

（1）挑战。

第一，生态环境和资源约束强化。新环保法已经开始实施，针对大气、水、土壤污染的多项专项治理行动计划也已经开始实施，未来，煤炭深加工产业的污染控制要求将更加严格，煤炭深加工项目获得用水、用能、环境指标的难度加大，碳减排压力增加。

第二，全球能源化工市场竞争加剧。国际油气市场供需趋于宽松，价格低位运行，中东、北美低成本的油气、烯烃等产品加快出口；国内大宗能源化工产品需求增速放缓，煤炭深加工产业发展面临的市场的不确定性增大。

第三，新能源技术突破带来的不确定性增大。未来，非常规油气、电动汽车、可再生能源等技术进步十分迅速，如其中某一项率先实现重大革命性突破，将压缩煤炭深加工产业发展空间。

（2）机遇。

第一，清洁燃料替代传统燃料的燃料结构调整加快。今后几年，我国清洁燃料替代传统燃料的燃料结构调整将加快：国五及以上标准车用汽、柴油将全面推广，船用燃料油升级步伐加快，天然气车、船快速发展，工业窑炉、采暖锅炉“煤改气”积极推进，煤炭深加工产业可在其中发挥重要作用。

第二，煤炭供给侧改革带来的机遇。过剩的煤炭产能急需加快供给侧结构性改革，推动行业转型升级，培育新的利润增长点。煤炭深加工产业作为延伸煤炭产业链、提高附加值的重要途径，将迎来新的发展机遇。

第三，自主创新技术助力煤炭深加工产业发展。新一代的煤气化、液化、热解、合成等关键技术不断涌现，合成气一步法制烯烃、热解—气化一体化等革命性技术研究取得重要突破，将为煤炭深加工产业注入持续发展新动力。

2.指导“十三五”煤炭深加工产业发展的基本原则

（1）自主创新，升级示范。

落实创新驱动发展战略，瞄准产业重大需求，强化原始创新、集成创新和引进消化吸收再创新，推动新工艺、新技术、新产品，系统优化集成，关键装备，环境保护等自主创新成果的全方位升级示范。

（2）量水而行，绿色发展。

坚守水资源管理“三条红线”，执行最严格的环境保护标准，努力实现绿色发展。已超出水资源、能源消费控制总量和已无环境容量的地区建设煤炭深加工项目，需先期采取有力措施，腾出相应容量指标。

（3）严控产能，有序推进。

坚持高起点、高标准发展，不支持现有技术水平的大规模产能扩张，不设定约束性的产能和产量目标，主要以技术发展进程确定产业发展节奏，列入规划的项目应承担明确的示范任务，成熟一个，建设一个，逐步提高产业水平和层次。

（4）科学布局，集约发展。

落实《全国主体功能区规划》，按照“靠近原料、靠近市场、进入园区”的原则，科学合理确定产业布局。在煤炭资源地区，按照基地化生产、规模化外送的模式集中布局示范项目；在消费市场中心，按照调度灵活、就地消纳的模式布局规模适中的示范项目。同等条件下，布局示范项目向老、少、边、穷地区倾斜，支持当地经济发展。

（5）转换动力，助推转型。

努力将煤炭深加工产业培育成为煤炭资源地区经济发展的新动力。支持煤炭深加工企业兼并重组上游煤矿资产，化解过剩产能。支持煤炭企业延伸产业链，参与建设煤炭深加工项目，实现脱困发展。通过煤炭深加工示范项目带动传统煤化工技术改造和升级，聚集资金、技术和人才资源，加快当地产业结构调整和经济转型发展。

（6）优势互补，协调发展。

将煤炭深加工作为我国油品、天然气和石化原料供应多元化的重要来源，同时发挥工艺技术和产品质量优势，发挥与传统石油加工的协同作用，推进形成与炼油、石化和天然气产业互为补充、协调发展的格局。

（三）实现煤炭深加工产业“十三五”规划的有关政策支持与保障

1.建立示范项目的动态调整和退出机制

国家能源局将持续跟踪规划内项目进展，适时开展评估，对主动放弃、推动不力、进展迟缓、无故拖延的项目，取消新建项目或储备项目资格；同时根据技术发展及市场变化等情况，研究论证新的示范项目，并择优增补纳入规划。

2.加强煤制清洁油品和煤制天然气市场推广应用

支持煤制油企业公平参与油品质量升级，进入清洁油品批发和零售市场；支持煤制天然气企业与下游用户直接签订售气合同，落实气量和价格。推动天然气管网设施、成品油管网设施分别向煤制天然气、煤制油品公平开放。

3.研究制定有别于炼油行业的煤制油品的消费税政策

充分考虑煤制油与炼油行业的不同特点，研究制定适用于煤制油品的税收政策。

此外，《煤炭深加工产业示范“十三五”规划》在优化自主创新环境、加快标准体系建设、加强国际交流合作等方面都给出了相应的保障与支持政策。

（四）《能源技术创新“十三五”规划》中有关煤化工技术研发创新的政策导向

2016年4月国家能源局、发改委发布《能源技术革命创新行动计划（2016—2030）》，这是一个庞大的行动计划，共列出了15项重点任务，煤炭清洁高效利用技术创新是15项任务的其中之一。

《能源技术创新"十三五"规划》是《能源技术革命创新行动计划（2016—2030）》在"十三五"时期的阶段性目标：明确了2016年至2020年能源新技术研究及应用的发展目标。

《能源技术创新"十三五"规划》"重点任务"章节中，按照应用推广一批、示范试验一批、集中攻关一批的路径对不同技术领域进行了任务分类。

集中攻关一批：前景广阔、但核心技术仍需突破、亟待集中力量攻关的技术，为2030年前实现能源技术革命奠定坚实基础。

示范试验一批：有一定技术积累，但工艺路线、经济性和市场可接受性有待验证的技术，探索技术定型、大批量生产的路径，为"十三五"及今后的能源转型提供技术支撑。

应用推广一批：相对成熟、有需求、有市场、成本低的技术，确保"十三五"提高能源效率、调整能源结构目标的实现。

1.集中攻关类

（1）新型低阶煤热解技术。

研究目标：开发能够提高焦油产率、提高焦油中轻质组分含量的低阶煤中低温热解技术，焦油产率提高20%~50%，轻质组分质量分数达到70%~80%。

研究内容：研发低粉尘、高油产率和高品质油气的粉煤热解技术；研究煤加氢热解的反应机理及反应条件对加氢催化热解的焦油等产物的分布、品质的调控；研究煤加压热解的反应机理及反应条件对加压热解的产物的分布、品质的调控，建立试验装置并优化加压热解工艺；研究$CO+H_2$混合气体系统气氛反应机理，研究催化剂对低阶煤热解过程的作用机理及催化剂制备，进行循环溶剂性能评价和加氢试验研究。

（2）煤炭加氢液化新技术。

研究目标：开发降低反应苛刻度的煤加氢液化技术，原料煤转化率≥85%，油收率≥50%，反应压力≤10MPa。

研究内容：开发温和液化新工艺与催化剂、重质油轻质化新工艺与催化剂、温和液化工艺反应器、固态产物分质加工新技术、煤溶剂萃取—催化加氢耦合技术，开展温和加氢工艺技术验证，研发煤和重质油共处理技术、循环溶剂制备技术并开展性能评价。

（3）煤基专用油品技术。

研究目标：开发出新一代高效煤液化催化剂、煤油共处理成套技术，提高煤基专用油品收率及质量，形成煤基火箭燃料、特种油品等成套技术。

2.示范试验类

（1）单系列百万吨/年及以上规模的低阶煤热解示范工程。

研究目标：开发具有自主知识产权、适应性广的低阶煤中低温热解技术装备，建设百万吨/年及以上规模的示范装置，并实现长期稳定运行；系统能效不低于75%，焦油产率大于格金实验的85%。

研究内容：开展大型热解反应器及其附属设施研制、大型回转设备的密封技术研发、可长周期稳定使用的热载体开发、固体热载体的加热技术以及高温热载体的平稳输送系统研发、高效低耗长寿命的高温除尘技术研究；研发强腐蚀性介质输送设备、最优焦油和半焦产率下的工艺技术、研发热解气净化系统防结焦及废水处理回用技术、半焦的规模化成型与防粉化技术；突破半焦用于工业化锅炉燃烧技术、半焦用于替代部分喷吹/烧结原料的炼铁生产技术及半焦高效气化技术；开展干燥、热解、油品加工系统的集成试验。

（2）新一代先进煤气化示范装置。

研究目标：形成满足不同煤种和产品需求并具有自主知识产权的先进煤气化技术。

研究内容：开发适应于高灰熔融性温度煤的新型超高温气流床气化技术；开发原煤日处理能力3000~4000吨的大型气化炉；突破流化床加压大型化关键技术，形成2000吨级加压流化床煤气化工业技术示范应用；开发千吨级/日连续自动液态排渣移动床加压气化技术；开发城市垃圾、生物质与煤共气化技术，以及气化污染物控制技术；开展新一代催化气化制氢和气流床加氢制取天然气技术研发。

（3）煤制化学品新技术工业示范。

研究目标：开发具有独立知识产权的煤制化学品新技术，完成新一代煤制乙二醇、甲醇制芳烃和合成气制高碳醇等技术工业示范。

研究内容：开展甲醇制芳烃、煤基油制芳烃、第三代甲醇制烯烃技术的百万吨级工业化示范；开展非贵金属催化剂煤制乙二醇技术50万吨级工业化示范；开展甲醇甲苯制对二甲苯、合成气制高碳伯醇等技术中间试验；推动合成气一步法制烯烃、乙醇等技术工程放大和试验示范。

（4）高酚氨煤化工废水零排放技术示范。

研究目标：构建高酚氨煤化工废水零排放技术体系，优化集成技术的设计参数，建设1000 m^3/h以上规模的示范工程，实现中水回用率≥99%。

研究内容：优化高酚氨煤化工废水典型污染物高效预处理关键技术参数；优化高效厌氧技术参数，提高水质冲击适应性，进一步改善水可生化性；研发煤化工废水去除特征污染物酚及杂环类和氨氮的关键技术；开发浓盐水脱除COD技术、蒸发结晶组合技术，完善单质结晶盐分离流程。

3.应用推广类

（1）百万吨级煤炭间接液化成套技术装备。

研究目标：建设百万吨级煤炭间接液化工业装置，生产清洁液体燃料。

研究内容：开发50万~80万吨/年费—托合成大型反应器、合成催化剂的规模化生产技术、合成中间产品的加工提质技术、多产超清洁汽油技术、联产高附加值化学品技术、尾气转化和利用技术以及先进的节能节水和废水处理技术。

（2）百万吨级褐煤干燥提质技术。

研究目标：建成一批100万吨/年以上规模的工业化装置及电厂原煤预处理装置；通过调节产物的性质及与下游产业的耦合，实现提质产品的商品化、标准化、系列化。

（3）制油制气制化学品催化剂材料示范推广。

研究目标及内容：开发合成气完全甲烷化催化剂材料并进行升级示范；开发、研制适用于悬浮床加氢裂化的高活性、高分散性纳米硫化物催化剂材料、烯烃多相氢甲酞化制高碳伯醇催化剂；开发合成气制高品质柴油和石脑油催化剂及成套生产技术、甲醇碳基化制乙酸甲醇及其加氢制乙醇催化剂；开发清洁油品超深度脱硫催化剂、润滑油基础油加氢异构脱蜡催化剂和高性能草酸酯加氢制乙二醇催化剂；进行成套技术示范推广及产业化升级。

三、我国煤炭企业“十四五”规划亟须关注的十大重点问题

“十三五”已经接近收尾。即将进入的“十四五”将面临国内外更多、更大、更新的变量因素，世界格局处于百年未有之大变局，国内全面步入高质量发展的新时代。为此，我国煤炭企业应从“站在世界看中国、站在中国看行业、站

在行业看企业”的视角，提前研判未来发展新趋势、分析新挑战、寻找新机遇、打造新动能和布局新战略。鉴于全国煤炭企业各自所处区位南北不同、资源优劣不同、开采条件不同、规模大小不同、新老状况不同及发展状态不同等差异化的情况，各煤炭企业编制的“十四五”规划内容肯定不一样。但是，大家面临新时代高质量发展的任务是相同的，面临安全、高效、绿色、智能和可持续发展的战略方向是相同的。基于此认识，笔者梳理出煤炭企业“十四五”规划发展须关注的十大重点问题，供煤炭企业中、高层管理人员参考。

（一）关注思想观念创新引领企业发展的新价值

在新时代背景下，煤炭企业要谋划好、完成好高质量发展这一重大历史命题任务，首先要解决好转型升级的问题。境界决定高度，观念决定行动，思想决定路线，理念引领发展。作为微观经济实体和市场竞争主体的煤炭企业，而对“未有之大变局”，应从国际、国内、企业三个维度去观察和明确三个方面的新认知、新理念。

1.国际：应把握世界大变局，树立危机意识和担当精神

从整个世界经济及能源趋势看，呈现“转”“调”“变”新态势：“转”是指世界发达国家再工业化和工业升级，主要表现为各国加速传统产业转型升级和新兴产业开发，大力发展高科技含量的高端产品，绿色低碳产业成为世界潮流；“调”是指世界能源结构大调整，主要表现为全球主要经济体正加快发展新兴能源，调整新旧能源结构比重；“变”是指煤炭供需格局新变化，主要表现为欧洲和北美地区等发达经济体的经济发展对高能耗的依赖逐步减少，但在亚太等地区新兴经济体则保持煤炭需求兴旺趋势。尤其是美国已制定对我国实行全面制衡的对抗战略，中美关系的主旋律将由过去大限度的合作，转向美国对我国的全面遏制，中美贸易摩擦将会是长期性、全面性并延伸至高科技和金融领域。“十四五”以至未来相当长时期，我国经济发展的外部不确定因素增大，风险增多，作为企业应了解世界格局的大变化，树立强烈的危机意识和抵抗各类风险的坚定信心。

2.企业：直面企业现实问题，树立高质量发展新理念

面对新时代的新环境、新要求，煤炭企业要在了解外情、领会上情的基础上，对企业“内情”进行全面诊断，树立支撑企业高质量发展的新理念：树立创

新发展新理念，把创新作为引领企业发展的第一动力；树立市场导向新理念，把研究市场、开拓市场和经营市场摆到首要位置；树立问题导向新理念，把查找制约企业发展问题和短板作为工作契入点和总抓手；树立价值导向理念，把价值作为评判问题和解决问题的衡量标准；树立绿色发展新理念，把节能减排和低碳经济、绿色发展作为企业行为标准；树立安全发展新理念，把增强煤矿安全可预、可控和可防作为员工幸福指数的首要职能。

（二）关注煤炭企业转型升级及变革的新战略

战略是方向，战略决定着企业未来想做什么的问题，规划是解决企业未来能做什么的问题。战略研究主要是研究企业10年及以后的发展大方向、目标、发展路径和措施；规划研究主要是研究企业5年间的发展方向、目标、产业项目、工作重点任务及保障措施。新时代的煤炭企业战略规划，就是既研制煤炭企业“十四五”发展规划，又谋划煤炭企业长远发展战略。因为“十四五”及更长时期内我国将全面进入高质量发展阶段，企业转型升级实施高质量发展战略既面临着内外部环境的诸多不确定性，又面临企业高质量发展方向及目标定位、产业及产品结构优化升级、发展路径及重大项目选定、管理及技术创新等新课题和新挑战。

根据党和国家新时代的战略要求及可预见的发展趋势、外部环境变局，煤炭企业尤其是大型煤炭企业“十四五”乃至更长时期的战略规划应突出“安全、综合、集约、高效、绿色、智慧、可持续”要素内容。

（1）安全，即坚持生命至上原则，通过现代技术装备和本质型管理方法，实现企业员工安全生产和职业健康。

（2）综合，即坚持传统能源与新兴能源并重发展原则，通过煤炭清洁化改造升级和选择开发适宜性新能源，实现新旧能源产业包容式综合发展。

（3）集约，即坚持价值创造和内涵式发展原则，通过问题导向式的精准化决策、精细化管理、精益化运营，实现要素资源优化配置、关键流程优化再造和质量效益型发展。

（4）高效，即坚持降本增效和高端产品、高效生产和定制化服务原则，通过生产布局调整、技术工艺变革、劳动组织优化、减人提效变革和多上装备少增人等措施，实现企业高效率与高效益发展。

（5）绿色，即坚持煤炭清洁化供给原则，通过科技创新和管理创新措施，推动煤炭生产环节到煤炭消费环节的变革，实现煤炭清洁化和低碳化。

（6）智慧，即坚持两化深度融合原则，通过物联网、大数据、云计算、移动互联等技术手段，构建以数字技术为支撑的“实时感知、瞬时响应、智能决策”智慧生产及智慧运营体系，实现企业井下开拓、采掘、运通、洗选、生产管理、经营运作、安全保障、生态保护等全过程和人、财、物、信息全要素智慧化高效运转。

（7）可持续，即坚持丛林生存法则和与时俱进原则，通过寻求新资源、开发新产业、拓宽新市场、挖掘新价值和适应新生态环境，培植煤炭企业延长生命周期的沃土，实现健康可持续发展的“百年老店”。

（三）关注煤炭企业产业结构优化升级的新方略

当企业战略方向明确之后，就必然要选定发展产业、战略导向产业和产业支撑战略。经过21世纪近20年的快速发展，我国大多数煤炭企业现在已经形成以煤炭产业为基础的多元化产业结构的格局。在新时代、新战略背景下，煤炭企业尤其是大型煤炭企业的产业结构如何调整优化，应是“十四五”乃至更长时期需要研究解决的重大命题。

根据以煤为基、多元产业结构的现实情况，煤炭企业应从三个方面对产业进行升级、优化和开发，构建高质量发展的新型产业体系。

1.煤炭产业升级

煤炭产业是煤炭企业的基础产业和主体产业，未来，煤炭产业发展的战略取向是转型升级，实现由黑色到绿色、高碳到低碳、有烟到无烟、燃料到原料的发展，达到洁净化利用、无害化排放和原料为主使用。煤炭产业的生存、升级与发展取自和依赖于以下三大因素。

（1）有需求。煤炭在能源结构中仍将占有基础性能源地位，国家经济社会的发展需要煤炭，预测在15年之内我国煤炭消费量约为30亿吨/年，煤炭在我国一次能源结构中占比约为50%，需求体量之大，这是煤炭企业重大生存发展的空间，应据此做好煤炭产业的区域布局、市场定位和高质量发展路径设计。

（2）须升级。国家全面建成小康社会需要绿水青山的美好生态环境，生态环境倒逼煤炭产业必须由高碳能源向低碳能源的发展方向转型升级，由燃料向燃料与原料并重的发展方向转型升级，要把推动煤炭清洁高效开发利用作为转型升级的主体战略方向，进而组织规划实施。

（3）要革命。2014年6月13日，中国共产党中央财经委员会第六次会议专门研究了中国能源安全战略。要求推动能源消费革命，抑制不合理能源消费；推动能源供给革命，建立多元供应体系；推动能源技术革命，带动产业升级；推动能源体制革命，打通能源发展快车道；全方位加强国际合作，实现开放条件下的能源安全。这些要求对我国未来能源发展有着重要的指导意义，煤炭企业作为我国能源供需格局中的重要一环，必须把握能源生产和消费革命的新方向、新要求。

2.非煤产业优化

非煤产业经过几十年的快速发展，目前，我国煤炭企业形成了燃煤发电、煤化工、煤机制造、建筑施工、建材制造、现代物流、金融服务等多元非煤产业发展的格局。多数大型煤炭企业非煤产业产值超过60%，部分老矿区煤炭企业非煤产业产值的比重更高。未来，煤炭企业应根据自身能够支撑和管控发展做大、做强的要求，对现有各类非煤产业进行全面诊断和优化调整，聚焦主业、收缩战线、突出重点，原则上保持1~2个非煤产业，对其集中要素资源倾斜支持、改造提升、加快发展。对其他非煤产业项目则分情况进行产权制度改革，或进入市场“四自经营”，或借助外资、外智、外平台放开搞活，或转让退出。

3.新兴产业开发

根据高质量发展和可持续发展的要求，煤炭企业应及早布局开发新兴产业。依托煤炭企业自身可调配要素资源及区域优势等条件，精细调研，谨慎决策，寻找产业关联度较为紧密、自身可控发展和具有市场前景的新兴产业，按照投资多元化、布局园区化、产品高端化、运营高效化的开发思路，创建高效的新体制机制、强化高端人才支撑、加强科技创新，培育企业高新发展经济体和效益增长极。

（四）关注产品高值化升级和定制化供给的新要求

企业参与市场竞争的主要载体是产品，产品则是企业创造利润的主要源泉。鉴于煤炭企业多元产业结构的实际情况，必须坚持以消费端升级需求为引导，高举供给侧结构性改革大旗，制定煤炭及各类产业的产品定制化供给策略。

1.明确煤炭产品升级方向

根据煤炭消费端环保和增值升级的新需求，煤炭产品定制化生产及供给应坚持清洁化、定制化和差异化的“三化”方针。所谓清洁化，就是在生产环节和洗选加工环节采用技术手段及管理措施，最大限度降低煤炭产品中含有的污染源及有害元素；所谓定制化，就是借用海尔“人单合一”运营方式，寻求客户现实及潜在的价值需求点，定制生产“量身订制”的产品；所谓差异化，就是通过生产系统优化改造和生产标准化规范，创造出与竞争对手不同的市场供给产品和符合不同用户需求的差异化产品。

从商业角度拓展思维，实施“粗粮细作”的“精煤”战略，推动煤炭清洁高效和分质分级利用，做好客户结构、产品结构、运输结构的持续优化，提升煤炭产品的品牌价值。加大洗选煤和配煤技术推广力度，提高精煤供应量，实现产品效益的最大化。积极推广先进的高效煤粉、洁净型煤和水煤浆技术等煤炭清洁高效利用技术和工艺配套方案，逐渐消减分散用煤和劣质煤应用。提供定制化、差异化煤炭配方和产品服务，实施“从坑口到炉口”的服务运作模式。

2.明确非煤产品升级方向

鉴于煤炭企业中非煤产业的多元化情况，非煤产业的产品应以持续满足市场客户价值需求为宗旨，注重打造市场竞争力，把握产品升级的3个方向：一是通过严格标准化生产流程，确保供给客户的产品质量过硬，规格样式有特色，让客户喜爱；二是通过强化生产成本管控，确保市场产品销价合理，有价格竞争力；三是采用现代电商营销新模式，为客户提供优良便捷的售前、售中和售后服务。

（五）关注发展中安全及生态“红线”的新保障

煤炭企业未来发展绕不过去的两大“红线”风险是煤炭安全保障和生态环保问题。由于煤矿生产的作业场地在地下，而作业采场又是不断动态变化的，由此带来两大问题：井下生产作业要与大自然做斗争，矿井水、煤尘、瓦斯、冲击地压等隐患风险会时时威胁现场作业人员的生命安全；煤矿生产过程不断扰动地质结构变化，造成地表塌陷等环境破坏现象。只要煤矿进行生产，这两大问题就必然会发生，而且更要看到，新时代党和国家对员工生命安全、职业健康和生态环境保护的重视程度会更高，行为标准更规范，法律制约更严格。

1.煤矿安全管控升级新取向

未来煤矿安全管控变革升级主要表现为硬件装备升级与软实力提升两个方面。

（1）硬件装备升级方面，主要是依靠科技进步，采用更为先进的新技术、新工艺和一流新装备，收缩战线，优化布局，减少系统，减少头面；加快“两化”深度融合，推进信息技术的运用，走煤矿信息化、数字化建设之路，在井下各采面、迎面及生产系统安装瓦斯监测、设备监测和故障诊断等系统，实现全天时对安全状态的遥测、遥控、遥信，增强对事故隐患及防灾抗害的防控能力。

（2）软实力提升方面，主要是落实安全生产责任，严格制定和执行安全生产有关政策法规，建立安全管理的长效机制；突出重点环节的隐患管理，做好现场安全检查，建立隐患排查、治理和分级管理机制，加强质量标准化建设，加强员工安全教育培训，加强安全文化建设，增强员工安全意识和安全生产防护技能，创造人、机、环境和谐统一的本质安全环境。

2.矿区生态环境质量升级新取向

未来，生态文明建设是中华民族永续发展的千年大计，煤炭矿区建设要以绿色发展为主线，实施生态产业化、产业生态化的发展战略，全面推行资源节约、循环发展、生产清洁、低碳高效的绿色生产方式，统筹矿区生态系统建设，做好区域生态环境保护。

（1）实施智能生态管控。规范生态环境保护标准，明确政府与企业生态环保责任边界，运用信息化手段完善矿区生态环境管理机制。

（2）保护利用矿区地下水资源。做到井下矿井水智能处理与循环利用，矿井疏干水合理利用和达标排放，“三废”实现减量化、分类安全储存和适度综合利用，保护改善地表生态环境。

（3）实施重要生态系统保护和修复工程。科学规划实施矿区土地复垦、采煤沉陷区治理工作，有效遏制和治理矿区生态退化、环境污染、地面塌陷等突出问题。

（4）构建采空区智能充填系统。以井下采—选—充智能绿色开发系统为基础，构建井下采、掘、机、运、通全面智能物联系统，将井下采选、洗选的矸石直接充入采空区，减少煤炭开采对地表的破坏。

（5）坚持生态环境治理与合理开发利用相结合。以创新发展为引领，统筹规划，充分利用矿区存量资源和地理文化条件，变废为宝和变存量为增量，综合开发环保产业、光伏发电及现代农业种植业、养殖业、文化旅游业等，实现矿产资源有序开发和生态环境良性保护的协调发展。

（六）关注智慧云控煤矿管理模式推广应用的新走向

坚持以信息化培育新动能，用新动能推动实现高质量发展是未来的迫切要求和重要举措。《中国制造2025》提出“关键工序智能化、关键岗位机器人替代、生产过程智能控制，建设重点领域智能工厂”；《新一代人工智能发展规划（2017）》提出“智能工业机器人、智能服务机器人大规模应用，实现生产设备网络化、生产现场无人化”；《能源技术革命创新行动计划（2016—2030年）》提出“到2030年，重点煤矿基本实现工作面无人化。全面建成安全绿色、高效智能矿山技术体系，实现煤炭安全绿色、高效智能生产”。

就全国煤炭企业来看，目前，我国大型现代化煤矿建设进展迅速，已经建成145个智能化采煤工作面，为下一步大面积复制推广智能化矿井建设奠定了良好的基础。总体来看，我国煤矿建设将沿着机械化、自动化、智能化、智慧化方向的升级轨道发展。尤其是现在已有煤矿创建了“智慧云控矿山综合管理”模式，采用每人一部手机App移动智能管理，取得煤矿管理模式的新变革，实现了效率、效益的大提升。实践证明，智慧云控矿山综合管理模式非常实用高效，具有国际先进、中国领先的价值意义，并具备极强的示范性、可复制性，值得学习和推广。

1.充分认识智慧矿山建设的内涵及要求

智慧矿山是当前在我国矿山企业提到的最频繁的一个词，自从2008年美国IBM提出智慧地球的概念后，煤矿行业许多学者都根据自己的观点出发进行定义。中国智慧矿山联盟2012年提出的定义被多数人认可：对生产、职业健康与安全、技术和后勤保障等进行主动感知、自动分析、快速处理的无人矿山；智慧矿山的本质是安全矿山、高效矿山、清洁矿山；矿山的数字化、信息化是智慧矿山建设的前提和基础；智慧矿山的建设是逐步实现的，具有明显的阶段性。智慧矿山是基于现代智慧理念，将物联网、云计算、大数据、人工智能、自动控制、移动互联网、机器人化装备等与现代矿山开发技术融合，形成矿山感知、互联、分析、自学习、预测、决策、控制的完整智能系统，实现矿井开拓、采掘、运通、洗选、安全保障、生态保护、生产管理等全过程智能化运行。

2.把握智慧云控煤矿管理模式建设的着力点

智慧云控煤矿管理模式是未来煤矿管理变革的新方向，推进智慧云控煤矿管理模式建设应把握以下6个着力点。

（1）把握智慧云控煤矿生产管理的着力点。通过“移动互联网+煤矿云平台”，集成煤矿生产各个系统数据，运用互联网及云控手段，实现生产指挥智能化、劳动组织扁平化、生产管理全员化、生产信息集成化、生产操作集控化。

（2）把握智慧云控煤矿安全管理的着力点。通过“移动互联网+煤矿云平台”，集成煤矿各个监控系统数据，运用互联网及云控手段，采用大数据分析矿压预测预报系统、井下智能机器人巡检系统、全息电子矿工系统、人员精准定位动态管控系统、安全自主培训系统及异常情况自动报警系统等，实现安全管理全员化、安全监控动态化、管控风险精准化、消除隐患实时化。

（3）把握智慧云控煤矿开采工艺的着力点。运用矿井地质勘察数据、矿井各系统设计数据、矿井开采积累数据，通过“移动互联网+煤矿云平台”，优化布置矿井开采布局，创新回采工艺，提高煤炭资源回收率。实现开采工艺云控化、矿压数据实时化、采场布局最优化、资源回收最大化。

（4）把握智慧云控煤矿经营管理的着力点。采用云计算和智能控制手段，通过对用工、资金、耗材、设备、质量全过程动态管控，实现生产成本可控化、员工收入透明化、产量数据实时化、降本提效精益化、产品质量最优化。

（5）把握智慧云控煤矿员工素质提升的着力点。运用互联网云控及大数据技术，结合矿井安全生产实际需要制定员工培训教育题库，并根据矿井安全生产新变化及时更新题库内容，模拟网络学校，模拟教学，自主模拟考试，通过员工手机每日列出必答题，实行答题结果与员工当班收入挂钩，提高员工的安全生产理论和实操素质，实现员工培训学习由被动学变为主动学，由要我学变为我要学，由传统老师教学变为员工网上自主学，由过去教室学变为随时随地学。

（6）把握智慧云控煤矿综合管理的着力点。利用“煤矿云”平台和每名员工手机App系统移动智能化管理，实时显示和无线连接，使井下作业现场与井上下人员直接实时动态对接。推进煤矿综合管理方式变革和提升，实现五大新转变：变煤矿传统的少数人单一管理为全员全面参与管理，变煤矿传统的传递滞后式管理为直通即时式管理，变煤矿传统的现场直面管理为随时随地远程云控管理，变煤矿传统的人工管理为智能管理，变煤矿传统分散的、各自独立的管理系统为高度融合到一个管理平台上互融互通管理。

（七）关注煤炭企业精益化成本管控的新创举

为贯彻实施新时代高质量发展的战略，煤炭企业应推广精益化成本管控。成本管理作为煤炭企业的核心竞争力，也必须适应高质量发展战略的要求，注重精益化成本管控，实现从规模扩张型向质量效益型的转变，从精细化管理到精益化管理的转变。

1.弄清精益化管理与精细化管理的关系

精益化与精细化两者虽只有一字之差，但内涵却不同。精细化管理是精益化管理的基础与支撑，精益化管理是对精细化管理的提升。精细化管理是改变传统粗放式的管理模式，将具体、明确的量化标准渗透到管理的各个环节。最基本特征是重细节、重过程，注重做细每一件事、每项标准、每个环节。而精益化管理中的“精”体现在质量上，追求尽善尽美、精益求精；“益”体现在成本上，力求少投入、少消耗资源，特别要减少不可再生资源的投入和消耗，多产出效益，实现企业质量效益式的发展。精益化管理核心就是要以最少的投入取得最佳的产出，以最低的成本、合理的价格为用户提供满意的优质服务，把最终成果落实到经济效益上。这里的效益不仅包括企业经济效益，也包括社会效益、环境效益、客户效益、员工效益、股东效果等。

2.搭建精益化成本管控架构

精益化管理已经被越来越多的企业管理者所接受，是企业高质量发展的客观要求。精益化管理就是通过规则的系统化和细化，运用程序化、标准化、数据化和信息化的手段，实现企业各单元精确、高效、协同和持续运行，以及各要素资源的优化配置。

3.构建精益化成本管控体系

在战略成本导向下，建立自上而下的成本控制组织体系。根据企业发展需要和实践，制定分级目标成本和成本管控纲要，根据成本管控纲要制定成本预算。通过定额管理、业务对标和成本对标实现成本预算执行的过程监督和控制，强化绩效考核，建立管控纲要—预算管理—过程监督—绩效考核为主线的完整成本控制链条。

4.实施成本管控的问题导向

煤炭企业实施精益化管理要坚持问题导向、市场导向和价值导向，从查浪费问题和优化流程入手。

（1）从结构中查问题、查漏洞、查浪费、找短板、找差距、找价值潜力。例如，资金结构、资产结构、人员结构、产品结构、组织结构、成本结构、产业（业务）结构、布局结构、法人治理结构、客户结构、运输结构、供应商结构、设备结构、贷款（负债）结构、存款结构、产权结构、纳税结构、工资结构、收入结构、利润结构、工时利用结构、会议结构、招待费结构、办公费结构、电力消耗结构、材料消耗结构、维简费使用结构、专项资金结构、交通费结构、社会公益金开支结构、工农关系费用开支结构、商务活动费用开支结构、办公车辆配置结构及维修费开支结构、奖金项结构、空间利用结构、科技创新贡献率结构等。

（2）从优化流程中查问题、查浪费、找短板、找差距、找价值潜力。例如，人流、物流、资金流、信息流。根据查出的问题，制定精益化成本管控的措施，并动态式诊断查找问题，持续改进治理，追求最佳经营效果。

（八）关注煤炭企业业态及模式创新的新举措

新时代数字经济与实体经济深度融合，互联网、大数据、云计算、人工智能和实体经济深度融合，这两大深度融合将铸造企业发展的强大动能，培育新的经济增长点和利润增长极，推动煤炭企业的业态创新和商业模式创新。

1.利用机缘催生新业态

新业态是指在一定动能作用下，不同产业之间组合、协同发展的形态，是价值链在产业链上分化、融合产生的形态，是行业跨界整合及嫁接信息技术形成的形态。当今社会，催生新业态的动因主要有以下三个。

（1）市场客户需求引导出新业态。市场导向企业行为，满足用户价值需求是企业追求的目标，也是企业变革经营业态第一动因。

（2）产业结构优化升级产生新业态。具体包括：煤炭产业转型升级产生的新业态，煤炭产业与煤基产业如煤电、煤化融合发展产生的新业态，多产业协同运营产生的新业态等。

（3）信息技术融合应用产生新业态。创新业态系统包括：信息技术与煤矿安全生产融合产生的新业态，信息技术与煤炭企业供、销业务融合产生的新业态，信息技术与煤炭企业经营管理融合产生的新业态，还有平台+族群+个人及技术+产品+商业的新业态等。

2.迎合需求创造新模式

商业模式是煤炭企业运营赚钱的方式，创新商业模式是煤炭企业获取竞争优势的重要手段。互联网技术推动商业模式创新，平台模式体现商品价值创造，新时代高质量发展必须变革企业商业模式，变革和创新企业商业模式的主要途径有以下三个方面。

（1）对外寻找客户价值最大化的主张点。树立客户至上理念，处处为客户着想，比如，为客户提供在使用煤炭过程中如何使煤炭有效利用率最高、碳排放最少、成本最低的技术解决方案。

（2）对内聚集要素及流程优势点。为打造企业强大市场竞争力，首先，要对生产经营要素资源进行优化配置，选准盈利源泉的主体产业、主导产品、主要业务进行要素资源的倾斜配置，实现要素资源配置的价值产出最大化。其次，要对内部关键流程进行优化，比如，对生产流程、物资流程、资金流程、人员流程及信息（数据）流程等进行动态优化，降低浪费，提高效率。

（3）遵循价值创造原则，拓宽企业盈利新渠道。要依托现有产业（业务）链，谋划运作价值链，并在产业（业务）链条上去不断寻找、培植和创造企业的价值增长点。特别要结合煤炭企业内部管理体制各层级的价值功能定位，分别打造价值创造的生态圈、生态链和生态点。

（九）关注煤炭企业融入“一带一路”的新路径

煤炭企业参与“一带一路”须从对方需要什么与自身能做什么对接的目标出发，把握以下六个结合点和切入点。

（1）寻找煤矿建设项目。运用我国煤矿开发建设的成熟经验及能力，可承揽大型露天矿、井工矿建设。

（2）寻找煤炭洗选加工项目。运用我国煤炭企业洗选加工的成熟经验与强大能力，可承揽煤炭洗选装备的设计生产，以及组织大型选煤厂建设与生产工作。

（3）寻找煤矿建设及生产设备制造项目。运用我国高中低端煤矿机械装备制造的成熟经验及能力，可承揽大型露天矿、井工矿的建设装备、生产装备和调度通信、安全监控、办公自动化装备等。

（4）寻找煤电、煤化工等建设及运营项目。运用我国煤炭企业煤基产业链的综合开发成熟经验及能力，可自主或联合承揽大型燃煤电厂、精细煤化工、煤电铝及物流、铁路、公路、港日、房地产等建设项目。

（5）精选融入“一带一路”方略。学习借鉴国内外企业国际运营的成熟经验及做法，遵循国际化经营的规律，注意运用渐进式进入策略、多样化合作策略、属地化经营策略、资本运作策略及公关策略等，积极稳妥地推进项目建设与运营，争取好的经济收益。

（6）预防“一带一路”开发风险。充分评估预测国外市场与投资环境的不确定性，科学预控各类开发及经营风险，包括预测防范政治风险、安全风险、环保风险、法律风险、价值评估风险、融资方式风险、汇率风险、市场风险和生产经营风险等，及早制定风险防范预案，最大限度减少损失。

第四节 中国煤炭行业健康发展长效机制的构建

当前我国正处在转变发展方式、优化经济结构、转换增长动力、实现高质量发展的攻关期，保障国家能源安全是实现经济发展、社会稳定和民族复兴的基础。我国是世界煤炭消费量最大的国家，煤炭一直是我国的主要能源和重要原料，2018年之前煤炭在一次能源生产和消费构成中始终占60%以上[①]。石油、天然气是煤炭的主要替代品，但我国石油、天然气对外依存度已接近70%、45%[②]，平均海运运距超过7600海里，主要进口来源地为中东、拉美和西非地区。可以预见，未来30年煤炭仍是我国主体能源和重要工业原料，是我国最可靠的能源保障，也是国家能源安全最后的防线。但我国煤炭行业仍面临着开采条件复杂、安全风险高、生产效率和绿色清洁水平低、发展后劲不足等困难，保持煤

① 中国新闻网[EB/OL].（2019-01-21）[2019-01-29]http：//fi-nance.sina.com.cn/roll/2019-01-21.

② 中国石油报，2018年国内外油气行业发展报告[EB/OL].（2018-12-18）[2019-01-21]http：//news.cnpc.com.cn/system/2019/01/18/001717430.shtml.

炭行业长期健康发展，对保障国家能源和经济安全具有举足轻重的作用。

煤炭是我国能源和经济安全的最后屏障，必须拓宽视野，站在未来30年国家长治久安和民族复兴的角度，落实党的十九大和中央工作会议精神，树立新发展理念，构建煤炭行业长期健康发展的长效机制，实现高质量发展。为此，建议国家出台以下措施。

一、推动煤矿定向减负

煤炭行业与传统“大进大出”的制造业不同，可抵扣金额较少，导致实际煤炭企业增值税实际税负较重，占营业收入的13%左右，加上资源税从价计税的影响，实行税负率达20%以上，远高于其他行业，不利于企业转型升级和安全发展。建议国家对煤炭企业实行定向减负，使煤炭行业的增值税税负与普通制造业相当。

扩大煤炭行业增值税抵扣范围。煤炭产品具有特殊性，就是形成产品的成本不能在实物形状中体现出来，虽然原材料、配件、设备取得进项税票因而可以抵扣，但同样构成煤炭成本的征地搬迁费、塌陷赔偿费、征地费用由于没有进项税票可抵扣，不能冲抵销项税，造成实现税负加重，同时随着矿井开采范围不断扩展，此项费用占成本的比例将越来越大，因此建议征地搬迁费、塌陷赔偿费、探采矿权价款等按照一定的比例，按每年实际支付额计算抵扣进项税额。

二、制定优待煤矿从业者的综合保障措施

减征或免征煤矿从业人员个人所得税。在相当长一个时期内，煤炭开采仍属于高危行业，工人要在高温、淋水、煤尘等恶劣复杂的井下环境中工作，劳动强度大，安全风险高，远离大城市，而且大多数煤矿工人是农民工，家庭负担重，建议针对煤炭行业从业人员出台个人所得税优惠政策，让煤矿工人可以获得更高的收入，减轻他们的家庭负担。

合理提升煤矿井下作业人员工龄工资，并不纳入绩效或计时（件）工资，以留住现有人员。对煤矿退休人员，在正常退休工资之外，由政府根据退休前的煤矿井下工龄给予专项补贴，保证退休人员无后顾之忧。

对煤矿主体专业大学生实行特别助学金。对报考采矿、通风、地质、机电等煤矿主体专业并愿意从事煤矿工作的，每年由国家提供特别助学金，鼓励更多人

员投身煤炭行业。

对煤矿管理和技术专家给予特别保护。煤矿管理和技术专家培养困难，是国家宝贵的人力财富资源，但受制于国家现行退休政策，不得不到龄退休。为充分发挥这部分人的作用，对具有中级以上职称的煤矿管理和技术专家，实行弹性退休制度，对身体健康、自愿在岗的，可以推迟退休；对愿意退休的专家，各煤矿企业成立技术咨询机构，给予补助，发挥这部分人的作用。

改善煤矿工人作业方式。鼓励煤矿实行夜班和节假日不生产，减少井下作业时间。对自愿实行夜班和节假日不生产的，国家在增值税、所得税方面给予相应减免，提高煤矿工人的幸福指数。

三、保护性开发现有煤炭资源

提高煤矿准入门槛。煤炭是不可再生资源，也是人类后代共同的财富，必须坚持保护性开采、高效化利用，采好、用好现有资源，实现减总量、增单价。从安全、技术、经济、环境、人员、设备、工艺、效率和资源回收等方面强化约束，提高准入门槛。

制定煤炭资源的战略储备规划。煤炭作为我国主体能源，要立足长远，居安思危，将煤炭作为国家的战略性资源，国家相关部门要制定规划，在中部、西南和西部地区确定部分战略性储备资源，暂不开发或放慢开发节奏。

提高煤炭利用效率。实现煤炭及伴生资源的共采共用，加快煤炭综合利用。大力发展高精度煤炭洗选加工，实现煤炭深度提质和分质分级。制订高硫、高灰、高砷、高氟煤炭清洁化利用方案。

提高资源回收率。制订提高煤炭资源回收率行动计划，国家在资源税方面实行差异化征收，根据资源回收率高低，实行合理的浮动税率。

四、扶持煤矿高端装备制造业发展

智能化、高可靠性机电装备是煤矿安全高效生产的基础，为实行煤机行业从模仿追随到赶超引领的跨越，解决“四基”薄弱和核心关键部件受制于人的问题，提出如下建议。

开发具有自主知识产权的智能化高端煤机装备。鼓励传统煤机制造企业与现代高科技企业“跨界联姻”，实现强强联合，重点围绕大功率智能采煤机、掘锚护一体机、超高工作阻力液压支架、超大功率变频控制运输机、智能化快速掘进成套设备、智能化钻探与救援设备、智能化控制设备及软件等开展联合攻关，国家相关部门制定扶持煤机装备发展规划、装备口录和推广计划，对列入推广目录的国产高端智能化煤机装备，可以由企业直接采购，并给予税收返还或定向补贴。

加快煤矿机器人的发展和应用。根据国家煤矿安全监察局2019年1月2日发布的《煤矿机器人重点研发目录》，国家推广应用五大类共38个机械人项目，替代人工作业，推进煤炭工业高质量发展。为实现这一目标，建议以3年为期，在2022年之前，对应用机器人的煤矿，由国家按机器人设备采购金额给予一定的财税补贴，对机器人制造企业给予优惠或补贴，从需求端和供给端共同发力，加快机器人的发展和应用。

提高煤机装备核心关键部件的国产化水平。对煤机装备常用的大功率高精度液压件、高可靠性密封件、电控件、重载轴承等进口件，由中国煤炭工业协会牵头列出目录，每类部件确定3~5家国内企业联合国内科研院所开展联合攻关，以企业为主，国家给予专项科研资金补贴，力争在3年内取得突破。

加大煤炭人工智能技术应用。促进人工智能与井下生产深度融合，推广无人值守车间铜室，实现井下设备智能巡检和地面远程一键式启停，减少井下固定岗位。煤矿工人将从“黑领”变成“乌金蓝领”和“白领”，成为高技术、高收入、高含金量的金领职业。

五、出台煤炭技术领军人才制度

我国地处欧亚板块结合部，地质构造复杂，自然发火、高瓦斯、煤与瓦斯突出煤层多，煤层赋存条件差异大，从薄和极薄到厚与特厚（巨厚）、从近水平到倾斜、急倾斜煤层均有分布，安全开采难度大。建议制定煤炭技术领军人才制度，突破复杂条件煤炭开采关键技术。根据我国煤炭开采条件确定需突破的关键技术项目，甄选技术领军人才，自主选择组建专家团队，给予充分的自主权和经费支持，力争3年之内，在煤与瓦斯共采技术、巨厚和薄煤层高效开采技术、具有透视功能的智能精准地质勘探技术、冲击地压精准预测预报与治理技术、多相智能感知与无源传输技术、煤炭清洁高效利用技术、智能化精准开采技术、智能化采掘运钻设备技术、井下严重衰减环境下高速通信技术、深井高效支护技术、煤炭地下直接气化技术、“采选充留”矸石不升井开采技术12项关键技术领域取得突破。

六、深入研究煤炭未来开采的新理论新技术

按现有开采技术条件，我国目前能够开采的绿色煤炭资源量只有5000~6000亿吨，考虑我国煤炭资源回收率平均只有30%~40%，按国家能源需求，现有绿色煤炭资源量仅可开采40%~50%，必须深入研究煤炭未来开采的新理论和新技术，取得一批具有颠覆性的“黑科技”成果，不断扩大绿色资源量，实现中华民族的永续发展。

开展煤炭开采及高效利用的新理论研究。组建多行业、跨专业的研究团队，开展煤炭开采与利用的基础理论研究，实现新突破。深入研究深部煤炭开采新技术，研究煤炭地下直接液化、气化、粉化的可行性和技术方案，实现从开采到抽采的转变，完成煤炭生产新业态。

开展煤炭智能化技术研究。把握数字化、网络化、智能化融合发展契机，推进智能化在煤矿设计、建设、开采、销售、加工利用等全过程深度融合，实现开矿不见矿、采煤不见煤的智能绿色环保开采新模式。

开展煤炭清洁高效和无害化利用研究。深入研究煤炭清洁高效利用技术，实现煤炭及伴生资源的高效利用。同时，借助大数据、物联网和人工智能技术，由智能化系统根据需求量、煤种、运距进行最优选择，实现从用户需求端到煤矿井下生产面一键式生产和智能化配送。

我国是世界第一产煤国和消费国，也应该成为煤炭开采与应用技术的领先国。未来30年，煤炭仍是我国最可靠的主体能源，从能源和经济安全角度，必须构建保障煤炭行业健康发展的长效机制，为实现中华民族伟大复兴提供坚实的能源支撑。

第五节　面向2035年煤炭工业发展的对策

到2035年，随着石油天然气的枯竭以及清洁煤技术的进步、利用率的提高，煤炭在未来工业发展中的消费份额不会明显衰减。但是煤炭仍然面临来自新能源的竞争和环境压力影响，煤炭在未来世界能源体系中的比例取决于煤炭清洁利用程度和煤炭是否比其他能源更有价格竞争力。煤炭工业发展趋势呈现出清洁化、集约化、绿色化和国际化发展趋势。煤炭工业可持续发展需要系统、有力的措施来支撑。

一、加强绿色开采技术创新

煤炭绿色开采关系到煤炭资源开采过程中的清洁生产，贯穿生产规划设计、生产方式选择、生产要素布置、生产效率提高、资源综合开发以及实现矿山开采与环境协调的整个过程。煤炭绿色开采基本出发点是防止或尽可能减轻开采煤炭对环境和其他资源的影响，取得最佳的经济效益、社会效益和生态效益。

（一）绿色开采

绿色开采技术旨在以岩层移动规律、水体和瓦斯在岩缝中的移动规律、岩层应力场分布理论和岩层控制技术为依托[①]，通过处理和利用开采过程中产生的矸石、废土、废气和瓦斯等，做到各项资源的合理化分配利用，降低环境损耗。现有的绿色开采技术主要包括固体充填采煤技术、保水开采技术、煤炭气化开采技术以及煤与瓦斯共采技术。固体充填采煤技术通过煤矸井下分选，矸石就地充填[②]，废料循环利用，以期降低矿压显现所造成的采空区地表塌陷的风险。充填物除去矸石外，还可选择水砂和膏体等。保水开采技术主要针对水资源缺乏的富煤地区，如华北、西北等，控制水资源的破坏率，维持地下水循环，有效降低矿

① 张振南，陈旭，刘东强.煤矿绿色开采技术研究与应用[J].山东工业技术，2019，38（1）：96-96.

② 李建东.基于绿色开采理念的煤炭充填开采技术研究[J].技术研发，2016，23（8）：70-71.

区水害发生率。瓦斯作为煤炭开采的副产物和被广泛认定的新能源，具有一定的经济价值。煤与瓦斯共采技术通过研究裂缝分布规律和瓦斯移动规律，最大限度提高瓦斯的抽采率①。在共采过程中，需要不断优化瓦斯抽采工艺，通过改善煤层的透气性降低瓦斯爆炸所带来的安全隐患，实现经济和社会效益的双赢。煤炭气化开采技术是尚在起步研发阶段的新型煤炭开采技术，该技术旨在通过化学反应，依靠先进的技术和设备，将煤炭转化为气体并抽采至地面。该项技术的实现将会解决矸石产生、地表变形等环境问题，同时提高井下安全性，但技术和设备瓶颈尚未突破。

（二）绿色理论下的煤炭开采技术分析

在绿色理论下为促进煤炭开采技术的不断发展，需树立科学的绿色开采技术理念、严格控制绿色开采技术的关键层并应用各种新型技术。

1.树立绿色开采理念

煤炭作为我国的宝贵资源，与社会各个行业的发展存在着密切关系。在煤炭开采中，只有树立绿色可持续发展理念，才能更好地促进煤炭开采工作的高质量发展。对于我国煤炭开采企业来说，需树立科学的绿色开采技术理念。例如，在煤炭开采中可加强对绿色开采技术的应用，将现代化绿色开采技术应用于煤炭资源开发中，用绿色技术替代那些粗放和对煤炭资源环境可能产生重大危害性的技术，这可以充分发挥出绿色开采技术的重要优势。

2.严格控制技术关键层

在我国煤炭资源开发中想要推进绿色开采煤炭技术的进一步发展。需要解决的重要问题为如何加强对关键层的技术控制。对于绿色开采技术来说，其根本目的为集中采煤方法与工艺，并在具体的应用过程中与岩层控制密切融合起来，这就可以改进现有的采煤工艺，最终达到全方位开采煤炭资源的重要目标，对保护煤炭资源与实现绿色环保产生积极意义。

对于煤炭开采技术来说，瓦斯成为大难题，因为对于瓦斯的处理不当，很有可能会引发各种悲剧，且对于煤炭开发的损失比较大。而在煤炭与瓦斯共采技术的应用中，有助于科学解决该问题。但为促进瓦斯技术的科学应用，在实施中需

① 江成玉，李春辉.瓦斯绿色开采技术的实现及其资源化[J].中国矿业大学学报，2003，32（4）：343–348.

掌握技术关键点，要克服透气性和高低压技术问题，也要注意技术实施中出现的问题，煤炭和瓦斯共采技术为采煤工业带来了根本性的改革，主要的技术手段是用抽采工艺利用岩层之间的矿压进行煤矿开采，从而通过共采大幅度提高采煤的安全保障，效益增长自然是顺理成章。

3.应用各种新型技术

在时代发展步伐的不断推进下，各种各样的新型技术应运而生。而对于煤炭开采工作来说，其也发生过多场变革。例如，充填技术在传统煤炭开采中的应用比较广泛,水和砂作为该技术的主要原材料,在这个过程中,工序繁杂且质量低下。随着煤炭开采技术的进一步发展，纤石膏体也被当作技术的主材料，这可以有效控制砂式时代出现的各种技术难题，同时也成为时下的一种主流充填技术手段。

另外，在绿色理论下的煤炭开采中，相关企业还可以充分应用煤炭地下气化技术。对于该技术来说，其主要技术手段为通过对地下煤炭燃烧率的科学控制，来获得相应的可燃性气体。将该技术应用于充填减沉活动中，可以减少对于周边环境的不良影响，同时还存在着投资小、效果高与人工成本不高的特征，在我国一些地形比较复杂的煤矿开采中，发挥着重要作用。

众所周知，煤炭属于国民经济的重要命脉，随着科技的不断发展，绿色开采成为促进我国煤炭开采技术的核心。而在技术革新步伐的不断推进下，煤炭产量已基本上可以满足社会发展需求。但长时间以来，许多工作人员在煤炭开采中，都缺乏良好的环境保护理念。对于当下煤炭发展的技术革新目标来说，一方面，需要朝着高质量与高效率方向发展。另一方面，还要朝向绿色环保目标推进，即积极推动绿色开采技术工艺创新，发展保水开采技术、充填开采技术、煤与瓦斯共采技术，保护水资源和土地，发展减少煤炭开采过程中污染产生的清洁工艺技术和减少已产生污染的末端治理技术；积极推动绿色管理创新，建立煤炭工业开采绿色标准，构建绿色效益评价体系和激励机制，促进煤炭工业绿色开采技术发展。

二、发展煤炭清洁利用技术

煤炭清洁利用技术主要以提高煤炭的利用效率和减少环境污染为宗旨，贯穿煤炭开发到利用的全过程，涉及生产、加工、燃烧、转化及有害物质排放控制。

煤炭清洁利用直接关系到燃煤效率和CO_2及其他温室气体的排放，在应对全球气候变化中发挥着重要作用。

从煤炭利用前、中、后整个过程出发，集成煤炭清洁利用技术。发展煤炭成型（型煤）技术、水煤浆、煤炭液化和气化技术等利用前技术；发展循环流化床燃烧技术、超临界机组及联合循环系统等利用中技术；发展烟气脱硫技术、烟气脱硝技术、颗粒物控制技术及痕量重金属控制技术，发展以CO_2的分离、回收和填埋为核心的污染物近零排放燃煤技术等利用后技术。

（一）面向2035年的我国洁净煤技术的发展战略思路与目标

煤炭是我国的主体能源和重要工业原料，基于洁净煤技术创新推动煤炭清洁高效利用将是保障我国能源安全与能源行业可持续发展的重要举措。洁净煤技术的发展需依靠科技创新，在提高煤炭发电效率、推动现代煤化工产业升级示范以及燃煤污染物超低排放和CO_2减排、煤炭资源综合利用等方面取得突破性发展。其中，为实现高效、节能和低污染的目标，开发清洁、低碳、高效的发电技术是煤炭利用的核心，研发现代煤化工技术是煤炭转化的重点。

（二）面向2035年的我国洁净煤技术的发展战略任务与实施路径

1.持续提升燃煤发电效率，逐步降低燃煤污染

近零排放加快优化用煤结构，提高电煤消费比重，大幅缩减工业用煤和民用散烧煤，使燃煤发电成为主要的用煤领域。全面实施燃煤电厂超低排放，是推进煤炭清洁化利用、改善大气环境质量的重要举措，是煤电持续发展的关键因素。全面实施燃煤电厂节能及超低排放升级改造，坚决淘汰关停落后产能和不符合相关强制性标准要求的燃煤机组。到2035年，煤炭用于发电（燃烧+燃料电池）的比重和煤炭发电效率进一步提高，超低污染物排放煤电机组和近零排放IGFC燃料电池发电占全国煤电的90%以上（超低污染物排放煤电机组占燃煤发电的80%），彻底消除散煤及小锅炉的散煤使用。

2.推动煤炭深加工产业升级示范

进一步提升高效率、低消耗、低成本的煤制燃料和化学品等现代煤炭深加工技术并实现工业化应用，形成具有自主知识产权的燃煤污染物净化一体化工艺设备成套技术，实现煤化工废水安全高效处理，突破煤化工与炼油、石化化工、

发电、可再生能源、燃料电池等系统耦合集成技术并完成工业化示范，加快形成天然气、乙二醇、超清洁油品、航天和军用特种油品、基础化学品、专用和精细化学品等能源化工产品市场。加快推动煤炭深加工产业工艺技术装备的研发与升级示范。重点内容包括：①加快提升煤间接液化产能，实施能量梯级利用，继续研发用于航天、军用等的特种油品；②推动百万吨级煤间接液化示范项目，研发新的工艺、催化剂和高温费托工艺，加快实现润滑油、液蜡、烯烃等商业推广；③开展煤制烯烃、煤制乙二醇、煤制芳烃等煤制化学品研发，通过新工艺技术、设备及催化剂实现产品高端化、差异化发展；④优化已建成的煤制天然气示范项目，加大具有自主知识产权的甲烷化成套工艺技术、设备及催化剂开发力度，提高在高负荷条件下连续、稳定和清洁生产的能力；⑤加强低阶煤分质分级利用及水处理技术研发及示范，进一步优化和完善低阶煤的热解技术工艺和设备、突破气固液分离难、提升焦油品质、半焦合理高效利用、焦油加工延伸等技术；⑥煤炭深加工共性技术研发与示范，主要包括大型空分技术、气化技术、先进节水、环保治理技术和资源化技术。

3.积极推进CO_2捕集、利用与封存产业的发展

为提升CCUS技术商业化推广应用的经济性，需要重点研发新一代高效低能耗的CO_2吸收剂和捕集材料、CO_2规模化的输送技术与CCUS技术、增压富氧燃烧、CO_2采油/气/水/热等前沿新技术。

加强电站和捕集端深度整合、高参数大通量设备研制、地质封存长期监测等应用技术研究。提升CO_2近零排放的煤气化发电技术（重点为IGCC和IGFC）等先进发电技术与CCUS技术的协同研发能力，将CO_2捕集与封存作为煤炭清洁发电利用的示范建设重点内容，并进一步突破CO_2驱采原油技术、SOEC制备合成气、CO_2重整煤（半焦）制CO技术等CO_2利用的前沿技术，加快推进CO_2利用产业化。

4.加强颠覆性技术的基础研究与技术攻关

加大对700℃先进超超临界发电技术IGCC/IGFC的煤炭清洁发电技术的基础研究与技术攻关。重点研究系统设计优化，包括电站总体设计、锅炉和汽机总体设计；高温耐热合金材料的研发，重点是掌握具有自主知识产权的高温材料、主机关键部件的制造方法，实现超超临界等发电技术的商业化大规模应用。IGCC突破性技术的研究重点包括：适应不同煤种、系列化、大容量的先进煤气化技术，适用于IGCC的F级以及H级燃气轮机技术、低能耗制氧技术、煤气显热回

收利用技术等，同时通过高效、低成本 IGCC 工业示范，掌握和改进 IGCC 系统集成技术，降低造价，积累 IGCC 电站的实际运行、检修和管理经验。为进一步提升 IGCC 效率和 CO_2 捕集经济性，需要重点开发大型 IGFC 颠覆性煤炭发电技术，即整体煤气化熔融碳酸盐燃料电池（IG-MCFC）和整体煤气化固体氧化物燃料电池（IG-SOFC）。其中 IG-MCFC 要突破大面积 MCFC 关键部件设计与制造技术、大容量电池堆组装与烧结运行技术、CO_2 膜气体分离技术和 IG-MCFC 系统集成技术；IG-SOFC 要重点突破煤气化燃料 SOFC 发电技术、透氧膜供氧技术、SOEC 电解技术和 IG-SOFC 系统集成与优化技术。到 2035 年，实现 IGFC 电站兆瓦级产业化，同时具有全产业链的兆瓦级的燃料电池（SOFC、MCFC）和 IGFC 电站的制造能力。

5.设立IGCC/IGFC重大工程科技专项

以提高煤炭发电效率，实现煤炭发电近零排放，推动煤气化发电多联产产业化为目标，集中攻克新一代IGCC和IGFC工程科技中的重大关键技术，进一步提升煤炭发电效率，重点突破近零排放的煤气化发电技术，全面提升煤气化发电清洁高效利用领域的工艺、系统、装备、材料、平台的自主研发能力，取得基础理论研究的重大原创性成果，实现工业应用示范，为实现煤气化发电多联产产业化提供科技支撑。

（三）我国洁净煤技术发展对策和建议

未来20年，我国仍将是全球煤炭资源开发利用大国，但煤炭在能源消费结构中的比重将持续降低，煤炭消费总量将步入平台期，燃煤发电将成为主要的用煤领域。受地区和企业间洁净煤技术发展不平衡、核心技术自主创新能力短板、管理机制与政策环境不完善、科技投入与人才培养有待加强等多种因素制约，当前我国尚未实现煤炭的清洁高效利用，但在部分洁净煤技术的研发、装备制造和工程示范等方面已取得全球领先水平。特别是在700℃超超临界发电技术、先进IGCC/IGFC技术以及煤炭深加工技术产业化方面已具有一定的国际竞争力，亟待面向2035年重点发展洁净煤前沿技术。

1.加快调整用煤结构与产业，前瞻规划洁净煤技术与煤炭产业的长远发展

加强国家中长期煤炭发展的顶层设计，保持洁净煤技术相关政策的连续性和有效性，规范技术创新的周期性与煤炭能源政策协调管理。财税政策需向用煤结

构优化与节能提效方面倾斜，开展煤炭清洁高效利用的配套法律、法规、政策及环保激励机制研究，建立完善的市场激励手段引导企业优先发展和运用先进洁净煤技术。持续提升发电用煤效率，逐步管控燃煤发电污染物排放从超低排放进入近零排放时代。建立清洁高效利用产业“用煤”的行业技术选择标准，针对煤炭利用与转化效率、污染物排放和碳排放情况建立洁净煤技术的备选库、可行性评价规范和补贴标准，通过规范化技术管理实现洁净煤技术发电的持续、可靠、达标、经济运行。基于碳市场交易、碳排放的政策引导，将CCUS技术成本转移至最终消费端，提升CCUS技术的经济可行性。积极引导先进煤化工、煤炭分质分级利用，研究“低阶煤制氢”“煤基燃料电池发电”等技术，为未来煤炭的更大规模充分利用提供可能。

2.优先发展适应国情的煤炭深加工技术路线，科学布局现代煤化工产业

提高煤炭深加工用煤质量，降低燃料用煤比例；优先发展适应中国国情的煤炭分级利用技术，深入研究煤质与气化炉的适用性，开展低阶煤提质、煤炭气化、新型催化剂等关键技术攻关。建立现代煤化工产业合理布局的评价体系，对建成示范的煤制油、煤制烯烃、煤制气等技术方案开展综合评价，优化深加工技术及产业发展路径，淘汰污染大、效率低的落后煤化工项目。协调地方政府加强监管力度，完善现代煤化工标准规范和环境审批流程。对具有自主知识产权的煤化工技术、装备研发和示范情况开展科学评估，特别是开展对成套技术装备的向外输出潜力分析，推动煤炭深加工产业“走出去”，开拓国外煤炭资源与市场。

3.依托重大科研项目，积极部署颠覆性技术研发与工程示范

加强清洁高效燃煤发电、低污染物排放和碳减排等洁净煤技术研发的政策扶植，明确煤炭清洁高效转化与利用技术的重点发展方向，鼓励企业与研究机构联合开展煤炭清洁高效发电技术研发与工程示范。加快开展燃煤电站超低排放、IGCC/IGFC、700℃超超临界、CCUS等先进技术的研发和示范，并在产业政策上给予支持。设立洁净煤技术发展专项基金，集中攻关一批制约煤炭清洁利用和低碳转化的基础性问题。建立国家洁净煤技术研发清单，制定合理的研发目标和分阶段实施的研发计划，引导企业加强洁净煤技术研发，基于技术发展、装备研发规律，建立企业洁净煤技术研发的扶植和激励政策。

4.提升全产业链煤炭清洁高效利用水平，加强技术创新的人才制度保障

建立以绿色煤炭资源为基础的煤炭资源精准开发利用模式，制定绿色煤炭资

源评价相关行业技术标准。通过提升绿色矿区煤炭资源基数和产量比重，从投入端开始，实现全产业链我国用煤质量和煤炭清洁高效利用水平提升。通过前端绿色煤炭资源安全高效开发及洗选加工来保障后端利用清洁[①]。

探寻依托煤炭资源优势，降低煤炭清洁利用成本，同时减少煤炭开发、利用或转化过程对环境影响的煤炭工业发展优化路线。加强对洁净煤技术创新人才的自主培养，通过行业、企业、院校合作，形成本科—硕士—博士连续性、跨学科的洁净煤工程科技人才培养通道，以适应煤炭新兴产业技术创新引领发展需求为培养目标，鼓励其有煤炭背景的大专院校设立煤炭清洁高效利用工程基础研发与科研管理相关的专业方向，采取优先录取和专业学费减免的政策，并充分发挥大型企业在洁净煤新技术研发、应用和推广的主体作用与资源集聚优势，与大专院校合作，为相关企业定向、联合培养洁净煤领域的专业技术人才。

三、推进煤炭基地建设大型化和集成化

当今国际煤炭企业趋于大型化、综合化，这是因为大型煤炭企业有助于增强企业的竞争力，有助于加强企业在煤炭资源保有量、售价上的话语权。煤炭基地建设大型化、集成化同时也是煤炭绿色开采、清洁综合利用的基础。

（一）大型煤炭生产基地产业集群的内涵

大型煤炭生产基地产业集群是我国煤炭工业的未来理想发展模式，它是以神东、晋北、晋东、蒙东、云贵、河南、鲁西、晋中、两淮、黄陇、冀中、宁东、陕北、新疆大煤炭基地的规划建设为背景，依靠神华、焦煤、同煤等煤炭集团企业龙头带动作用，以优化改造现有循环经济煤炭工业园区为途径，依照低碳经济要求运用低碳技术调整产业结构、节能减排，形成优势低碳开采产业—低碳加工产业—物质循环综合利用产业体系，实现集群内产业链的闭合循环，最终实现我国煤炭工业低碳化、生态化、绿色化发展。

按照煤炭产业系统要素在生产流程中的关联要素，可将低碳型的煤炭生产基地产业集群模式分为煤炭产业低碳开采、煤炭产业低碳加工和煤炭产业低碳综合利用三个相互关联的产业链：第一，煤炭产业低碳开采是指遵循低碳经济要求，

① 张博，彭苏萍，王佟，等.构建煤炭资源强国的战略路径与对策研究[J].中国工程科学，2019，21（1）：88－96.

开采煤炭资源同时兼顾保护环境，即实行水、土以及伴生气体资源等综合利用模式的最佳开采方法。第二，煤炭产业低碳加工是煤炭矿区产业集群的核心部分，它是指在原煤开采的基础上，依靠低碳能源技术创新和低碳制度创新进一步延伸产业链，进行煤炭资源的深加工和就地转化，达到清洁生产、提高能源利用效率和创建清洁能源结构。第三，煤炭产业低碳综合利用是依据循环经济的要求，尽可能拓展产业链，实现资源的循环利用，同时综合治理煤炭生产过程中的污染，减少煤炭开采加工过程中对资源环境的破坏，也是实现煤炭产业循环经济产业链闭合的关键。

（二）构建大型煤炭生产基地产业集群的必要性分析

1.政策要求

近年来，国家制定和颁布的一系列重大政策和规划，都把煤炭产业可持续发展作为重点工作。以煤炭企业大集团和现有的循环经济工业园区为依托发展起来的低碳型的煤炭矿区的产业集群有益于煤炭资源的集约化经营，得到国家宏观政策的大力支持，成为以后煤炭工业的必然发展要求。此外，我国各地区正在加快煤炭资源整合与矿井兼并重组的步伐，这些宏观政策的实施将很大程度上改变煤矿多、小、散、乱的格局，有助于清除煤炭产业发展集群的市场威胁；同时大型煤炭企业集团提高了煤炭产业生产集中度，为煤炭资源富集区发展产业集群营造良好的宏观政策环境。

2.产业优势

我国的资源情况是富煤、缺油、少气，我国煤炭资源储量丰富，已建成许多重要的煤炭能源工业基地，也最具有条件建设成国际现代化的低碳型大型煤炭生产基地产业集群即煤基型和非煤基型产业集群体系。目前我国新型煤炭资源综合利用在大煤炭基地规划背景下，迅速走上了以大集团、新型能源工业基地为依托的煤炭关联产业集群建设的快车道。目前，山西省已形成了以大同煤矿集团为依托的煤炭洗选产业集群、潞安矿业集团为依托的煤焦化产业集群、太原东山煤矿为依托的煤电铝产业集群等国家重点大型煤炭生产基地产业集群；内蒙古在神东、蒙东各大煤炭基地内初步形成了煤电—煤化—煤路一体化的产业集群格局。大煤炭基地与已有煤炭产业体系的形成，将大为提升煤炭资源省域在全国产业分工中的地位，成为资源型城市经济发展的重要支点，也是我国采取开发西部、稳定中部、控制东部的煤炭开采布局，建设低碳型大型煤炭生产基地产业集群提供了中观产业优势。

3.企业优势

首先，我国煤炭资源储存量大，并成片状和带状等集中分布，煤炭是重要的一次能源和工业原料，加工转化后可显著增值，煤矿区还有丰富的共伴生资源，这些要素禀赋促进了煤基型和非煤基型企业空间集群和多元化发展；其次，煤炭资源的稀缺性、地域根植性和不可再生性等资源禀赋特点，企业聚集的路径锁定性与集群效应决定了煤炭及相关产业集群发展、联合经营的必要性。目前，山西、陕西、内蒙古、河南、安徽、贵州、新疆等地依托大型煤炭基地资源，建设了一批煤电、煤化工和工业园区的集群创新发展在山西省域晋北、晋中、晋东三大煤炭基地内，以大型煤矿集团为依托，以现有工业园区为载体，初步形成了煤—电—路—港—航集群的晋北动力煤基地、煤—焦—电—化集群的晋中炼焦煤基地和煤—电—气—化集群的晋东无烟煤基地。现有的资源优势、区位优势、产业优势和龙头企业优势使低碳型大型煤炭生产基地产业集群的发展成为时代要求与必然趋势。

（三）提高大型煤炭生产基地产业集群区域经济效应的政策与建议

1.宏观政策建议

（1）经济政策建议。

产业集群要推动区域经济发展，必须制定出符合其自身产业特点和发展模式的经济政策措施。产业集群的外部规模经济效应对集群形成的初级要素（指先天拥有的要素）和高级要素（低碳相关的资金、人才、科技和研究机构等）的培育和吸收，有益于构建完善的经济金融政策体系，有益于缔结大型煤炭生产基地产业集群与金融业结合的信息网建设，这些将成为大型煤炭生产基地产业集群实现低碳化、绿色化发展，更有力地提升区域经济效应的直接动力。煤基型主导产业和非煤基型支柱产业的集群拥有巨大的金融“抱团”优势，应发挥其网络聚集的作用，加大集群金融的投资建设，促进金融市场的开发，为集群内企业引进和开发甲烷的回收利用技术、氧化亚氮的分解技术、二氧化碳捕捉与封存技术、高中低浓度瓦斯开采技术、低温热泵技术获得体制创新与经济政策扶持，从而提高区域经济效应。

此外，积极寻求集群区域外的经济合作，引导成熟的风险投资进入本区域经济市场，鼓励建立相关的排污权交易市场以及碳排放权交易市场，也将是提高大型煤炭生产基地产业集群的重要经济政策。

（2）环境政策建议。

区域政府机构及监管部门作为一种外部权威力量，应该充分发挥资产所有者、公共服务者、政策导向者、市场监管者和社会管理者的职能及协调作用，积极创新区域制度体系，健全法律法规，为发挥大型煤炭生产基地产业集群区域经济效应提供有利的区域制度环境。区域制度环境包括政策、法律、法规、条例等正式制度环境和区域历史文化、市场需求、企业竞争、技术创新等非正式制度环境。在正式制度环境方面，区域政府应该从大型煤炭生产基地产业集群系统与区域经济系统协调发展的角度出发，制定相应的区域产业规划，发展煤与非煤产业，完善相应的经济、文化、法规、环境保护、科技、税收政策，包括集群各企业要素的市场准入与退出法规政策、生态环境保护政策、资源综合利用与有偿使用的法规政策等，切实促进大型煤炭生产基地产业集群的生态化、知识化、低碳化和可持续发展。在非正式制度环境方面，区域政府应该积极营造良好的软环境，通过建立企业技术创新机制、诚信信息系统、道德守法监督、社会责任履行和环境保护监督系统，为集群企业创造优胜劣汰、良好有序、公平竞争氛围，促进集群可持续发展。

（3）生态政策建议。

全面落实有关生态环境保护的法规制度，坚持把建设资源节约型、环境友好型集群作为协调大型煤炭生产基地产业集群与区域经济发展的着力点和加快提高集群区域经济效应的重要突破点。煤炭开采、加工产业的集群是高污染企业的集群，保护当地生态环境，建立长久有效的环保机制是非常必要的。积极贯彻国家环境保护相关的煤炭产业政策，从源头上控制或减少煤炭开采污染环境行为的发生。基于《中华人民共和国煤炭法》《中华人民共和国矿产资源法》《中华人民共和国矿山安全法》《中华人民共和国环境保护法》等有关法律，结合大型煤炭生产基地产业集群区域环境的实际污染种类、污染现状等，矿区政府主管部门应建立和完善矿区生态环境保护与污染防治技术政策，加快建立生态补偿机制。相关的生态政策考核指标体系应该包括煤矿回采率、煤层气、瓦斯和伴生矿产综合开发利用指标；煤矸石、水循环利用率等废弃物资源回收指标；土地复垦率、矿山次生地质灾害治理率等生态环境修复指标。

2.产业政策建议

（1）优化产业结构。

在大型煤炭生产基地产业集群内优化调整产业结构，就是要并重发展煤基型产业和非煤基型产业，推行产业多元化和产品深度开发。在产业多元化发展方面：①对煤基型产业链进行延伸以及生态结构改造，形成优势低碳开采产业—低碳加工产业—综合利用产业体系的核心产业集群，达到产业链的闭合循环。②对非煤基型产业链应该进行政策支持和市场引导，积极开发新能源、建材产业集群；提升农业、食品生产、旅游、机修制造、金融、科研机构、房地产等服务业集群，为优化集群产业结构，提升集群区域经济效应形成核心竞争力。

在产品深度开发方面，应遵循市场需求、环境保护和低碳经济理念，改变原煤开发为主，产品结构单一的现状，积极进行煤炭、电力、煤焦化、煤气化、煤液化、煤化工和建材等产品的多元化发展和深度开发合作，提高产品附加值，进而提高集群整体的区域经济效应。

（2）建立生态循环经济工业园区。

随着产业集群与区域经济协调发展理念的深入，建立生态循环经济工业园区是大型煤炭生产基地产业集群的发展载体，是提高集群区域经济效应一种有效的现实途径，也是我国煤炭产业走绿色开采和低碳生产之路的必然趋势。基于我国煤炭工业基础与煤炭资源分布特点，可通过以下途径开展煤炭生态工业园区建设。

第一，选择煤炭龙头企业和大型企业集团进行生态循环经济工业园区试点。

第二，优化改造现有煤炭工业园区，主要是通过调整煤炭产业结构，建立废弃物综合利用系统，实现产业链闭合循环及生态结构改造。

第三，选择一批准备或正在建设的工业园区，按照工业生态学的原理进行规划和设计，起到生态工业示范园区的作用。如山西省潞安矿业集团的东周工业园区和东古工业园区、晋城矿业集团寺河工业园区、长平工业园区、赵庄工业园区已经初具规模。

第四，在煤炭生产基地产业集群内实行多元化发展，开发新能源新材料产业集群和食品、旅游、房地产等服务业集群。如山西省同煤塔山初步建立了煤—

焦—电—气—化和煤—电—材多元产业链的低碳型大型煤炭生产基地产业集群；山西焦煤六大循环经济工业园区，重点投资产品的多元开发，在煤矸石的治理利用、高浓度瓦斯液化、低浓度瓦斯综合利用和矿井废水治理利用方面取得了实质性的进展，力求实现煤炭矿区产业集群与区域环境双向发展。

3.企业对策建议

（1）健全企业内部管理制度。

煤炭企业作为大型煤炭生产基地产业集群的最基本的组成单位，是集群核心竞争力的来源。煤炭企业应在充分利用国家以及区域政府给予的相关支持政策的前提下，努力发挥自身优势，健全企业内部管理制度，订立明确的发展目标，吸引高素质人才来推动自身以及集群的发展。这就要求企业做到：第一，为保证企业战略目标的顺利实施，建立合理的组织机构；第二，通过建立集约高效的企业管理机制来完善内部管理；第三，建立高效的运营机制，从而实现企业的改革重组；第四，为加快企业技术开发的步伐，建立企业科技创新机制；第五，完善企业内部技术研发激励体制和绩效考核制度，激发科研机构的创新热情，加强企业科研队伍建设。只有这样，企业才能够在多元化发展的集群环境中进一步增强自身的专业化程度，促进集群强有力的核心竞争力的形成，最大限度地发挥集群区域经济效应。

（2）加大科研投资力度。

加大科研投资力度[①]，推动煤炭产业低碳化技术研发应用，提高集群与区域竞争力。低碳经济时代背景下，区域经济的可持续发展是大型煤炭生产基地产业集群的低碳化发展，煤炭生产基地产业集群不能只靠煤炭的过度开采和粗加工，应通过低碳化技术的突破来提高煤炭资源利用率，从而为生态环境脆弱的煤炭资源富集区实现大型煤炭生产基地产业集群区域经济的健康可持续发展提供有力的技术保障。首先，加大科研投资和科研队伍建设力度，促进新技术和新知识在集群内的溢出和共享，实现集群企业的共同进步。其次，低碳核心技术是实现大型煤炭生产基地产业集群可持续发展的关键，也是提升集群区域经济效应的保障。集群内研发应用的“低碳化技术”主要包括低碳开采技术、低碳加工技术以及低碳综合利用技术三个方面的应用。在煤炭低碳开采技术方面，要积极引进国内外

① 张洪潮，王亚丽.山西省低碳型煤炭产业集群模式研究[J].煤炭经济研究，2011，31（11）：13-17.

先进环保技术设备，推广清洁生产、保水采煤、提高回采率、二氧化碳捕捉与储存，高浓度瓦斯液化和低浓度瓦斯综合利用[①]、甲烷的回收利用、氧化亚氮的分解、低温热泵等技术；低碳加工方面，应重点推广煤电、煤化工、煤焦化、煤液化、煤气化和建材等技术的开发应用；在低碳综合利用方面，应借鉴国内外煤炭循环经济工业园区的综合治理策略，主要研发煤矸石等固体废弃物的综合利用、煤层气开发利用、矿井废水的治理利用及设备材料的回收利用技术。

四、构建煤炭循环利用体系

煤炭循环利用体系旨在有限的资源供给条件下，通过产业链的构建，合理链接矿业生产、加工与消费各个环节，使资源得到合理配置与利用，提高资源的利用率，减少资源浪费，提高单位物质投入的生产率，实现污染的低排放甚至零排放，实现社会、经济、资源和环境的和谐发展。

统筹规划伴生的煤炭品、矿井水等多种资源及废弃物综合开采和加工利用，对不同煤炭资源进行深加工或精加工，提高煤炭资源的附加值，综合利用煤炭资源生产过程中产生的废弃物，实现对煤炭资源的低开采、高利用、低排放、高收益，提高煤炭资源的配置效率。

五、促进煤炭工业国际合作

随着经济全球化进程加快，世界煤炭生产和消费分工也在加深，煤炭生产和出口成为世界贸易的重要组成部分，煤炭工业的国际合作不断加深。世界各国煤炭工业相互合作有利于提高煤炭开发利用效率，增加煤炭生产率，促进地区协调发展，保障世界能源供应。同时，企业跨国兼并有助于企业提高国际竞争力、占领煤炭市场。

加强煤炭开发利用技术合作和技术转让，发挥相互技术优势，加快技术创新和扩散，提高煤炭开发利用效率，减少环境破坏。加强煤炭生产国和消费国的合作，创新合作模式，实现互利共赢，促进地区协调发展，提高能源产出供应。加强国际煤炭生产和消费协调，有效管控国际煤炭生产波动风险，促进煤炭工业可持续发展。

---

① 张洪潮，冯訇.煤炭产业集群典型特征研究[J].山西高等学校社会科学学报，2011，23（05）：31-34.

结束语

新时代开辟新前景，新征程呼唤新作为。站在新的发展起点，全煤行业要认真学习借鉴我国煤炭工业发展的宝贵经验，弘扬伟大煤炭精神，深入贯彻新发展理念，大力践行能源革命战略部署，以推进传统能源向清洁能源的战略转型为主攻方向，深化煤炭供给侧结构性改革，加快经济结构优化升级，促进行业新旧动能转换，建设现代化煤炭经济体系，努力开创煤炭高质量发展新局面。

迄今为止，中国煤炭工业取得了如下成果：

（1）煤炭作为能源的主体地位继续得到彰显，并有力支撑了我国国民经济和社会平稳较快发展。改革开放以来，我国煤炭工业机械化、信息化、自动化、智能化程度不断提升，逐步构建起了较完备的煤炭工业体系，煤炭工业在我国能源结构中的主体地位不断巩固。目前，煤炭作为主体能源的地位没有改变，煤炭作为基础能源的作用将继续彰显。

（2）煤炭工业结构持续优化，产业集中度不断提高，企业转型升级加快，开始进入结构性去产能、系统性优产能的新阶段。近年来，在国家政策的指引下，煤炭上下游企业兼并重组、一体化开始向着跨地区、跨行业、跨所有制发展。

（3）煤炭开采科技含量不断提升，煤炭生产实现了由手工作业向机械化、自动化、信息化、智能化的历史性跨越。近年来，高分辨三维地震勘探技术研究和应用取得新的突破，卫星遥感、航空测量、数字化地理信息等技术达到国际先进水平；千万吨矿井建设施工和深厚冲击层建井等技术已经成熟；年产1000万吨、大采高综采国产化成套装备在井下成功应用，主要技术经济指标达到国际同类装备的先进水平；重介质旋流器技术达到世界先进水平，煤层气资源化勘探和大规模开发试验取得初步成果，煤矸石综合利用、劣质煤发电、矿区沉陷治理、矿井水资源化利用与处理、煤系地层共伴生资源开发利用技术研究和工程应用工作广泛开展。

（4）煤炭工业绿色矿山建设获得新突破，生态文明理念已经深入人心，矿山生态环境治理取得前所未有的成就，煤炭资源型城市转型发展取得历史性突破。

（5）煤炭市场化改革的发展方向得到深化，基础价+浮动价的煤炭价格中长协调机制不断推进，煤炭作为基础能源的安全保障作用日益彰显。

（6）得益于煤矿科技投入和人员素质的不断提高，煤矿安全生产形势稳步好转，煤矿职业安全健康、劳动保护跨入新时代。

（7）煤炭消费和利用呈现出清洁化、多元化发展模式，煤炭作为燃料与原料并重实现革命性进展，煤炭清洁高效利用取得历史性成就。

（8）我国煤炭国际贸易由弱到强，融入国际产业开放与合作有序推进；特别是党的十八大以来，“一带一路”倡议为煤炭行业全方位参与国际竞争与合作开辟了前所未有的历史性机遇。

（9）我国煤炭管理体制、管理模式不断创新完善，形成了较为完善、中国特色的煤炭管理体制和法律法规体系。

（10）煤矿干部职工素质和矿区生活环境、幸福指数不断提高，煤矿人才队伍、企业文化与矿地和谐矿区建设达到新高度。

实现我国煤炭工业的高质量发展，需要政府、企业和全体从业者以建设现代化煤炭工业为目标，以政策为引导，以创新为动力，以奋斗为根基，齐心协力，砥砺前行，持之以恒，久久为功。

参考文献

[1]高春雨.煤炭生产开发布局西移对环境的影响及建议[J].能源环境保护，2018，32（05）：7-11.

[2]《甘肃煤炭工业志》编纂委员会.中国煤炭工业志[M].北京：煤炭工业出版社，2019.

[3]郭建南.陕西省“十四五”煤炭矿区开发潜力分析[J].能源与节能，2020（08）：33-34.

[4]贺佑国.2019中国煤炭发展报告[M].北京：煤炭工业出版社，2019.

[5]贾海涛.新常态下煤炭工业结构调整评价体系研究[J].中国煤炭，2017，43（06）：5-10.

[6]康红普.“十四五”迎变局，煤炭路在何方[N].中国煤炭报，2020-01-14（002）.

[7]兰君.中国煤炭产业转型升级与空间布局优化研究[D].中国地质大学（北京），2019.

[8]李俊峰.煤电规划：“十四五”压缩煤炭产能[J].电力设备管理，2020（07）：24-25.

[9]刘文秋，李海.煤炭加工技术与清洁利用创新研究[M].天津：天津科学技术出版社，2019.

[10]刘耀东.我国煤炭工业的现状、问题及其调整对策[J].中国能源，2008（11）：5-13.

[11]刘梦雨，孟佳惠.国家能源局：能源行业总体信用状况良好[J].中国信用，2020（09）：40.

[12]孟令茹，钱永坤，黄福臣.我国工业部门煤炭消耗的定量分析[J].煤炭经济研究，2007（09）：41-44.

[13]牛克洪.“十四五”煤炭供需将现“量价齐稳”[N].中国能源报，2019-

11–25（004）.

[14]牛克洪.我国煤炭企业“十四五”规划亟须关注的十大重点问题（上）[J].中国煤炭，2019，45（08）：9–12+24.

[15]濮洪九.煤炭工业多种经营方略[M].北京：煤炭工业出版社，2000.

[16]濮洪九.中国煤炭工业是充满发展活力的产业[C].构建新型煤炭工业体系文集：中国煤炭工业协会，2007：711–721.

[17]濮洪九.增强煤炭企业责任意识[C].构建新型煤炭工业体系文集：中国煤炭工业协会，2007：295–309.

[18]濮洪九.坚持科学发展观，加快转变煤炭工业发展方式[J].煤炭经济研究，2010，30（07）：4–7.

[19]濮洪九.论煤炭工业转型升级[M].北京：煤炭工业出版社，2013.

[20]山西省煤炭工业协会.山西煤炭工业70年巨变[M].太原：山西人民出版社，2019.

[21]孙之鹏.中国煤炭工业协会编著.WTO与中国煤炭工业[M].北京：煤炭工业出版社，2002.

[22]孙晓鸣.做强做大煤炭工业，促进鄂尔多斯经济发展[J].北方经济，2009（07）：55–56.

[23]王冠，刘静.煤炭经济发展的绿色向度与绿色道路[J].人民论坛，2020（29）：70–71.

[24]王金华，康红普，刘见中，陈佩佩，范志忠，袁伟茗，刘玉朋.我国绿色煤炭资源开发布局战略研究[J].中国矿业大学学报，2018，47（01）：15–20.

[25]王岚，董士学，刘颖辉.基于产业链的煤炭产业协同发展研究[J].低碳世界，2020，10（09）：171–172.

[26]王立杰，刘志东.完善煤炭工业结构调整政策的思考[J].管理世界，2002（01）：141–143.

[27]王守城.关于推进煤炭工业大发展的思考[J].内蒙古煤炭经济，2003（05）：113–116.

[28]吴彩峰.发展煤炭洗选，促进节能减排[J].化学工程与装备，2020（09）：224–225.

[29]吴亚男，李元实.煤炭开发布局西移对生态环境的影响及对策建议[J].环境

影响评价，2017，39（04）：10–12.

[30]武建功.山西煤炭工业综改政策评估及优化研究[D].山西大学，2015.

[31]鄢来雄，孙靓，徐涛.工业结构调整步伐加快，行业分化助推转型升级[N].中国信息报，2015–03–31（004）.

[32]杨凯.高质量发展的煤炭机会[N].中国煤炭报，2020–10–31（007）.

[33]杨芊，杨帅，樊金璐，郑剑平."十四五"时期现代煤化工煤炭消费总量控制研究[J].煤炭经济研究，2020，40（02）：25–30.

[34]杨芊，杨帅，张绍强.煤炭深加工产业"十四五"发展思路浅析[J].中国煤炭，2020，46（03）：67–73.

[35]岳福斌.中国煤炭工业发展报告[M].北京：社会科学文献出版社，2020.

[36]赵婧.煤炭物流网络集成化运作绩效评价研究[D].北京：北京交通大学，2010.

[37]张宝明.中国煤炭工业改革与发展[M].北京：煤炭工业出版社，2002.

[38]张根良.对于国有煤炭企业并购战略的思考[J].现代经济信息，2011（10）：54–55.

[39]张立宽，武强.中华人民共和国70年煤炭工业铸就十大辉煌[J].中国能源，2019，41（10）：4–8.

[40]中国煤炭工业协会.中国煤炭工业改革开放40余年回顾与展望（1978–2018）[M].北京：煤炭工业出版社，2018.

[41]中国煤炭工业协会.中国煤炭工业壮丽七十年[M].北京：应急管理出版社，2019.

[42]（中国）中国煤炭工业协会信息化分会.中国煤炭工业两化融合发展报告[M].北京：应急管理出版社，2019.

[43]朱吉茂，李瑞峰，王雷.我国西北煤炭发展空间和布局研究[J].中国矿业，2019，28（01）：41–46.